你不可不知的

劳动纠纷解决
法与理

邓丽华律师团队　编著

中国政法大学出版社

2025·北京

图书在版编目（CIP）数据

你不可不知的劳动纠纷解决法与理 / 邓丽华律师团队编著.

北京：中国政法大学出版社, 2025. 1. -- ISBN 978-7-5764-1939-9

Ⅰ. D922.591.4

中国国家版本馆 CIP 数据核字第 2025M0M992 号

书　名	你不可不知的劳动纠纷解决法与理 NI BUKEBUZHI DE LAODONG JIUFEN JIEJUE FA YU LI
出版者	中国政法大学出版社
地　址	北京市海淀区西土城路 25 号
邮　箱	bianjishi07public@163.com
网　址	http://www.cuplpress.com（网络实名：中国政法大学出版社）
电　话	010-58908466(第七编辑部) 010-58908334(邮购部)
承　印	固安华明印业有限公司
开　本	720mm×960mm　1/16
印　张	21.75
字　数	340 千字
版　次	2025 年 1 月第 1 版
印　次	2025 年 1 月第 1 次印刷
定　价	68.00 元

作者简介

邓丽华，北京中银律师事务所党委委员、高级合伙人，对外经济贸易大学国际经济法硕士；任北京市经济法学会常务理事，北京市消费者权益保护法学会理事，北京市劳动与社会保障法学会理事；邓丽华律师自1997年开始从事律师工作，至今已有20余年的执业经历，积累了丰富的诉讼、仲裁经验，业绩突出，带领团队投身公益法活动，广获客户好评。

韩霄，北京中银律师事务所专职律师，中国政法大学法律硕士，执业领域包括民商事诉讼和仲裁、公司综合类业务、常年法律顾问等。韩霄律师在劳动仲裁、公司业务等领域有着丰富的工作经验，积极投身劳动法公益活动，公益普法视频累计播放量达10w+。

陈晓妍，北京中银律师事务所专职律师，中国政法大学法律硕士，执业领域包括民商事诉讼和仲裁、公司常年法律服务，为多家知名公司和企业提供劳动法律咨询、内部规章制度合规设计、专项法律培训，具有丰富的工作经验。

李雪，北京中银律师事务所律师，中国人民大学法律硕士，擅长劳动纠纷解决，参与多家公司的劳动法律咨询，参与劳动法公益法律咨询活动，咨询人次超1400人，使劳动者合法权益得到有效维护。

序　言

　　在我国，劳动法作为一门重要的法律学科，深刻影响着每一个劳动者的生活和权益。然而，对于许多人来说，劳动法的复杂性常常让人感到困惑。为了帮助读者更好地了解这一领域，青年法学家、资深律师邓丽华女士带领她的团队撰写了本书。

　　作者结合自己多年的法学研究和法律实务经验，通过深入浅出、通俗易懂的方式，生动地阐述了劳动法在劳动关系实务中的应用。

　　本书的独特之处在于，作者亲自收集了我国司法实践中有关劳动争议的大量案例，分门别类，解剖分析，展示了劳动法在现实生活中的应用。这些案例涵盖了劳动合同的签订与解除、工资支付、工时安排、劳动争议的解决等多个方面，既有成功的维权故事，也有失败的教训。这些真实的案例使得抽象的法律条款变得具体而易懂，让读者能够更好地理解自己的权利和义务。

　　在书中，作者还特别强调了劳动法与社会发展的紧密联系。随着经济的不断发展和社会结构的变化，劳动法的内容和适用范围也在不断演变。作者通过对最新法律法规的研究，帮助读者把握劳动法的动态变化，了解在新形势下如何有效地维护自身的权益。

　　此外，书中还提供了一些实用的司法建议和操作指南，帮助读者在面对劳动争议时，能够迅速找到解决问题的方法。这些建议不仅适用于劳动者，也为用人单位提供了合规经营的参考。

　　总之，本书是一本兼具理论深度和实践指导意义的著作。不仅能够帮助读者了解劳动法的基本知识，更能激发大家对劳动法的关注和思考。

　　是为序。

王雨本

2024 年 11 月

目　录

第一章
劳动合同

1 在校大学生能不能与用人单位建立劳动关系？

【问题导引】

经常有一些在校大学生来问，说自己寒暑假找了个兼职或者马上要毕业了找了个留用实习，但是老板一直拖欠工资，这种情况想要工资的话能不能走劳动仲裁？

【律师解析】

这其实涉及劳动关系的主体问题，根据法律规定，在校生利用业余时间勤工助学，不视为就业，可以不签订劳动合同，因此并未建立劳动关系，自然无法就相关的争议去申请劳动仲裁，只能以合同纠纷去法院起诉。但是我国法律规定并没有完全否定在校大学生的劳动关系主体资格，如果即将毕业的在校大学生以就业为目的，在工作期间接受公司规章制度管理、从事公司安排的工作，有明确的岗位并且接受公司支付的报酬，实践中也很有可能被认定为其与公司构成劳动关系。

【典型案例】

肖某与某公司劳动争议案[1]

基本案情

2020 年 12 月 16 日，肖某入职某公司。同日，双方签订实习协议，约定：协议期限自 2020 年 12 月 16 日至 2021 年 12 月 15 日，实习岗位为运营编辑，

---

[1] 案号：（2023）京 02 民终 15192 号。

实习津贴为4000元每月。2021年3月，肖某的工资调整为固定工资4000元+奖金。2021年3月11日，某公司向肖某发送《编辑岗位考核制度》V1.0版本，载明：基本工资2200元/月。2021年10月15日，肖某向某公司微信发送并邮寄《解除实习协议通知书》，请求某公司支付解除劳动关系经济补偿金、补发少发的工资、补缴2021年7月至今的社保。2022年1月，肖某以上述争议向某劳动仲裁委提起仲裁，该委于2022年6月裁决：确认肖某与某公司的劳动关系，某公司应当支付肖某工资及解除劳动合同的经济补偿金。某公司不服，诉至法院，要求确认双方不存在劳动关系，某公司无须支付经济补偿。本案经一审、二审，法院均未支持某公司的主张。

裁判观点

一审法院认为，根据相关法律规定，符合以下条件的，劳动关系成立：（1）用人单位和劳动者符合法律、法规规定的主体资格；（2）用人单位依法制定的各项劳动规章制度适用于劳动者，劳动者受用人单位的劳动管理，从事用人单位安排的有报酬的劳动；（3）劳动者提供的劳动是用人单位业务的组成部分。本案中，某公司与肖某在主体、关系、业务等方面均符合劳动关系的成立要件，故法院认定肖某与某公司系劳动关系。就劳动关系存续期间，肖某主张劳动关系解除时间为2021年10月16日，某公司对此表示认可，法院不持异议。就劳动关系起始时间，某公司主张双方于2020年12月16日签订《实习协议》，肖某在2020年12月16日至2021年6月29日期间在某公司实习，因肖某系在校生，无法为其缴纳社保，故双方在此期间不存在劳动关系。因双方均认可肖某入职时每月工资4000元，自2021年3月开始为固定工资+奖金，可以认定肖某虽以在校生身份与某公司签订了实习协议，但该期间双方之间的关系亦符合劳动关系的特征，故法院认定双方劳动关系存续期间为2020年12月16日至2021年10月15日。

二审法院认为，肖某作为即将毕业的大学生，以毕业后就业为目的于2020年12月16日入职某公司，某公司知晓肖某即将毕业的情况，且肖某向某公司提供持续不间断的劳动，某公司亦对肖某实施劳动管理并支付相应劳动报酬，双方符合建立劳动关系的特征，结合双方认可劳动关系解除时间为2021年10月16日的事实及当事人诉讼请求，一审法院认定双方2020年12

月 16 日至 2021 年 10 月 15 日期间存在劳动关系正确。某公司现以肖某 2020 年 12 月 16 日入职时尚未取得毕业证，双方只能签订《实习协议》为由主张双方不存在劳动关系，缺乏法律依据，本院不予支持。

【关键法条】

《关于贯彻执行〈中华人民共和国劳动法〉若干问题的意见》

12. 在校生利用业余时间勤工助学，不视为就业，未建立劳动关系，可以不签订劳动合同。

《关于确立劳动关系有关事项的通知》

一、用人单位招用劳动者未订立书面劳动合同，但同时具备下列情形的，劳动关系成立。

（一）用人单位和劳动者符合法律、法规规定的主体资格；

（二）用人单位依法制定的各项劳动规章制度适用于劳动者，劳动者受用人单位的劳动管理，从事用人单位安排的有报酬的劳动；

（三）劳动者提供的劳动是用人单位业务的组成部分。

2 超过退休年龄还能否与用人单位建立劳动关系？

【问题导引】

若今年 58 岁，已经过了退休年龄，之前在网上找了一个保洁的工作，去上班的时候公司也没签劳动合同，现在公司拖欠工资已经两个月了，还能不能通过劳动仲裁把拖欠的工资要回来呢？

【律师解析】

这种情况主要涉及关于超过退休年龄还能否与公司建立劳动关系的问题。根据我国法律规定，劳动者达到法定退休年龄的，劳动合同终止。因此，如果入职时已经超过了法定退休年龄，原则上跟用人单位之间是不能建立劳动关系的，只能成立劳务关系，这种情况下如果发生拖欠工资等情形是不能通过劳动仲裁处理的，可以直接向法院提起诉讼。不过实践中也有个别法院在判断超过退休年龄的员工跟公司之间能否构成劳动关系时，是以员工是否享受基本养老保险待遇或领取退休金作为标准的，认为如果员工没有享受相关待遇也会构成劳动关系。

【典型案例】

典型案例一：叶某与某公司劳动争议案 [1]

基本案情

叶某曾在某公司处从事家政服务工作，其入职时已达到法定退休年龄，双方未签订书面合同。2020 年 10 月 27 日，叶某发生交通事故，双方就工伤赔偿事宜未达成一致意见。2021 年 3 月 22 日，叶某向某劳动仲裁委申请确认劳动关系，该委当日作出不予受理通知书，对叶某的仲裁请求不予受理。叶某不服，诉至法院。本案经一审、二审、再审，均未认定叶某与某公司之间构成劳动关系。

裁判观点

一审法院认为，劳动者达到法定退休年龄的，劳动合同终止。用人单位和劳动者符合法律规定的主体资格，是建立劳动关系的前提和基础。叶某入职某公司时已超过法定退休年龄，不具备法律规定的劳动者主体资格，不能与某公司建立劳动关系。

二审法院认为，在我国劳动法律制度中，劳动者是指在法定就业年龄范围内，具有劳动权利能力和行为能力，在用人单位管理下独立提供劳动并获取劳动报酬的自然人。即自然人想要建立劳动关系的前提是符合法律规定的就业年龄范围以及具备自由支配自己的劳动能力。根据本案查明的事实，叶

---

〔1〕 案号：（2021）京民申 6351 号。

某系农业户口，其于 2020 年 6 月 28 日已年满 50 周岁，达到法定退休年龄，即已不具备法律规定的劳动关系中的劳动者主体资格，据此一审法院驳回其要求确认与某公司于 2020 年 7 月 31 日至 2021 年 4 月 27 日期间存在劳动关系的诉讼请求符合现行法律规定，本院予以确认。对于叶某提出的判断双方是否能够建立劳动关系，主要看劳动者是否享受了基本养老保险待遇的主张尚缺乏法律依据，本院不予支持。

再审法院认为，2020 年 6 月 28 日叶某已年满 50 周岁，其入职某公司时达到法定退休年龄，不具备法律规定的劳动关系中的劳动者主体资格。叶某要求确认其与某公司双方于 2020 年 7 月 31 日至 2021 年 4 月 27 日期间存在劳动关系，于法无据。叶某关于判断双方是否能够建立劳动关系，主要看劳动者是否享受了基本养老保险待遇的主张，缺乏法律依据。两审法院根据查明的事实并结合相应证据所作判决，并无不当。

典型案例二：汤某与某公司劳动争议案[1]

基本案情

汤某于 1958 年 7 月 24 日出生，于 2018 年 7 月 23 日达到法定退休年龄。汤某原系某公司单位员工，于 2007 年 11 月入职，2023 年 8 月离职。某公司一直未为汤某办理社会保险。汤某就补缴社保、补偿退休待遇向某劳动仲裁委申请仲裁，该委于 2023 年 9 月 1 日以汤某超过法定退休年龄为由，决定不予受理。汤某不服，诉至法院，本案经一审、二审，均判决某公司支付汤某养老保险待遇损失 63 915.5 元。

裁判观点

一审法院认为，用人单位和劳动者必须依法参加社会保险。缴纳社会保险费，依法为劳动者缴纳社会保险费是用人单位的法定义务。某公司未为汤某缴纳养老保险费，应当赔偿汤某相应的养老保险待遇损失。根据相关规定，

---

〔1〕 案号：（2024）苏 07 民终 2913 号。

自该用人单位依法应当为劳动者办理社会保险之日起，如果劳动者在用人单位连续工作未满 15 年，用人单位按照每满一年发给相当于一个月当地上一年度职工月平均工资标准一次性支付劳动者养老保险待遇赔偿。本案中，汤某于 2007 年 11 月入职，2023 年 8 月离职。汤某于 1958 年 7 月 24 日出生，于 2018 年 7 月 23 日达法定退休年龄，此时其已在某公司工作 10 年 8 个月，因此某公司应支付汤某款项的具体计算方式为：汤某从 2007 年 11 月入职至 2018 年 7 月达法定退休年龄，工作年限 10 年 8 个月，每满一年支付一个月工资，六个月以上不满一年的，按一年计算，因此赔偿金额为 63 915.5 元（2017 年某市职工月平均工资 5810.5 元×11 个月）。

二审法院认为，劳动者以用人单位未为其办理社会保险手续，且社会保险经办机构不能补办导致其无法享受社会保险待遇为由，要求用人单位赔偿损失发生的纠纷属于劳动争议。第一，关于本案双方劳动关系是否因劳动者达到退休年龄而终止。《劳动合同法》第四十四条规定："有下列情形之一的，劳动合同终止：……（二）劳动者开始依法享受基本养老保险待遇的……"《劳动合同法实施条例》第二十一条规定，劳动者达到法定退休年龄的，劳动合同终止。两种不同规定适用上的区别在于，劳动者在用人单位工作期间达到法定退休年龄，不能享受基本养老保险待遇的原因是否可归责于用人单位。即如果劳动者不能享受职工基本养老保险待遇是用人单位原因所致，则应适用《劳动合同法》第四十四条规定，在劳动者达到法定退休年龄时，用人单位不能以此主张双方劳动关系终止。本案中，某公司未为汤某缴纳社会保险费，导致汤某不能享受职工基本养老保险待遇，因此双方的劳动合同并未终止，汤某提起本案诉讼不超过仲裁时效。第二，劳动者以用人单位未为其办理社会保险手续，且社会保险经办机构不能补办导致其无法享受社会保险待遇为由，可以要求用人单位赔偿损失，并非要求用人单位为其发放养老保险金，且赔偿损失的数额也并非按照职工基本养老保险与其他基本养老保险的差额进行计算，故无论汤某是否享受城乡居民养老保险待遇，某公司要求予以扣减均缺乏依据，本院不予支持。第三，某公司称汤某入职之后在 2008 年 8 月离开某公司，直到 2009 年 2 月才再次入职。汤某解释称其因生病住院治疗向单位请假，康复后于 2009 年 2 月继续上班。某公司对其主张未能进一步提交相应证据予以证明，故其该项上诉理由因证据不足不能成立。综上，某公司的上诉理由不能成立，一审法院认定事实清楚，适用法律正确，依法应予维持。

《中华人民共和国劳动合同法》

第四十四条　有下列情形之一的，劳动合同终止：

（一）劳动合同期满的；

（二）劳动者开始依法享受基本养老保险待遇的；

（三）劳动者死亡，或者被人民法院宣告死亡或者宣告失踪的；

（四）用人单位被依法宣告破产的；

（五）用人单位被吊销营业执照、责令关闭、撤销或者用人单位决定提前解散的；

（六）法律、行政法规规定的其他情形。

《中华人民共和国劳动合同法实施条例》

第二十一条　劳动者达到法定退休年龄的，劳动合同终止。

3 公司与员工单独签订试用期合同是否合法有效？

【问题导引】

实践中，很多企业在员工入职时都会约定一个试用期，主要是用来考察员工的业务能力，有的公司就会提出，能不能只跟员工签"试用期合同"呢？试用期过后，若合适则签劳动合同，不合适就"走人"。单独签订试用期合同行吗？

【律师解析】

如果公司只跟员工约定试用期的话，根据法律规定双方关于试用期的约定是无效的，并且法律上会认定为这是公司和员工签订的第一份正式的劳动合同。在这种情况下，如果双方约定了转正后的工资标准，那在这份合同所谓的"试用期"内，公司也必须按照转正后的标准支付工资，不能打八折，并且如果到期之后合适再签合同就变成第二份劳动合同了。同时如果试用期届满后未签订劳动合同，劳动者继续工作，可以主张未签订劳动合同的二倍工资差额赔偿。

【典型案例】

方某与某公司劳动争议案[1]

基本案情

方某于 2021 年 3 月 10 日入职某公司，双方签订了期限自 2021 年 3 月 10 日至 2021 年 5 月 10 日止的《试用期劳动合同》，载明月薪为 4000 元，此后未再签订劳动合同。方某正常工作至 2022 年 1 月 23 日，双方劳动关系于当日解除。2022 年 2 月，方某就未签订劳动合同等事项申请劳动仲裁，要求某公司支付未签订劳动合同的二倍工资差额。2022 年 10 月，某劳动仲裁委裁决：（1）某公司支付方某 2021 年 6 月 10 日至 2022 年 1 月 23 日期间未签订书面劳动合同二倍工资差额 74 455.17 元；（2）驳回方某的其他仲裁请求。某公司不服，诉至法院。本案经一审、二审，一审法院确认了仲裁裁决结果。二审维持原判。

裁判观点

一审法院认为，试用期包含在劳动合同期限内，劳动合同仅约定试用期的，试用期不成立，该期限为劳动合同期限。双方签订的《试用期劳动合同》仅约定了试用期，该期限应为劳动合同期限，并已于 2021 年 5 月 10 日届满，此后未签订书面劳动合同。劳动合同期满后，劳动者仍在用人单位工作，用人单位未与劳动者订立书面劳动合同的，用人单位应当自劳动合同期满的次

---

[1] 案号：（2023）京 03 民终 17839 号。

日起至满一年的前一日向劳动者每月支付两倍的工资。因此，方某要求支付 2021 年 6 月 10 日至 2022 年 1 月 23 日期间未签订书面劳动合同双倍工资差额，一审法院予以支持。

二审法院认为，双方虽然签订了《试用期劳动合同》，但是期限自 2021 年 3 月 10 日至 2021 年 5 月 10 日止，到期后双方并未继续签订劳动合同。虽然相关司法解释规定"劳动合同期满后，劳动者仍在原用人单位工作，原用人单位未表示异议的，视为双方同意以原条件继续履行劳动合同"。但是该规定并未免除用人单位在原劳动合同到期后继续签订劳动合同的义务。某公司在《试用期劳动合同》到期后未与劳动者续签劳动合同，应当支付未签订劳动合同的双倍工资差额。

【关键法条】

《中华人民共和国劳动合同法》

第十九条　劳动合同期限三个月以上不满一年的，试用期不得超过一个月；劳动合同期限一年以上不满三年的，试用期不得超过二个月；三年以上固定期限和无固定期限的劳动合同，试用期不得超过六个月。

同一用人单位与同一劳动者只能约定一次试用期。

以完成一定工作任务为期限的劳动合同或者劳动合同期限不满三个月的，不得约定试用期。

试用期包含在劳动合同期限内。劳动合同仅约定试用期的，试用期不成立，该期限为劳动合同期限。

第八十二条　用人单位自用工之日起超过一个月不满一年未与劳动者订立书面劳动合同的，应当向劳动者每月支付二倍的工资。

《最高人民法院关于审理劳动争议案件适用法律问题的解释（一）》

第三十四条　劳动合同期满后，劳动者仍在原用人单位工作，原用人单位未表示异议的，视为双方同意以原条件继续履行劳动合同。一方提出终止劳动关系的，人民法院应予支持。

根据劳动合同法第十四条规定，用人单位应当与劳动者签订无固定期限劳动合同而未签订的，人民法院可以视为双方之间存在无固定期限劳动合同关系，并以原劳动合同确定双方的权利义务关系。

4 公司可以随意约定试用期吗？

【问题导引】

为什么有的公司试用期只有 1 个月，有的公司试用期却有 3 个月、6 个月呢，甚至有的公司还会要求延长试用期，这是合法的吗？公司可以随意约定试用期吗？

【律师解析】

当然是不可以的。我国法律明确规定了，同一家公司只能跟一个员工约定一次试用期，不能延长，并且试用期的最长时间是以劳动合同期限为基础的：劳动合同期限不满 3 个月的，不能约定试用期；劳动合同期限 3 个月以上不满 1 年的，试用期不得超过 1 个月；1 年以上不满 3 年的，不得超过 2 个月；3 年以上或者无固定期限的劳动合同，试用期不得超过 6 个月。对于超出的部分公司不仅要按照转正后的标准补发工资，还要支付赔偿金。

【典型案例】

牛某与某公司劳动争议案[1]

基本案情

牛某于 2020 年 5 月 11 日入职某公司，在工程部从事现场管理工作，双方签订了《劳动合同》，《劳动合同》期限自 2020 年 5 月 11 日至 2021 年 5 月 10

---

[1] 案号：（2022）京 01 民终 7169 号

日，试用期自 2020 年 5 月 11 日至 2020 年 8 月 11 日，牛某的月工资标准为
5000 元。2021 年 10 月 8 日，牛某向某公司发送了《解除劳动关系通知书》，
以某公司不按国家规定安排劳动时间、未支付加班工资、未及时足额支付劳
动报酬、非法扣款等原因与某公司解除劳动关系。2021 年 10 月 9 日，牛某向
某劳动仲裁委提起仲裁，要求某公司：支付 2020 年 6 月 12 日至 2020 年 8 月 11
日期间违法约定试用期赔偿金 10 000 元等事项。某劳动仲裁委未支持牛某此项
仲裁请求。双方均对仲裁裁决不服，诉至法院。本案经过一审、二审，一审法
院判决某公司支付牛某违法约定试用期赔偿金 5000 元。二审维持原判。

裁判观点

一审法院认为，关于牛某主张 2020 年 5 月 11 日至 2020 年 8 月 11 日期间
违法约定试用期赔偿金 10 000 元一节，劳动合同期限 1 年以上不满 3 年的，
试用期不得超过 2 个月。某公司与牛某约定 3 个月试用期，系违法约定试用
期，故某公司应支付牛某违法约定试用期赔偿金 5000 元。

二审法院认为，关于试用期的问题。《劳动合同法》第十九条规定，劳动
合同期限 3 个月以上不满 1 年的，试用期不得超过 1 个月；劳动合同期限 1 年
以上不满 3 年的，试用期不得超过 2 个月；该法第八十三条规定，用人单位
违反本法规定与劳动者约定试用期的，由劳动行政部门责令改正；违法约定
的试用期已经履行的，由用人单位以劳动者试用期满月工资为标准，按已经
履行的超过了法定试用期间的期间向劳动者支付赔偿金。民法所称的"以上"
"以下""以内""届满"，包括本数；所称的"不满""超过""以外"不包括
本数。本案中，牛某与某公司首次签订劳动合同的期限为 1 年，约定试用期为 3
个月违反法律规定，一审法院判令某公司支付牛某赔偿金 5000 元，并无不妥，
牛某以及某公司的该项上诉请求均不予支持。

【关键法条】

《中华人民共和国劳动合同法》

第十九条　劳动合同期限三个月以上不满一年的，试用期不得超过一个
月；劳动合同期限一年以上不满三年的，试用期不得超过二个月；三年以上

固定期限和无固定期限的劳动合同，试用期不得超过六个月。

同一用人单位与同一劳动者只能约定一次试用期。

以完成一定工作任务为期限的劳动合同或者劳动合同期限不满三个月的，不得约定试用期。

试用期包含在劳动合同期限内。劳动合同仅约定试用期的，试用期不成立，该期限为劳动合同期限。

第八十三条　用人单位违反本法规定与劳动者约定试用期的，由劳动行政部门责令改正；违法约定的试用期已经履行的，由用人单位以劳动者试用期满月工资为标准，按已经履行的超过法定试用期的期间向劳动者支付赔偿金。

5 试用期考核标准如何确定？

【问题导引】

如果员工"在试用期间被证明不符合录用条件的"，公司有权解除劳动合同。很多公司在员工入职的时候也会要求员工签署录用条件确认书或者在劳动合同中约定一些试用期的考核标准。如果公司规定的试用期考核标准都是工作态度、性格等这类主观性较强的内容，员工能否达标全凭领导主观意愿，这是合法的吗？

【律师解析】

当然不合法。虽然目前尚未有法律法规等规范性文件对录用条件的设置标准和原则进行明确，但是司法实践中一般要求录用条件应当达到"明确、客观、可量化"的标准。也就是说单位应当对员工的岗位设置有明确、具体的考核指标，而且相关的考核指标应当尽可能通过量化方式进行客观评价。虽然法院并不反对单位在某些考核中设置一些相对主观的评价标准，但不能仅将主观评价标准作为考核维度，并且如果设置了主观标准，单位还要对主观评价结果的合理性、合法性作出说明，并提供相应的证据予以佐证。否则，法院很有可能认为用人单位设置的录用条件不客观进而认定单位属于违法解除。

【典型案例】

王某与某公司劳动争议案[1]

基本案情

王某于 2014 年 12 月 29 日入职某公司，从事测试部门软件测试工程师岗位，试用期月工资标准 7100 元，双方签署了期限自当日起至 2019 年 12 月 31 日止的劳动合同书，其中约定试用期为 3 个月（自 2014 年 12 月 29 日起至 2015 年 3 月 29 日止），试用期满乙方（王某）提出转正申请，经考核符合公司录用条件的，予以转正；考核不合格的，酌情予以辞退或延长试用期，试用期根据《劳动合同法》相关规定最长不超过 6 个月。2015 年 1 月 30 日，某公司以王某试用期不符合录用条件为由，出具《试用期解除劳动合同通知书》。同日，王某签收解除通知。后王某以违法解除等事由向某劳动仲裁委提起申请，该委裁决：某公司支付王某违法解除劳动合同赔偿金 7100 元等事项。某公司不服，诉至法院。本案经过一审、二审。一审法院判决确认了仲裁委此项仲裁结果。二审维持原判。

裁判观点

一审法院认为，根据 2008 年《最高人民法院关于审理劳动争议案件适用法律若干问题的解释》第十三条规定，因用人单位作出的开除、除名、辞退、解除劳动合同、减少劳动报酬、计算劳动者工作年限等决定而发生的劳动争议，用人单位负举证责任。本案中，某公司以试用期不符合录用条件为由与王某解除劳动合同关系，并提交考核办法、试用期考核标准及办法（技术研

---

〔1〕　案号：（2016）京 01 民终 718 号

发）及回执单予以佐证。王某在考核办法、试用期考核标准及办法（技术研发）上签字确认，故上述标准及办法应作为王某试用期内是否符合录用条件的考核依据。本案争议的焦点在于某公司对于王某考核评分是否存在依据。就此法院认为，根据某公司提交的附件一可见，该公司对于王某的考核分别列明了要点、权重及评分，但并未提交相应的评分依据，而仅以主管领导的判断作为评分依据存在一定的主观性和随意性，故某公司依据该评分结果判定王某不符合录用条件并以此为由解除劳动合同关系，缺乏事实依据，故应支付王某违法解除劳动合同赔偿金7100元。

二审法院认为，用人单位在试用期与劳动者解除劳动合同，应当提供证据证明劳动者不符合录用条件。某公司并未提交相应的证据证明王某存在不符合录用条件的事实状况，而仅以主管领导的判断作为评分依据，存在一定的主观性和随意性，故某公司依据评分结果判定王某不符合录用条件并以此为由解除劳动合同关系缺乏事实依据，故应支付王某违法解除劳动合同的赔偿金。

【关键法条】

《最高人民法院关于审理劳动争议案件适用法律问题的解释（一）》

第四十四条　因用人单位作出的开除、除名、辞退、解除劳动合同、减少劳动报酬、计算劳动者工作年限等决定而发生的劳动争议，用人单位负举证责任。

6　约定了试用期，快转正的时候，公司延长试用期怎么办？

【问题导引】

试用期还有两天就转正了，公司却突然通知说因为表现不好要再延长一个月的试用期，应该怎么办呢？

【律师解析】

根据法律规定，用人单位与劳动者只能约定一次试用期，单位不能随意单方面延长。如果单位单方通知延长试用期，相关的通知是无效的，劳动者自劳动合同中约定的试用期届满之日起就自动转正了，单位从这天起也必须按照转正后的工资标准发放工资。如果单位违法约定的试用期已经履行的，除需要补足工资以外，单位还要以劳动者试用期的满月工资为标准，按已经履行的超过法定试用期的期间向劳动者支付赔偿金。同时，单位在其单方通知延长的试用期期间以劳动者不符合试用期录用条件为由提出解除劳动合同的，因为劳动者实质上已经转正，所以不管是否真的存在不符合录用条件的情形，此时单位都属于违法解除劳动合同，应当向劳动者支付 2N 的赔偿金。其中 N 是指按照劳动者在本单位的工作年限，每满一年支付一个月工资，六个月以上不满一年的，按一年计算；不满六个月的，向劳动者支付半个月工资的经济补偿。

【典型案例】

朱某与某公司劳动争议案[1]

基本案情

2021 年 5 月 6 日，朱某入职某公司，双方签订了期限为 2021 年 5 月 6 日起至 2024 年 5 月 5 日止的劳动合同，约定朱某试用期自入职当日起至 2021 年 8 月 5 日止。双方约定：朱某试用期工资标准为税前 12 000 元，转正工资为税前 15 000 元。2021 年 8 月 6 日，朱某入职满三个月，某公司未给朱某办理转正手续，并按试用期工资标准为朱某发放工资。朱某正常工作至 2021 年 9 月 8 日，并于当日离职。朱某向某劳动仲裁委申请劳动仲裁，要求某公司支

---

〔1〕　案号：（2023）京 01 民终 4009 号。

付其 2021 年 8 月 1 日至 2021 年 9 月 8 日工资差额、2021 年 8 月 6 日至 2021 年 9 月 8 日违法约定试用期赔偿金。该委裁决：（1）某公司支付朱某 2021 年 8 月 1 日至 2021 年 9 月 8 日期间工资差额 3809.47 元；（2）驳回朱某的其他仲裁请求。某公司认可裁决结果并已经履行，朱某认可裁决第 1 项，对其他项不服，诉至本院。本案经一审、二审，最终支持朱某要求某公司支付违法约定试用期赔偿金的诉讼请求。

裁判观点

一审法院认为，当事人应当就其主张的事实举证予以证实。双方签订的劳动合同书约定劳动合同期限为 3 年，试用期 3 个月，上述约定未违反法律规定。现朱某虽然主张某公司与其违法约定试用期，但其提供的现有证据不足以证明其主张，朱某应对此承担举证不能的不利后果。故对朱某要求某公司支付违法约定试用期赔偿金的主张，事实依据不足，该院不予支持。

二审法院认为，朱某的试用期应至 2021 年 8 月 5 日结束，而根据在案证据，某公司法定代表人 2021 年 8 月 16 日还告知朱某准备好转正汇报，且某公司人事部门在 2021 年 9 月 1 日尚不确定朱某是否转正，加之 2021 年 9 月某公司支付朱某的 8 月工资及 2021 年 10 月向朱某补发 8 月工资及 9 月工资，均系以 12 000 元试用期工资基数计算，反观某公司主张已为朱某自动转正，但其并未就此提供直接证据，其在仲裁阶段支付 2021 年 8 月、2021 年 9 月工资差额的行为不足以证明其已将朱某转正、此前系因经营困难而未支付该等工资差额。故，本院认为，朱某对其主张的举证形成证据优势，本院予以采信。尽管某公司与朱某在劳动合同中约定的试用期符合法律规定，但某公司未在合同约定试用期结束后为朱某转正，实质是单方延长试用期，属于在约定的试用期之外再次约定试用期，该种行为违反法律规定，朱某要求某公司支付违法约定试用期赔偿金，于法有据，本院予以支持。

【关键法条】

《中华人民共和国劳动合同法》

第十九条　劳动合同期限三个月以上不满一年的，试用期不得超过一个月；劳动合同期限一年以上不满三年的，试用期不得超过二个月；三年以上固定期限和无固定期限的劳动合同，试用期不得超过六个月。

同一用人单位与同一劳动者只能约定一次试用期。

以完成一定工作任务为期限的劳动合同或者劳动合同期限不满三个月的，不得约定试用期。

试用期包含在劳动合同期限内。劳动合同仅约定试用期的，试用期不成立，该期限为劳动合同期限。

第八十三条　用人单位违反本法规定与劳动者约定试用期的，由劳动行政部门责令改正；违法约定的试用期已经履行的，由用人单位以劳动者试用期满月工资为标准，按已经履行的超过法定试用期的期间向劳动者支付赔偿金。

7 没签书面劳动合同，如何证明跟公司之间存在劳动关系？

【问题导引】

小王在离职时遇到公司不发工资的问题，准备申请劳动仲裁维护自己的合法权益。劳动仲裁时工作人员告诉小王，如果想要通过劳动仲裁要回工资，首先要证明跟公司之间存在劳动关系。这就难到小王了，小王在入职时并没有跟公司签劳动合同，双方之间的劳动关系应该如何证明呢？

【律师解析】

相信很多朋友在受到公司的不公平待遇之后，首先想到的就是申请劳动仲裁。但申请劳动仲裁的首要问题就是要证明与公司之间存在劳动关系。如果没签书面劳动合同，如何证明劳动关系的存在呢？以下列举几项可以证明劳动关系存在的证据材料。

第一，工资发放流水、工资单、收入证明等可以证明公司发放工资的材料。第二，如工作群聊天记录、公司发送的邮件、工牌、工作服等，也都可以作为证据。第三，如果公司有考勤打卡制度，那么相关的钉钉打卡记录、考勤表也可以作为证据使用。另外，还有纳税记录和社保缴纳记录等，这两类材料大家可以自行网上下载。

【典型案例】

盖某与某公司确认劳动关系案[1]

基本案情

某公司成立于 2016 年 2 月 1 日，李某系该公司法定代表人。盖某于 2022 年 6 月 18 日入职某公司，工作岗位为家电宅配配送员，工资计件发放，每件 20 元，由该公司的法定代表人李某通过微信转账支付。盖某称其在某公司工作至 2023 年 3 月 26 日，工作期间，某公司未与其签订书面劳动合同。2023 年 3 月 30 日，盖某以确认双方自 2022 年 6 月 18 日至 2023 年 3 月 26 日存在劳动关系等事项向某劳动仲裁委提起仲裁，该委于 2023 年 5 月裁决：确认双方自 2022 年 6 月 18 日至 2023 年 3 月 26 日存在劳动关系等事项。某公司不服，诉至法院。该案经一审、二审，在庭审过程中，盖某提交名称为"某物流送货师傅"的微信群聊天记录，该群内发布有内容为配送人员、配送商品名称、地址等信息的分单表格。另提交 2022 年 7 月至 2023 年 3 月，李某向其转账的微信支付电子凭证，证明李某代表某公司为其发放工资。一审法院判决确认盖某与某公司在 2022 年 6 月 18 日至 2023 年 3 月 26 日期间存在劳动关系等事项，二审维持原判。

裁判观点

一审法院认为，当事人对自己提出的诉讼请求所依据的事实或者反驳对方所依据的事实有责任提供证据加以证明。没有证据或者证据不足以证明当事人的事实主张的，由负有举证责任的当事人承担不利后果。用人单位招用劳

---

[1] 案号：（2024）京 01 民终 396 号。

动者未订立书面劳动合同，但同时具备下列情形的，劳动关系成立。（1）用人单位和劳动者符合法律、法规规定的主体资格；（2）用人单位依法制定的各项劳动规章制度适用于劳动者，劳动者受用人单位的劳动管理，从事用人单位安排的有报酬的劳动；（3）劳动者提供的劳动是用人单位业务的组成部分。本案中，盖某与某公司均符合建立劳动关系的主体资格。时任某公司法定代表人的李某通过微信转账向盖某支付工资，且呈现出一定的周期性及稳定性特征。盖某从事的家电配送工作亦属于某公司的业务组成部分，综合全案证据来看，双方符合建立劳动关系的要素，应予以认定存在劳动关系，一审法院对某公司主张盖某系与李某个人进行业务对接，与某公司无关的意见难以采信。

二审法院认为，某公司与盖某符合劳动关系成立的主体资格，盖某提供的劳动系某公司的业务范围，李某在诉争期间系某公司法定代表人，其代表某公司聘用盖某并向其发放劳动报酬，亦符合常理。某公司就盖某可以自行处理回收家电所持上诉主张不影响本院前述认定，不影响本案裁判结果。因此，某公司关于其公司与盖某之间不存在劳动关系的上诉主张均缺乏事实及法律依据，不能成立。

【关键法条】

《关于确立劳动关系有关事项的通知》

一、用人单位招用劳动者未订立书面劳动合同，但同时具备下列情形的，劳动关系成立。

（一）用人单位和劳动者符合法律、法规规定的主体资格；

（二）用人单位依法制定的各项劳动规章制度适用于劳动者，劳动者受用人单位的劳动管理，从事用人单位安排的有报酬的劳动；

（三）劳动者提供的劳动是用人单位业务的组成部分。

二、用人单位未与劳动者签订劳动合同，认定双方存在劳动关系时可参照下列凭证：

（一）工资支付凭证或记录（职工工资发放花名册）、缴纳各项社会保险费的记录；

（二）用人单位向劳动者发放的"工作证"、"服务证"等能够证明身份的证件；

（三）劳动者填写的用人单位招工招聘"登记表"、"报名表"等招用记录；

（四）考勤记录；

（五）其他劳动者的证言等。

其中，（一）、（三）、（四）项的有关凭证由用人单位负举证责任。

8 空白劳动合同能否拒签?

【问题导引】

实践中，有部分公司在员工入职的时候会直接拿出一份空白的劳动合同要求员工签署，对此很多朋友就会有顾虑，觉得如果公司在签完之后随便添加自己不知道的条款，对自己太被动了，这种情况下可以拒签吗?

【律师解析】

首先，我觉得大家的顾虑是非常正确且有必要的。根据我国法律规定，劳动合同应当具备用人单位有关信息、劳动者有关信息、劳动合同期限、工作内容和工作地点、工作时间和休息休假、劳动报酬、社会保险等条款，这是法律对劳动合同内容的强制性规定。所以大家在签署劳动合同的时候一定要注意核对相关条款是不是如实填上了，剩余空白的地方一定要划掉。如果公司提供空白的劳动合同，员工是可以拒绝签署的，但要注意保留相应证据，必要时，可以向劳动监察部门投诉举报。同时也要注意，如果公司提供的劳动合同内容是完整的，员工就不能拒签了，否则公司可以直接解除劳动关系并且不需要支付任何补偿或赔偿。

【典型案例】

陈某与某公司劳动争议案[1]

基本案情

陈某于 2014 年 9 月 22 日进入某公司工作，双方签订的最后一份劳动合同期限自 2015 年 3 月 22 日起至 2018 年 3 月 21 日止。2018 年 3 月 16 日，某公司向陈某发出《劳动合同续签确认函》，要求陈某确认是否有与某公司续签劳动合同的意向，陈某确认愿意续签。同年 3 月 19 日，某公司向陈某送达新的劳动合同要求续签，同年 3 月 23 日，陈某对合同内容提出异议，认为该劳动合同中对其薪酬未予明确，且工作地点约定过于宽泛，故未同意签订。随后某公司安排陈某于同年 3 月 24 日至 3 月 28 日至某市出差，陈某拒绝了这一出差安排。2018 年 4 月 4 日，某公司向陈某送达离职告知书，内载："某公司商品部员工陈某，公司于 2018 年 3 月 16 日要求你续签劳动合同，当时你本人确认续签，后公司几次要求你签属（署）劳动合同，你以各种理由不愿签订，公司于 2018 年 3 月 26 日再次将《劳动合同》及《告知书》发 EMS 到你户籍所在地，要求你 4 月 2 日前签订，若不签订视作你自动离职。另，2018 年 3 月 24 日，公司派你去总部出差，你以未签订劳动合同为由不愿出差，后一直旷工至今。故上述两项理由合并，公司视作你已自动离职。"2018 年 4 月 26 日，陈某就本案讼争事宜申请劳动仲裁。某劳动仲裁委裁决对陈某的仲裁请求不予支持。陈某不服，诉至法院。本案经过一审、二审，均支持了陈某要求某公司支付违法解除劳动合同赔偿金的诉讼请求。

裁判观点

一审法院认为，劳动合同法明确规定，劳动报酬、工作内容及工作地点等，为劳动合同必须具备的条款。在某公司提供给陈某要求续签的劳动合同

---

[1] 案号：（2019）沪 01 民终 8443 号。

中，始终未就劳动报酬进行明确，陈某对此提出异议且拒绝签字，并非无理。若不对劳动者拒签劳动合同之原因进行区别而统一将未签订劳动合同之责任归咎于劳动者，则将有失于对劳动者正当权利的保护。在劳动者以用人单位提交的劳动合同不符合劳动法律规范而拒签的情况下，某公司欲将合同未能签订成功之责任归咎于陈某的主张，不能认同。

二审法院认为，原审法院在就某公司支付陈某违法解除劳动合同赔偿金作出判决时，已经详尽地阐明了判决理由，该理由正确，据此所作的判决亦无不当。某公司上诉认为其不应支付陈某违法解除劳动合同赔偿金，未提出新的事实与理由加以佐证，本院不予采信。某公司的上诉请求不能成立，应予驳回。

【关键法条】

《中华人民共和国劳动合同法》

第十七条　劳动合同应当具备以下条款：

（一）用人单位的名称、住所和法定代表人或者主要负责人；

（二）劳动者的姓名、住址和居民身份证或者其他有效身份证件号码；

（三）劳动合同期限；

（四）工作内容和工作地点；

（五）工作时间和休息休假；

（六）劳动报酬；

（七）社会保险；

（八）劳动保护、劳动条件和职业危害防护；

（九）法律、法规规定应当纳入劳动合同的其他事项。

劳动合同除前款规定的必备条款外，用人单位与劳动者可以约定试用期、培训、保守秘密、补充保险和福利待遇等其他事项。

9 公司不签书面劳动合同，需要承担什么法律责任?

【问题导引】

实践中，我们可能经常会碰到公司不签书面劳动合同的情况，尤其是在一些规模比较小、管理制度不完善的公司，或者一些个体经济组织中比较常见。但常见就等于合法吗? 当然不是。既然不合法，那公司需要承担什么法律责任呢?

【律师解析】

首先就是我们常说的双倍工资。公司如果一直不签书面劳动合同，从员工入职第 2 个月开始就要支付劳动者双倍工资，最长不超过 11 个月。也就是说，劳动者至多可以额外获得 11 个月的工资。除双倍工资之外，如果公司从员工入职之日起满一年还不跟员工签书面劳动合同的话，会视为双方订立了无固定期限劳动合同，这种情况下，公司就不能再以劳动期限届满这种理由无故辞退员工了。

【典型案例】

屈某与某科技公司劳动争议案[1]

基本案情

屈某于 2021 年 1 月 14 日入职，岗位为财会项目部市场运营总监，双方未签订书面劳动合同。屈某月工资总额为税前 25 000 元，其中 40% 为绩效工资，某科技公司支付屈某工资至 2021 年 5 月 31 日。2021 年 6 月 24 日，某科技公司向屈某送达《解除劳动关系通知书》，内容为:"因您在我公司工作期间严

---

[1]　案号:(2023)京 01 民终 9967 号。

重违反公司规章制度，公司现决定即日起与您解除劳动关系。"后屈某以未签劳动合同二倍工资差额等为由向某劳动仲裁委提起仲裁，该委裁决：某科技公司支付屈某2021年2月14日至2021年6月24日未签劳动合同二倍工资差额96 264.37元等。双方不服，诉至法院。一审法院判决：某科技公司于判决生效之日起七日内向屈某支付2021年2月14日至2021年6月24日期间未签劳动合同二倍工资差额97 988.50元等。二审维持原判。

裁判观点

一审法院认为，关于未签劳动合同二倍工资差额，某科技公司未在用工之日起一个月内与屈某订立书面劳动合同，且某科技公司的入职offer、新员工入职须知不具备劳动合同要求的必备条款，故某科技公司应支付屈某2021年2月14日至2021年6月24日期间未签劳动合同二倍工资差额97 988.50元。

二审法院认为，《劳动合同法》第八十二条第一款规定："用人单位自用工之日起超过一个月不满一年未与劳动者订立书面劳动合同的，应当向劳动者每月支付二倍的工资。"本案中，某科技公司未在用工之日起一个月内与屈某订立书面劳动合同。某科技公司主张入职offer及新员工入职须知具有劳动合同的功能，但入职offer及新员工入职须知未记载劳动合同所必备的合同要件，不具备劳动合同要求的必备条款，不能替代劳动合同。某科技公司虽主张双方未签订书面劳动合同的原因在于屈某的推脱拒绝，但未提交充分证据予以证明，本院不予采信。且屈某认可某科技公司虽曾向其提供过书面劳动合同，但其中约定的工资标准低于其实际工资，故未签署，某科技公司则主张之所以约定的工资标准低是为了减少屈某的税费，故可以据此认定双方之间就劳动合同核心条款存在争议，屈某并非无合理理由不予签订。双方当时对订立劳动合同均具有缔约磋商的权利，一般应就双方权利义务的确定在用工开始前达成合意，最迟应于用工之日起一个月内完成磋商并以书面劳动合同的形式固定下来。反复磋商仍不签订劳动合同，往往能够证明双方就建立特定法律关系的合意欠缺，故双方应按照《劳动合同法实施条例》第五条规定，及时终止劳动关系。综上，某科技公司应当按照法律规定向屈某支付未签订劳动合同二倍工资差额。

【关键法条】

《中华人民共和国劳动合同法》

第八十二条　用人单位自用工之日起超过一个月不满一年未与劳动者订立书面劳动合同的，应当向劳动者每月支付二倍的工资。

用人单位违反本法规定不与劳动者订立无固定期限劳动合同的，自应当订立无固定期限劳动合同之日起向劳动者每月支付二倍的工资。

《中华人民共和国劳动合同法实施条例》

第五条　自用工之日起一个月内，经用人单位书面通知后，劳动者不与用人单位订立书面劳动合同的，用人单位应当书面通知劳动者终止劳动关系，无需向劳动者支付经济补偿，但是应当依法向劳动者支付其实际工作时间的劳动报酬。

10 跟公司签署劳务合同，发生争议能申请劳动仲裁吗？

【问题导引】

劳动关系、劳务关系只有一字之差，但在法律适用、裁判结果上却大不相同。如果在打算申请劳动仲裁的时候，才发现跟公司签的是劳务合同，这种情况还能申请劳动仲裁吗？

【律师解析】

这个需要根据实际情况进行判断，如果跟公司构成劳动关系，即使签署的是劳务合同，也能申请劳动仲裁。一般劳动关系有三个特点：首先，最重要的一点是劳动关系中的单位和劳动者之间是隶属关系，劳动者需要遵守单位制定的各项规章制度，比如考勤打卡制度、绩效管理制度等。其次，劳动关系的主体必须一方是自然人，一方是单位，并且自然人不能是在校学生或者退休人员。最后，劳动关系中劳动者从事的相关工作一般具有规律性、持续性，并且属于单位业务的组成部分。如果满足这些特点，即使跟公司签署的是劳务合同，也可以申请劳动仲裁。

【典型案例】

张某与某公司劳动争议案[1]

基本案情

2021年7月2日，张某与某公司签订劳务合同一份，约定合同有效期为12个月，自2021年7月2日至2022年7月1日，某公司安排张某担任客房服务员，试用期2个月，试用期基础费用3200元，合同还约定了其他内容。张某称，其于2015年6月7日经人介绍到某公司工作，某公司将其派遣至某会议中心担任客房服务员，双方于2015年6月签订一份合同，约定合同期限为一年，签字完毕后某公司将合同收回，直至2021年7月2日，双方才签订第二份合同，即前述劳务合同。双方均认可离职时间为2023年6月20日。2023年5月19日，张某向某劳动仲裁委提起仲裁：请求确认双方自2015年6月7日至2022年6月7日期间存在劳动关系。仲裁委作出不予受理通知书。张某不服，诉至法院。一审法院判决：确认张某与某公司于2015年6月7日至2022年6月7日期间存在劳动关系。二审维持原判。

裁判观点

一审法院认为，劳动关系不同于一般的民商事法律关系，劳动关系中当事人的意思自治要受到相关法律、法规及劳动行政部门颁布的规范性文件的严格限制，不能仅凭合同名称、当事人的书面约定就排除劳动关系，而应根据合同双方当事人之间实质权利义务关系来进行认定。本案中，双方均符合劳动法上的主体资格，根据已查明事实，某公司具有劳务派遣资质，张某接受某公司派

---

[1] 案号：（2024）京01民终4235号。

遣至某会议中心担任客房服务员，接受某公司的管理，某公司亦向张某支付工资。双方虽然签订劳务合同，但在履行合同过程中形成的关系符合劳动合同中人身、经济和组织隶属性，故一审法院认定双方存在劳动关系。关于劳动关系存续期间，张某主张自2015年6月7日至2022年6月7日期间存在劳动关系，并提交银行流水及工商登记信息予以佐证。某公司作为负有管理责任的用人单位，应就劳动者的入职时间负有举证责任，但某公司以双方不存在劳动关系为由拒绝对劳动者主张的入职时间等予以抗辩，故一审法院采信张某的相关主张，确认张某自2015年6月7日至2022年6月7日期间与某公司存在劳动关系。

二审法院认为，某公司上诉主张双方系根据意思自治签订书面劳务合同，故双方应成立劳务合同关系而非劳动关系。就此，劳动关系适格主体以劳务合同关系等为名签订书面协议的，还应当结合协议约定的双方权利义务内容、实际履行情况等，综合考量是否符合劳动关系的构成要件。就本案而言，根据在案证据及已查明的事实，张某根据某公司的要求被派遣至某会议中心担任客房服务员，其不具有独立的劳动自主权，某公司对其进行劳动管理，并向张某支付劳动报酬，双方之间具备人格从属性、经济从属性，一审法院据此认定双方之间虽签订了劳务合同，但实际应系劳动关系，处理正确。对于双方劳动关系存续期间，某公司作为负有劳动管理职责的用人单位，应就与劳动者的劳动关系存续期间承担举证责任。现某公司未就双方劳动关系存续期间提交证据或作出合理说明，一审法院鉴于此采信张某关于双方劳动关系存续期间的主张，并无不当，本院予以维持。

【关键法条】

《关于确立劳动关系有关事项的通知》

一、用人单位招用劳动者未订立书面劳动合同，但同时具备下列情形的，劳动关系成立。

（一）用人单位和劳动者符合法律、法规规定的主体资格；

（二）用人单位依法制定的各项劳动规章制度适用于劳动者，劳动者受用人单位的劳动管理，从事用人单位安排的有报酬的劳动；

（三）劳动者提供的劳动是用人单位业务的组成部分。

11 劳动合同一签完就被公司收走了怎么办?

【问题导引】

有朋友问,劳动合同刚签完还没细看就被公司收走了,怕公司往里面加一些对其不利的内容,所以现在想把原件要回来,但是公司不给,应该怎么办?

【律师解析】

一般有两种方法:

首先,可以直接拨打 12333 或者向公司所在地的劳动保障监察大队投诉,要求公司返还劳动合同原件,一般情况下投诉完很快就能得到处理。

其次,还可以采取劳动仲裁的方式,在填写诉求时可以直接写要求公司支付未签劳动合同双倍工资。这种情况下,公司为了避免双倍工资的支付,就会把劳动合同拿出来了。如果公司还坚持不拿劳动合同出来,那么很有可能就能拿到双倍工资了。

【典型案例】

姜某与某公司劳动争议案[1]

基本案情

姜某于 2019 年 11 月 21 日入职某公司,任财务会计,双方签订了期限为 2019 年 11 月 21 日至 2021 年 1 月 20 日的《劳动合同》。关于劳动合同续签,某公司称公司已经提前通知姜某要续签劳动合同,并且已经通过了内部审批流程,于 2020 年 12 月 30 日提交了一份《劳动合同续签审批表》,在续签劳

---

〔1〕 案号:(2022)京 0101 民初 14758 号。

动合同通知栏中写明"您与公司签立的劳动合同将于 2021 年 1 月 20 日到期。公司拟与您续签三年期限的劳动合同，原劳动合同约定的条件不变，请您收到此审批表一周之内将员工本人填写部分填写并反馈给综合部"，员工本人处姜某签字确认同意。某公司称公司通过微信将劳动合同电子版发给了姜某，要求姜某签字，姜某签字后将劳动合同返还给了公司，但是现无法找到劳动合同原件，仅有劳动合同复印件一份。合同期限为 2021 年 1 月 21 日至 2024 年 1 月 19 日，姜某对劳动合同复印件真实性不认可。2022 年 4 月 7 日，某公司以姜某违反公司规章制度为由向姜某送达了《关于开除姜某的决定》，与其解除劳动关系。2022 年 3 月 24 日，姜某以未签劳动合同二倍工资差额等事项向某劳动仲裁委申请劳动仲裁，该委裁决某公司支付姜某 2021 年 3 月 25 日至 2022 年 1 月 19 日未签劳动合同二倍工资差额 49 137.9 元等事项。某公司不服，诉至法院。法院确认了劳动仲裁委此项仲裁结果。

裁判观点

法院认为，本案中双方争议的主要焦点是未签订劳动合同问题。某公司与姜某签订的劳动合同于 2021 年 1 月 20 日到期，某公司于 2020 年 12 月 30 日提出续签劳动合同，姜某也同意续签，但是在实际签订劳动合同过程中，某公司虽主张通过发送劳动合同文本要求姜某签字，姜某也签字并返还劳动合同，但是某公司作为用人单位并未向本院提交劳动合同原件，某公司在核对姜某签订劳动合同的过程中也未积极落实合同签订情况，使这种不确定状态一直持续，也未与姜某终止劳动关系，姜某仍继续在原岗位工作，在此情况下，现有证据表明双方还是未签订书面劳动合同，某公司作为用人单位存在管理上的漏洞，故根据《劳动合同法》第八十二条之规定，某公司应承担支付未签劳动合同二倍工资差额的法律责任。仲裁裁决的二倍工资期限和数额符合法定标准，姜某未提起诉讼，本院予以确认。

【关键法条】

《中华人民共和国劳动合同法》

第八十二条　用人单位自用工之日起超过一个月不满一年未与劳动者订

立书面劳动合同的，应当向劳动者每月支付二倍的工资。

用人单位违反本法规定不与劳动者订立无固定期限劳动合同的，自应当订立无固定期限劳动合同之日起向劳动者每月支付二倍的工资。

12 入职时签署业绩承诺书约定业绩不达标自动离职，这种条款是否有效？

【问题导引】

从事销售行业的朋友们在入职时可能经常会遇到公司要求签"军令状"，即承诺业绩不达标自动离职，否则公司有权解除劳动合同的情况，这种约定有效吗？

【律师解析】

答案是否定的。因为用人单位解除劳动合同必须遵循"事由法定"的原则。也就是说，公司只有在劳动合同法明确规定的几种情形下才能跟劳动者解除劳动合同，除此之外不能任意约定解除条件，否则即使约定了也是无效的。司法实践中更多会认为业绩不达标属于员工不胜任工作的情况，在这种情况下，公司要安排调岗或者培训，并给予员工二次考核机会，仍然不能胜任的，才能解除劳动合同。公司因为员工业绩不达标直接开除的，就属于违法辞退，需要支付赔偿金。

【典型案例】

越某与某公司劳动争议案[1]

基本案情

越某于 2019 年 10 月 10 日入职某公司，担任某区拓展高级经理，双方于 2021 年 7 月 9 日解除劳动关系。月工资标准为 15 000 元+浮动绩效工资 4500 元，试用期绩效工资为 1500 元，转正后为 4500 元，绩效工资须经过考核，不是固定发放。双方于 2020 年 3 月 8 日签订 2020 年《业务拓展人员绩效考核责任书》，约定甲方为某公司，乙方为越某，载明，"如乙方连续 3 个季度业绩等级为 2（含）以下，则甲、乙双方一致同意双方的《劳动合同》自该季度届满之日即解除，且乙方不会向甲方提出任何经济赔偿（或补偿）。自《劳动合同》解除之日，双方基于《劳动合同》彼此间不享有任何权利、不承担任何义务……"双方于 2021 年 2 月 4 日签订《业务拓展人员绩效考核责任书》，载明："7.2 乙方连续两个季度业绩等级不达标（绩效等级为 1 或 2），即绩效目标完成率低于 80%，需要乙方跟直接上级确定绩效改进方案（含培训计划）并落地执行。7.3 乙方在下一季度未完成 7.2 中的绩效改进方案，则乙方自愿同甲方解除《劳动合同》，且乙方不会向甲方提出任何经济赔偿（或补偿）。"2021 年 7 月 2 日，某公司以越某业绩不达标为由，通知其于 2021 年 7 月 9 日解除劳动合同。2021 年 9 月 28 日，越某向某劳动仲裁委申请仲裁，该委裁决：1. 某公司支付越某违法解除劳动合同赔偿金 58 200 元、提成工资 859 490 元；2. 驳回越某其他仲裁请求。双方不服，诉至法院。本案经过一审、二审。一审法院确认了仲裁裁决结果。二审维持原判。

裁判观点

一审法院认为，某公司主张越某自 2020 年 2 月开始无业绩，依据《业务

拓展人员绩效考核责任书》约定，解除与越某的劳动合同，但 2021 年 2 月 4 日签订的《业务拓展人员绩效考核责任书》载明"即绩效目标完成率低于 80%，需要乙方跟直接上级确定绩效改进方案（含培训计划）并落地执行。7.3 乙方在下一季度未完成 7.2 中的绩效改进方案，则乙方自愿同甲方解除《劳动合同》"，某公司未提交证据证明在越某绩效目标完成率低于 80%，与其进行绩效方案的改进，并且在绩效方案改进或培训后再次进行考核的情形下，越某仍未达到考核目标。另，某公司在仲裁时主张其解除行为符合《劳动合同法》第四十条第二项规定，为合法解除。该法律规定，劳动者不能胜任工作，经过培训或者调整工作岗位，仍不能胜任工作的，用人单位提前三十日以书面形式通知劳动者本人或者额外支付劳动者一个月工资后，可以解除劳动合同。某公司虽主张对越某进行了培训，但未提交证据证明对其培训后仍不能胜任工作，故其解除与越某劳动关系属于违法行为，应支付越某违法解除劳动合同赔偿金。

二审法院认为，《劳动合同法》第八十七条规定，用人单位违反本法规定解除或者终止劳动合同的，应当依照本法第四十七条规定的经济补偿标准的二倍向劳动者支付赔偿金。本案中，某公司以越某无业绩为由与其解除劳动合同，根据查明事实，《业务拓展人员绩效考核责任书》约定"绩效目标完成率低于 80%，需要乙方跟直接上级确定绩效改进方案（含培训计划）并落地执行。7.3 乙方在下一季度未完成 7.2 条中的绩效改进方案，则乙方自愿同甲方解除《劳动合同》"，某公司虽主张越某无业绩，但未提交证据证明其针对该情形与越某改进绩效方案，亦未提交证据证明越某在改进绩效方案之后考核仍未达标，故某公司以越某无业绩为由解除劳动关系缺乏合理依据，应属违法解除，应向越某支付违法解除劳动合同赔偿金。一审法院认定正确，本院予以维持。

【关键法条】

《中华人民共和国劳动合同法》

第四十条　有下列情形之一的，用人单位提前三十日以书面形式通知劳动者本人或者额外支付劳动者一个月工资后，可以解除劳动合同：

（一）劳动者患病或者非因工负伤，在规定的医疗期满后不能从事原工作，也不能从事由用人单位另行安排的工作的；

（二）劳动者不能胜任工作，经过培训或者调整工作岗位，仍不能胜任工作的；

（三）劳动合同订立时所依据的客观情况发生重大变化，致使劳动合同无法履行，经用人单位与劳动者协商，未能就变更劳动合同内容达成协议的。

第四十七条 经济补偿按劳动者在本单位工作的年限，每满一年支付一个月工资的标准向劳动者支付。六个月以上不满一年的，按一年计算；不满六个月的，向劳动者支付半个月工资的经济补偿。

劳动者月工资高于用人单位所在直辖市、设区的市级人民政府公布的本地区上年度职工月平均工资三倍的，向其支付经济补偿的标准按职工月平均工资三倍的数额支付，向其支付经济补偿的年限最高不超过十二年。

本条所称月工资是指劳动者在劳动合同解除或者终止前十二个月的平均工资。

第八十七条 用人单位违反本法规定解除或者终止劳动合同的，应当依照本法第四十七条规定的经济补偿标准的二倍向劳动者支付赔偿金。

13 补签劳动合同是否能主张未签订劳动合同的二倍工资差额？

【问题导引】

用人单位如果自用工之日起超过一个月不与劳动者签订劳动合同会涉及支付二倍工资的问题。实践中有些公司为了避免支付二倍工资，在已经超过一个月未签劳动合同的情况下，通常会选择跟员工补签一份劳动合同，这种情况下员工还能主张二倍工资吗？

【律师解析】

此时需要特别关注补签的劳动合同中载明的劳动合同期限的起始日，如果劳动者和单位签合同的时候，将日期补签到了实际用工之日，目前司法实践中的主流观点一般认为劳动者与用人单位就补签合同的事宜达成合意，此时劳动者主张二倍工资的不予支持；但用人单位与劳动者虽然补签劳动合同，但未补签到实际用工之日的，对于实际用工之日与补签之日间相差的时间，在扣除一个月订立书面劳动合同宽限期后的那段期间，劳动者仍然可以主张二倍工资。

【典型案例】

郁某与某公司劳动争议案[1]

基本案情

郁某于 2016 年 5 月 3 日入职某公司。2016 年 7 月 4 日，某公司与郁某签订了《劳动合同书》，约定合同期限自 2016 年 5 月 3 日起至 2017 年 5 月 2 日止。2017 年 5 月 3 日，某公司与郁某签订了《续约合同书》，约定续签合同期限自 2017 年 5 月 3 日至 2019 年 5 月 2 日。2019 年《会议纪要》显示，根据某经济开发区管委会的相关工作部署，由某开投公司接收某公司，将某公司注销，现有员工调至某开投公司。2019 年 9 月某开投公司将财务负责人变更为郁某，但郁某并未与某开投公司签订劳动合同，某公司并未注销。2019 年 11 月 1 日某公司与郁某签订了《续约合同书》，约定"本续约合同为无固定期限合同，自 2019 年 5 月 3 日起开始生效"。续约合同条款第二条显示内容与 2017 年 5 月 3 日《续约合同书》一致。双方均确认该《续约合同书》系于 2019 年 11 月 1 日补签，郁某主张当时公司承诺会有奖金，其愿意继续为公司服务，才签了劳动合同，因某公司未及时与其续签劳动合同，故应支付其 2019 年 5 月 3 日至 2019 年 10 月 31 日未签订劳动合同二倍工资差额。郁某以要求某公司、某开投公司支付奖金、未续签劳动合同二倍工资差额为由，向某劳动仲裁委提出申请，该委裁决：驳回郁某的仲裁请求。郁某不服，诉至法院。本案经一审、二审、再审，均未支持郁某要求某公司支付未签订劳动

---

[1] 案号：（2023）京民申 1684 号。

合同二倍工资差额的诉讼请求。

裁判观点

一审、二审法院认为，2019 年 11 月 1 日，某公司与郁某签订了自 2019 年 5 月 3 日起的无固定期限合同，郁某未举证证明补签劳动合同时存在欺诈、胁迫等违背其真实意思表示的情形，视为双方针对补签劳动合同达成合意。故郁某要求某公司支付其 2019 年 5 月 3 日至 2019 年 10 月 31 日期间未续签劳动合同二倍工资差额的请求缺乏依据，法院不予支持。

再审法院认为，关于某公司是否应向郁某支付其 2019 年 5 月 3 日至 2019 年 10 月 31 日期间，未续签劳动合同二倍工资差额问题，经查，2019 年 11 月 1 日某公司与郁某签订了自 2019 年 5 月 3 日起的无固定期限合同，而郁某未举证证明补签劳动合同时存在欺诈、胁迫等违背其真实意思表示的情形，应视为双方针对补签劳动合同达成合意。两审法院对郁某的此项诉讼请求，不予支持，有事实和法律依据。

【关键法条】

《中华人民共和国劳动合同法》

第八十二条　用人单位自用工之日起超过一个月不满一年未与劳动者订立书面劳动合同的，应当向劳动者每月支付二倍的工资。

用人单位违反本法规定不与劳动者订立无固定期限劳动合同的，自应当订立无固定期限劳动合同之日起向劳动者每月支付二倍的工资。

14 孕期劳动合同到期，公司能解除劳动合同吗？

【问题导引】

刚怀孕 4 个月，但是劳动合同下个月就要到期了，公司通知劳动合同到期后终止，不让继续上班了，合法吗？

【律师解析】

　　根据法律规定，女职工在孕期、产期、哺乳期期间劳动合同期限届满的，劳动合同应当续延至"三期"结束时才能终止。并且对于"三期"女职工，除存在《劳动合同法》第三十九条规定的在试用期间被证明不符合录用条件、严重违反公司规章制度、严重失职营私舞弊给公司造成重大损害、因存在欺诈行为致使劳动合同无效等严重过错的情形以外，公司是不能单方通知解除劳动合同的。如果公司在女职工"三期"期间通知解除或终止劳动合同，女职工可以申请劳动仲裁要求公司继续履行合同，或者要求公司支付违法解除劳动合同的赔偿金2N[1]。

【典型案例】

路某与某酒店劳动争议案[2]

基本案情

　　王某于2016年12月8日入职某酒店，双方签订了期限为2016年12月8日至2018年12月8日的劳动合同，任职服务岗位。2018年11月27日，某酒店书面告知王某已于2018年11月7日决定不再续签劳动合同，通知王某自2018年11月28日至2018年12月8日无须到岗上班，在此期间会正常发放工资。王某主张其2018年12月8日劳动合同到期时正处孕期，某公司应当继续履行劳动合同，就此提交劳动合同书、诊断证明书为证。诊断证明书记载就诊日期为2018年11月29日，病情诊断为早孕。2018年12月6日，王某以继续履行劳动合同等事项向某劳动仲裁委提起仲裁，该委裁决某酒店继续履行与王某签订的劳动合同。某公司不服，诉至法院。本案经过一审、二审。

---

　　〔1〕　其中N是指按劳动者单位的工作年限计算，每满一年支付一个月工资，六个月以上不满一年的，按一年计算；不满六个月的，向劳动者支付半个月工资的经济补偿。
　　〔2〕　案号：（2019）京02民终6754号。

一审法院判决某酒店继续履行与王某签订的劳动合同等事项。二审维持原判。

裁判观点

一审法院认为，当事人对自己的主张，有责任提供证据，没有证据或者证据不足以证明当事人的事实主张的，由负有举证责任的当事人承担不利后果。某酒店与王某订立了期限为 2016 年 12 月 8 日至 2018 年 12 月 8 日的劳动合同，劳动合同到期时，王某正处于孕期。依据《劳动合同法》第四十五条规定，劳动合同期满，女职工处于孕期的，劳动合同应当续延至相应情形消失。故某酒店与王某的劳动合同应当自动续延。某酒店认为，王某在职期间严重失职，违反公司《员工手册》的规定，其有权单方解除劳动合同。针对王某的工作失误，某酒店已依据公司的规章制度作出了相应的扣款、警告等处罚，现其于王某孕期又以此为由解除双方劳动关系，实为不妥。故某酒店应当继续履行与王某签订的劳动合同。

二审法院认为，依据《劳动合同法》第四十五条的相关规定，劳动合同期满，女职工处于孕期的，劳动合同应当续延至相应情形消失。本案中，王某已经在劳动合同期满前告知某酒店其怀孕的事实，某酒店知悉此情况后，未能依法撤销不予续签劳动合同的决定，坚持不再续延怀孕职工的劳动合同，违反法律规定。某酒店另主张王某在履职期间严重失职，系基于该情况作出不再续签劳动合同的决定。一方面王某对该主张不予认可。另一方面，即便王某失职情况属实，某酒店在当时已经给予王某罚款处罚，且当时已经决定不解除劳动合同，此后双方继续履行劳动合同，某酒店在合同期满前再以此作为解除或终止劳动合同的理由，属于重复处罚，故本院对某酒店的上述主张不予采信。

【关键法条】

《中华人民共和国劳动合同法》

第四十二条　劳动者有下列情形之一的，用人单位不得依照本法第四十条、第四十一条的规定解除劳动合同：

（一）从事接触职业病危害作业的劳动者未进行离岗前职业健康检查，或者疑似职业病病人在诊断或者医学观察期间的；

（二）在本单位患职业病或者因工负伤并被确认丧失或者部分丧失劳动能力的；

（三）患病或者非因工负伤，在规定的医疗期内的；

（四）女职工在孕期、产期、哺乳期的；

（五）在本单位连续工作满十五年，且距法定退休年龄不足五年的；

（六）法律、行政法规规定的其他情形。

第四十五条　劳动合同期满，有本法第四十二条规定情形之一的，劳动合同应当续延至相应的情形消失时终止。但是，本法第四十二条第二项规定丧失或者部分丧失劳动能力劳动者的劳动合同的终止，按照国家有关工伤保险的规定执行。

15 怀孕期间合同到期，流产后劳动合同期限应该顺延到何时？

【问题导引】

某员工怀孕期间劳动合同到期，公司依法顺延了劳动合同期限，但后来该员工因身体原因在怀孕四个月时不慎流产，公司以员工孕期状态已结束为由主张劳动合同到期，是否合法？

【律师解析】

根据规定，女职工在孕期、产期、哺乳期的，劳动合同到期，应当续延至相应的情形消失时终止。所以如果女职工怀孕并且顺利分娩，劳动合同会顺延到哺乳期结束；但如果女职工在怀孕期间流产，此时劳动合同应该顺延到哪天？这就涉及流产后是否能享受产假这一问题，根据《女职工劳动保护特别规定》第七条第二款规定：女职工怀孕未满 4 个月流产的，享受 15 天产假；怀孕满 4 个月流产的，享受 42 天产假。也就是说，女职工怀孕流产后也依法享受产假，此时劳动合同应当顺延至员工产假结束之日。当然各地对于流产后女职工享有的产假天数可能有不同的规定，建议大家在遇到相关问题时要及时查阅本地规定，依法主张自己的合法权益。

【典型案例】

张某与某公司劳动争议案[1]

基本案情

2012 年 12 月 12 日，张某入职某公司，双方签订期限自 2012 年 12 月 12 日起至 2018 年 2 月 28 日止的《劳动合同》。2016 年 4 月 14 日，张某在工作中与同事发生争执后即到医院做了人工流产手术，后未再到某公司上班。某公司称张某未向公司提交此期间的病假证明，但公司按病假处理并发放了病假工资（工资发放周期为 3 月 26 日至 4 月 25 日）。2016 年 9 月 19 日，某公司以张某连续旷工超 15 天，违反公司劳动管理制度为由向张某送达《解除劳动合同告知书》，自 2016 年 9 月 19 日起解除与张某签订的劳动合同。2016 年 11 月，张某申请劳动争议仲裁，请求确认某公司与其存在劳动关系期间，要求某公司支付违法解除劳动合同赔偿金、病假工资、未休年休假工资等。2017 年 2 月，该委裁决：（1）张某与某公司自 2012 年 12 月 12 日至 2016 年 9 月 19 日期间存在劳动关系；（2）驳回张某的其他申请请求。张某不服，诉至法院。本案经一审、二审，法院均支持张某流产产假期间的产假工资，对于产假之后的病假工资并未支持。

裁判观点

一审法院认为，某公司、张某均认可双方自 2012 年 12 月 12 日至 2016 年 9 月 19 日期间存在劳动关系。根据《诊断证明》、门诊病历，根据《北京市实施〈女职工劳动保护规定〉的若干规定》第六条"……女职工怀孕流产的，根据医务部门的证明，妊娠不满 4 个月的，产假为 15 天至 30 天……产假

---

[1] 案号：（2017）京 02 民终 11008 号。

期间，工资照发"，以及《女职工劳动保护特别规定》第七条"……女职工怀孕未满 4 个月流产的，享受 15 天产假"的规定，认定张某应当享受 15 天产假，产假期间为 2016 年 4 月 14 日至 4 月 28 日。某公司已支付张某 2016 年 4 月 14 日至 4 月 25 日期间的产假工资，还应支付张某 2016 年 4 月 26 日至 4 月 28 日期间的产假工资。产假期满后，张某未上班，亦未提交医院出具的休假证明，故对张某要求支付 2016 年 4 月 29 日至 9 月 18 日期间病假工资的请求不予支持。

二审法院认为，依法订立的劳动合同具有约束力，用人单位与劳动者应当履行劳动合同约定的义务。张某在其进行手术休息后，未到某公司上班，经某公司催促复岗，张某无正当理由仍未到岗，某公司依照规章制度对张某旷工行为作出解除劳动合同的处理并无不当。张某称其一直处于休病假期间，但并未提供证据证实已向某公司提供了持续患病的相关证明及履行了请假手续，张某要求某公司支付病假工资至劳动合同解除时及要求某公司支付违法解除劳动合同赔偿金，缺乏依据，故对张某该上诉请求不予支持。

【关键法条】

《女职工劳动保护特别规定》

第七条　女职工生育享受 98 天产假，其中产前可以休假 15 天；难产的，增加产假 15 天；生育多胞胎的，每多生育 1 个婴儿，增加产假 15 天。

女职工怀孕未满 4 个月流产的，享受 15 天产假；怀孕满 4 个月流产的，享受 42 天产假。

《中华人民共和国劳动合同法》

第四十二条　劳动者有下列情形之一的，用人单位不得依照本法第四十条、第四十一条的规定解除劳动合同：

（一）从事接触职业病危害作业的劳动者未进行离岗前职业健康检查，或者疑似职业病病人在诊断或者医学观察期间的；

（二）在本单位患职业病或者因工负伤并被确认丧失或者部分丧失劳动能力的；

（三）患病或者非因工负伤，在规定的医疗期内的；

（四）女职工在孕期、产期、哺乳期的；

（五）在本单位连续工作满十五年，且距法定退休年龄不足五年的；

（六）法律、行政法规规定的其他情形。

16 哪些情况需要订立无固定期限劳动合同?

【问题导引】

劳动合同的类型除了我们常见的一年期、三年期等固定期限劳动合同，还有一种无固定期限劳动合同。相对于固定期限合同而言，无固定期限合同是一种长期合同、没有终止时间，所以单位自然不能以劳动合同期限届满要求员工离职。那有的朋友就会问，什么情况下单位需要签无固定期限劳动合同呢?

【律师解析】

首先，第一种情形肯定是跟单位协商一致，双方都同意的情况下可以签无固定期限合同。其次，我国法律同样也规定了几种用人单位必须跟劳动者签订无固定期限劳动合同的情形：一是劳动者在该用人单位连续工作满十年的；二是用人单位初次实行劳动合同制度或者国有企业改制重新订立劳动合同时，劳动者在该用人单位连续工作满十年且距法定退休年龄不足十年的；三是已经连续订立两次固定期限劳动合同，且没有法律规定单位可以解除劳动合同情形、需要续订劳动合同的。大家可以根据自己的情况判断是否达到上述条件，如果达到了，建议及时跟公司反馈，要求签订无固定期限劳动合同。

【典型案例】

马某与某公司劳动争议案[1]

基本案情

马某于 2013 年 9 月 24 日入职某公司，担任人事专员岗位工作，双方签订有书面劳动合同，合同期限为 2013 年 9 月 24 日至 2017 年 3 月 23 日，后双方于 2018 年 1 月 2 日再次签订劳动合同，期限为 2018 年 1 月 2 日至 2021 年 1 月 1 日，马某担任人力资源经理岗位工作。2020 年 12 月 29 日，某公司通过电子邮件方式向马某发送《劳动合同到期不续签通知书》。马某于 2020 年 12 月 30 日通过微信向某公司人事赵某表示异议，要求签订无固定期限劳动合同。后马某以违法解除劳动合同等事项向某劳动仲裁委申请仲裁，该委驳回此项仲裁申请。马某不服，诉至法院。本案经过一审、二审。一审判决某公司于判决生效后 7 日内支付马某违法解除劳动合同赔偿金 142 577. 5 元等事项。二审维持原判。

裁判观点

一审法院认为，用人单位与劳动者协商一致，可以订立无固定期限劳动合同。《劳动合同法》第十四条第二款规定："……有下列情形之一，劳动者提出或者同意续订、订立劳动合同的，除劳动者提出订立固定期限劳动合同外，应当订立无固定期限劳动合同：……连续订立二次固定期限劳动合同，且劳动者没有本法第三十九条和第四十条第一项、第二项规定的情形，续订劳动合同的。"本案中，马某在 2017 年 3 月 23 日合同到期后仍在某公司工作，某公司未对此表示异议，视为双方同意以原条件继续履行劳动合同，法院据此认定在某公司向马某送达《劳动合同到期不续签通知书》前，双方已连续订立两次固定期限劳动合同。马某在收到不续签通知后曾通过微信向某

---

〔1〕 案号：（2022）京 02 民终 1072 号。

公司表示其希望续签无固定期限劳动合同，如马某不存在《劳动合同法》第三十九条和第四十条第一项、第二项规定的情形，某公司应当与马某签订无固定期限劳动合同。庭审中，某公司主张马某存在严重违反公司制度的情形，并提交某集团奖惩制度、某公司事业部奖惩制度、制度公示网页截图、马某朋友圈截图、微信聊天记录、《关于给予马某记过处分的通报》及《关于给予王某、马某警告处分的通报》等证据在案佐证。经查，马某因右足骨折请休病假，其提交的医院诊断证明书、医院处方、门诊收费票据可以证明其足部受伤的事实，且其请假申请表已经经过公司审批。某公司提交的微信朋友圈截图并不能证明马某的行为构成"伪造出差、骗取休假"，故某公司据此给予马某记过处分的行为不妥，法院不予采信。此外，某公司依王某与马某的微信聊天记录作出《关于给予王某、马某警告处分的通报》，庭审中，某公司不能对其取得马某微信聊天记录的合法性进行举证和说明，法院对其提交的微信聊天记录及《关于给予王某、马某警告处分的通报》均不予采信。综上，马某不存在严重违反公司制度的情形，某公司以马某严重违反公司规章制度为由拒绝续订无固定期限劳动合同的行为，不符合法律规定，应当支付违法解除劳动合同赔偿金。

二审法院认为，连续订立二次固定期限劳动合同，且劳动者没有《劳动合同法》第三十九条和第四十条第一项、第二项规定的情形，续订劳动合同的，除劳动者提出订立固定期限劳动合同外，应当订立无固定期限劳动合同。本案中，马某于 2013 年 9 月 24 日入职某公司，双方签订了合同期限为 2013 年 9 月 24 日至 2017 年 3 月 23 日的劳动合同，该合同到期后马某继续在某公司工作，后双方于 2018 年 1 月 2 日再次签订了期限为 2018 年 1 月 2 日至 2021 年 1 月 1 日的劳动合同。故如马某不存在《劳动合同法》第三十九条和第四十条第一项、第二项规定的情形，其可以要求续订无固定期限劳动合同，某公司不能以劳动合同期满为由终止劳动合同。某公司坚持主张马某存在伪造病假、骗取休假，恶意串通、编造办事进展、借故拖延外出办事时间，故意泄露公司机密等资料的行为，严重违反公司制度。但根据已查明的事实，马某提交的医院诊断证明书、医院处方、门诊收费票据可以证明其足部受伤，且其请假申请表已经过公司审批。某公司提交的微信朋友圈截图、微信聊天记录等不足以证明马某存在上述严重违反公司制度的行为，应承担不利的法律后果。综上，某公司以马某严重违反公司规章制度为由拒绝续订无固定期限劳动合同，缺乏事实及法律依据，一审法院判决某公司应支付马某违法解除劳动合同赔偿金正确，本院予以维持。

【关键法条】

《中华人民共和国劳动合同法》

第十四条　无固定期限劳动合同，是指用人单位与劳动者约定无确定终止时间的劳动合同。

用人单位与劳动者协商一致，可以订立无固定期限劳动合同。有下列情形之一，劳动者提出或者同意续订、订立劳动合同的，除劳动者提出订立固定期限劳动合同外，应当订立无固定期限劳动合同：

（一）劳动者在该用人单位连续工作满十年的；

（二）用人单位初次实行劳动合同制度或者国有企业改制重新订立劳动合同时，劳动者在该用人单位连续工作满十年且距法定退休年龄不足十年的；

（三）连续订立二次固定期限劳动合同，且劳动者没有本法第三十九条和第四十条第一项、第二项规定的情形，续订劳动合同的。

用人单位自用工之日起满一年不与劳动者订立书面劳动合同的，视为用人单位与劳动者已订立无固定期限劳动合同。

17 劳动合同到期，公司不续签需要支付补偿吗？

【问题导引】

有些朋友可能正在面临劳动合同即将到期的情况，如果劳动合同到期，公司可以单方决定不续签吗？如果不续签，员工能够主张相应的经济补偿吗？

【律师解析】

关于这个问题需要分情况讨论：

如果劳动合同是第一次到期，公司是可以单方决定不续签的，不过有部分地区规定，公司决定不续签的，需要提前三十天通知，否则每迟延一日需要支付一日工资的赔偿金。同时，关于经济补偿金，除在公司愿意维持或者提高劳动合同约定条件续订劳动合同，但员工自己不同意续订的情形外，只要不续签合同，公司就要支付相应经济补偿金。

如果劳动合同是第二次到期，公司是没有单方决定不续签的权利的，除非员工主动提出不续签，否则公司必须跟员工签订无固定期限劳动合同，如果公司不签就属于违法解除，需要支付相当于经济补偿金标准两倍的经济赔偿金。

【典型案例】

典型案例一：王某与某公司劳动争议案[1]

基本案情

王某与某公司签订有期限为 2021 年 4 月 6 日至 2022 年 5 月 5 日的劳动合同，约定试用期 2 个月，担任项目经理岗位，月工资 5500 元。王某主张月工资 20 000 元，由岗位工资 14 000 元和证书（一级建造师和一级消防工程师）工资 6000 元组成。其中 6000 元以银行转账形式发放，14 000 元以现金形式发放。2022 年 4 月 8 日，某公司向王某出具《劳动合同到期不续签通知书》。某公司于 2022 年 8 月 3 日向王某邮寄送达了《离职证明》，王某于 8 月 5 日签收。后王某就某公司支付终止劳动合同经济补偿金等事项向某劳动仲裁委提起仲裁。2022 年 8 月，该委裁决：（1）某公司支付王某终止劳动合同经济补

---

〔1〕　案号：（2023）京 01 民终 12755 号。

偿金 8250 元；（2）支付王某终止劳动合同未提前 30 日书面通知 2 日工资的赔偿金 551.72 等事项。王某不服，诉至法院。本案经一审、二审。一审法院判决：某公司支付王某终止劳动合同经济补偿金 30 000 元，支付王某未提前 30 日书面通知 2 日工资的赔偿金 1839.08 元等事项。二审维持原判。

裁判观点

一审法院认为，关于王某的工资标准，某公司应就王某的工资标准、发放工资的情况举证予以证明。王某主张月工资 20 000 元，结合王某的银行交易记录以及社保、公积金的缴纳情况以及王某委托赵某现金领取工资的事实，法院就王某主张的工资标准予以采信。某公司与王某终止劳动合同，且不存在某公司维持或者提高劳动合同约定条件续订劳动合同，王某不同意续订的法定情形，应当依法向王某支付终止劳动合同经济补偿金 30 000 元。

二审法院认为，由于某公司对于仲裁裁决终止劳动合同经济补偿金、未提前 30 日书面通知 2 日工资的赔偿金等事项未提出起诉，视为其认可上述支付义务。某公司上诉仅针对一审法院将上述项目支付的具体金额调高提出异议，因此本案争议焦点实际为王某的工资标准。劳动纠纷案件中，用人单位就劳动者的出勤情况、工资标准及支付事宜负举证责任。某公司与王某签署的劳动合同约定的工资标准与其公司实际向王某通过转账支付的工资数额并不相符，王某主张其工资标准为 20 000 元，其中 14 000 元系现金支付，6000 元系工资转账，称某公司此举系为了避税、降低社保缴费基数。王某就此提供了微信记录、赵某转账记录、委托书等证据，一审法院就此亦向赵某进行了核实，法院认为上述证据可以形成证据链证明王某的相关主张，某公司作为就劳动者工资构成负有举证责任的用人单位未能作出合理解释，其公司虽在二审中提供了两位证人证言，但亦不足以证明其公司主张的事实，应承担相应不利后果。一审法院根据已查明的事实认定王某月工资标准为 20 000 元具有事实依据，法院予以确认。

典型案例二：孙某与某公司劳动争议案[1]

基本案情

2017 年 6 月 1 日，孙某与某公司签订《劳动合同书》。2020 年 5 月 14 日，孙某与某公司续签《劳动合同书》，合同期限为 2020 年 6 月 1 日起至 2023 年 5 月 31 日止。2023 年 4 月 20 日，某公司通过邮件向孙某发送《劳动合同期满不续签通知书》。后孙某向某劳动仲裁委提起仲裁，要求某公司：支付违法终止劳动合同的赔偿金等事项。2023 年 8 月，该委裁决：某公司支付违法终止劳动合同经济补偿金等事项。某公司不服，诉至法院。本案经一审、二审，均判决某公司支付孙某违法终止劳动关系经济赔偿金等事项。

裁判观点

一审法院认为，某公司与孙某签订了 2 次固定期限劳动合同，第二份劳动合同到期后，某公司应当与孙某签订无固定期限劳动合同。某公司在合同即将到期时，直接向孙某发出劳动合同到期不续签通知，违反法律规定，属于违法终止劳动合同，应当向孙某支付违法终止劳动合同经济赔偿金。

二审法院认为，本案中，某公司已与孙某连续订立二次固定期限劳动合同，第二份劳动合同到期后，某公司应当与孙某订立无固定期限劳动合同。某公司在合同即将期满之际，直接向孙某发出劳动合同到期不续签通知，属于违法终止劳动合同，一审法院判决其向孙某支付违法终止劳动合同经济赔偿金并无不当。

【关键法条】

《中华人民共和国劳动合同法》

第四十四条　有下列情形之一的，劳动合同终止：

（一）劳动合同期满的；

---

[1]　案号：（2024）京 01 民终 3134 号。

（二）劳动者开始依法享受基本养老保险待遇的；

（三）劳动者死亡，或者被人民法院宣告死亡或者宣告失踪的；

（四）用人单位被依法宣告破产的；

（五）用人单位被吊销营业执照、责令关闭、撤销或者用人单位决定提前解散的；

（六）法律、行政法规规定的其他情形。

第四十六条　有下列情形之一的，用人单位应当向劳动者支付经济补偿：

（一）劳动者依照本法第三十八条规定解除劳动合同的；

（二）用人单位依照本法第三十六条规定向劳动者提出解除劳动合同并与劳动者协商一致解除劳动合同的；

（三）用人单位依照本法第四十条规定解除劳动合同的；

（四）用人单位依照本法第四十一条第一款规定解除劳动合同的；

（五）除用人单位维持或者提高劳动合同约定条件续订劳动合同，劳动者不同意续订的情形外，依照本法第四十四条第一项规定终止固定期限劳动合同的；

（六）依照本法第四十四条第四项、第五项规定终止劳动合同的；

（七）法律、行政法规规定的其他情形。

18 劳动合同到期后未续签书面劳动合同，但仍在单位继续工作，能主张未签劳动合同二倍工资吗？

【问题导引】

有朋友咨询，我跟公司签订的劳动合同今年年初就到期了，公司一直没安排续签，但我一直还在公司继续工作。现在打算离职了，对于没签合同这段期间我跟公司之间还是劳动关系吗？我还能主张未签劳动合同二倍工资吗？

【律师解析】

首先，劳动合同期满后劳动者仍在原用人单位工作、原用人单位未表示异议的，视为双方同意以原条件继续履行劳动合同，此时双方构成事实上的劳动关系。其次，司法实践普遍认为，续签劳动合同时公司同样要遵循法律规定、及时跟员工签订书面合同，否则就需要支付二倍工资。关于二倍工资的支付时间，大部分地区认为和首次签订合同时一样，要求公司需要对超过一个月不满一年的部分支付二倍工资，最长十一个月；当然也有部分地区法院持不同观点，比如北京地区认为在续签的情况下，单位对原劳动合同期满和继续用工的法律后果均有预期，因此不需要再给予一个月的宽限期，单位从原劳动合同期满次日开始就应当支付二倍工资，最长不超过十二个月。

【典型案例】

典型案例一：张某与某公司劳动争议案[1]

基本案情

张某于 2018 年 6 月 8 日入职某科技公司。2021 年 1 月 1 日，劳动关系主体变更为某公司。双方均同意张某工龄自 2018 年 6 月 8 日起算。张某与某公司之间签订的劳动合同至 2021 年 6 月 8 日到期。2021 年 6 月 24 日，某公司以经营困难为由提出，与张某协商一致解除劳动合同。双方签订《协议书》，其上载明"公司因经营困难，经友好协商下，劳动合同到期不再续约……"，落款日期为 2021 年 6 月 24 日。后张某以要求某公司支付未签劳动合同二倍工资差额、解除劳动合同经济补偿金等事项向某劳动仲裁委申请仲裁，该委裁决某公司支付张某 2021 年 6 月 8 日至 2021 年 6 月 24 日期间未签劳动合同二倍工资差额 7172.41 元等事项，某公司不服，诉至法院。本案经过一审、二审。一审判决：某公司支付张某 2021 年 6 月 9 日至 2021 年 6 月 24 日未续签劳动合同二倍工资差额 7172.41 元。二审维持原判。

裁判观点

一审法院认为，某公司与张某之间的劳动合同于 2021 年 6 月 8 日到期，

---

[1]　案号：(2022) 京 01 民终 4795 号。

现某公司未与张某续签劳动合同，应当支付张某 2021 年 6 月 9 日至 2021 年 6 月 24 日未续签劳动合同二倍工资差额 7172.41 元。

二审法院认为，就未续签书面劳动合同二倍工资差额一节，本案中，根据在案证据及已查明的事实，某公司与张某之间的劳动合同系于 2021 年 6 月 8 日到期，张某在劳动合同期满后仍在某公司继续工作，在此情形下，鉴于用人单位对原劳动合同期满及继续用工的法律后果均有预期，无须一个月的"宽限期"。因此，某公司上诉主张其公司与张某未续签书面劳动合同并未超过一个月的"宽限期"，缺乏法律依据，本院不予采信。

典型案例二：刘某与某公司劳动争议案[1]

基本案情

某公司与刘某于 2020 年 11 月 1 日签订《劳动合同》，约定合同的有效期自 2020 年 11 月 1 日起至 2021 年 12 月 31 日止，某公司安排刘某从事财务部门的工作等内容。合同到期后，双方未签订书面劳动合同。2022 年 5 月 30 日，刘某离职。2023 年 1 月 31 日，刘某向某劳动仲裁委申请仲裁，要求某公司支付 2022 年 2 月 1 日至 2022 年 5 月 30 日期间未签订书面劳动合同二倍工资差额 33 800 元等事项。该委支持了刘某的仲裁请求。某公司不服，诉至法院，本案经过一审、二审。一审法院判决某公司支付 2022 年 2 月 1 日至 2022 年 5 月 30 日期间未签订书面劳动合同二倍工资差额 33 800 元。二审维持原判。

裁判观点

一审法院认为，某公司作为用人单位，与劳动者签订书面的劳动合同系其法定义务。现双方签订的劳动合同期满后，且劳动关系依然存续的情况下，某公司未依法履行义务与刘某续订书面的劳动合同，理应承担支付未订立书面劳动合同的二倍工资后果。某公司在本案中所提交的证据并不足以证明刘某负责公司人事工作，即便刘某在工作中负责某公司印章，亦不能据此认定

---

[1] 案号：（2024）粤 01 民终 12002 号。

刘某系负责签署劳动合同的负责人。综上，某公司的理据不足，应当按照应发工资数额向刘某支付 2022 年 2 月 1 日至 2022 年 5 月 30 日期间未签署书面劳动合同的二倍工资差额 33 800 元。

二审法院认为，某公司、刘某对一审核算的未签订书面劳动合同的二倍工资差额数额均无异议，本案争议的焦点是案涉款项是否应该支付。依照《劳动合同法》第八十二条第一款规定："用人单位自用工之日起超过一个月不满一年未与劳动者订立书面劳动合同的，应当向劳动者每月支付二倍的工资"，《劳动争议调解仲裁法》第六条规定："发生劳动争议，当事人对自己提出的主张，有责任提供证据。与争议事项有关的证据属于用人单位掌握管理的，用人单位应当提供；用人单位不提供的，应当承担不利后果。"结合双方陈述及提交的证据可知，签订劳动合同是用人单位的法定义务，案涉期间，某公司未有证据证实双方已签订书面劳动合同，亦未有证据证实未签订书面劳动合同的原因应归咎于刘某，依照上述法律规定，某公司应承担相应法律后果。一审法院根据双方当事人的诉辩、提交的证据对本案事实进行了认定，并在此基础上依法作出一审判决，合法合理，且理由阐述充分，本院予以确认。某公司的上诉请求理据不足，本院不予支持。

【关键法条】

《中华人民共和国劳动合同法》

第八十二条　用人单位自用工之日起超过一个月不满一年未与劳动者订立书面劳动合同的，应当向劳动者每月支付二倍的工资。

用人单位违反本法规定不与劳动者订立无固定期限劳动合同的，自应当订立无固定期限劳动合同之日起向劳动者每月支付二倍的工资。

19 劳动合同中有续签条款，合同到期后未续签书面劳动合同，能主张二倍工资差额赔偿吗？

【问题导引】

如果劳动合同中存在自动续约条款，比如约定"双方劳动合同期满，任何一方未提出解除或终止劳动关系的，本劳动合同自动续签两年"，此时合同到期后员工继续工作、但没签书面续约合同，员工还能主张未签订劳动合同二倍工资吗？

【律师解析】

这种情况一般不能再主张了。司法实践中认为劳动合同中约定了自动续签条款，并明确续约时限的，这种条款不存在免除用人单位法定责任或排除劳动者权利的情形，一般应视为有效约定。如果在第一份劳动合同到期之后，双方均未提出异议的话，自动续签合同的条件就生效了，此时应视为双方已经续签了劳动合同，劳动者就无权再主张未签订劳动合同二倍工资了。

【典型案例】

佟某与某公司劳动争议案[1]

基本案情

佟某原系某公司员工，担任配送员。佟某与某公司签订了《劳务用工合同》，《劳务用工合同》载明："4. 劳务费用：全天劳务9.00元/单……14.2本劳务用工合同自2018年3月3日至2018年4月1日。甲方视业务需要及乙方绩效等可提前与乙方解除劳务关系或征得乙方同意与乙方续签劳务用工合

––––––––––––––––

〔1〕 案号：（2019）京01民终7448号。

同。双方无异议，合同自动续签。"佟某与某公司于 2018 年 12 月 3 日解除劳动关系，佟某于 2019 年 3 月向某劳动仲裁委提出仲裁，要求某公司支付未签订劳动合同的双倍工资差额、高温费、加班费等。该委于 2019 年 4 月裁决：(1) 某公司支付佟某 2018 年 6 月至 8 月高温补贴差额 213.2 元；(2) 驳回佟某的其他申请请求。佟某对该裁决不服，诉至法院。本案经一审、二审，均未支持佟某要求支付未签订合同的双倍工资差额的诉讼请求。

裁判观点

一审法院认为，关于佟某主张未签订劳动合同二倍工资差额一节，佟某与某公司均认可双方系劳动关系，佟某与某公司虽签订的是《劳务用工合同》，《劳务用工合同》的相关约定涵盖了劳动合同的必备条款，可以视为双方签订了劳动合同。《劳务用工合同》约定期限为 2018 年 3 月 3 日至 2018 年 4 月 1 日，双方无异议，合同自动续签。2018 年 4 月 1 日之后，佟某和某公司均未提出异议，视为合同自动续签。故对于佟某要求某公司支付未签订劳动合同二倍工资差额 49 078.5 元的诉讼请求，法院不予支持。应当指出的是，佟某因不想继续工作要求签署一个月的合同，考虑一个月就离职，后又觉得没有工作而继续工作，现要求某公司支付未签订劳动合同二倍工资差额的做法，主观上并非善意而为。

二审法院认为，佟某与某公司之间签订了《劳务用工合同》，该合同所约定的条款具备了劳动合同的必要条款，可视为双方签订了劳动合同，该合同中约定了双方无异议，合同自动续签，现佟某虽否认该合同的真实性，但不能提交有效的证据予以反驳，法院对该抗辩不予采信，对其上诉主张未签订劳动合同二倍工资差额的请求不予支持。

【关键法条】

《中华人民共和国劳动合同法》

第八十二条　用人单位自用工之日起超过一个月不满一年未与劳动者订立书面劳动合同的，应当向劳动者每月支付二倍的工资。

用人单位违反本法规定不与劳动者订立无固定期限劳动合同的，自应当订立无固定期限劳动合同之日起向劳动者每月支付二倍的工资。

20 劳动合同到期不续签，是否需要提前一个月通知？

【问题导引】

跟公司签订的劳动合同马上就到期了，但公司仅提前 5 天才告知不续签合同，公司这种临时通知的做法是合法的吗？公司需要赔偿吗？

【律师解析】

关于劳动合同到期不续签是否需要提前通知，以及需要提前多久通知的问题，目前在全国的立法层面没有明确规定，需要看当地有无地方性规定或双方在劳动合同中有没有明确约定。据了解，目前很多地区不强制要求公司必须提前通知，所以公司也无须就此对劳动者进行赔偿；但也有部分地区，比如北京地区就有明确规定，终止劳动合同需要提前三十日通知劳动者，否则就要以劳动者上月日平均工资为标准，每延迟一日支付劳动者一日工资的赔偿金。

【典型案例】

刘某与某房地产公司劳动争议案[1]

基本案情

刘某于 2019 年 6 月 4 日入职某房地产公司，岗位为园林总工程师，双方签订了劳动合同期限自 2019 年 6 月 4 日至 2022 年 7 月 31 日止的《劳动合同书》。2022 年 7 月 28 日，某房地产公司向刘某邮寄送达《劳动合同到期不续

---

〔1〕 案号：（2023）京 03 民终 18016 号。

签通知书》。后刘某以支付未提前三十日通知终止劳动合同赔偿金等事项向某劳动仲裁委申请仲裁。该委裁决：某房地产公司于本裁决生效之日起三日内，支付刘某未提前三十日通知终止劳动合同赔偿金 43 490.48 元。某房地产公司不服，诉至法院，本案经过一审、二审程序。一审法院判决：某房地产公司于判决生效之日起七日内支付刘某未提前三十日通知终止劳动合同赔偿金 43 490.48 元等事项。二审维持原判。

裁判观点

一审法院认为，根据《北京市劳动合同规定》第四十七条规定，用人单位终止劳动合同前未提前三十日通知劳动者的，以劳动者上月日平均工资为标准，每延迟一日支付劳动者一日工资的赔偿金。本案中，因某房地产公司在终止劳动合同前并未提前 30 日通知劳动者，故应向刘某支付相应赔偿金。关于刘某在离职前上个月即 2022 年 6 月份工资标准，刘某主张餐补和交通补助等补贴收入应为工资的一部分，应计算在内。一审法院认为，工资构成包含基本工资和其他补助性收入，对于某房地产公司主张的不应计算餐补和交通补助，没有依据，一审法院不予采信，故刘某 2022 年 6 月份的工资收入应为刘某所主张的 35 034 元，应以此为标准计算赔偿金。关于仲裁裁决的某房地产公司支付刘某未提前三十日通知终止劳动合同赔偿金 43 490.48 元，并无不当，故对于某房地产公司主张不支付赔偿金的诉求，一审法院不予支持。

二审法院认为，关于未提前三十日通知终止劳动合同赔偿金一节，本案中，某房地产公司在终止劳动合同前并未提前三十日通知刘某，根据相关法律规定，某房地产公司应向刘某支付未提前三十日通知终止劳动合同赔偿金。双方对于刘某离职前一个月即 2022 年 6 月份工资标准存在争议，某房地产公司主张该月应发工资为基本工资 15 000 元+加班工资 15 000 元+绩效奖金 3334 元+手机费福利补贴 500 元=33 834 元，其他款项性质系报销款，不属于工资组成部分，且该月存在扣罚项目；刘某对此不认可并主张该月应发工资为 33 334 元+800 元+300 元+600 元=35 034 元，其中 800 元+300 元+600 元=1700 元为福利补贴性质，属于工资组成部分。对此，法院认为，在案证据显示，刘某银行账户中附言为"报销"的款项系按月发放且数额较为固定，与某房地产公司关于实报实销的主张不符，故，法院对某房地产公司的上诉意见不予采纳。上述名义为报销的款项应当认定为刘某的工资组成部分，一审法院采纳刘某的主张，按照应发工资 35 034 元的标准计算未提前三十日通知终止劳动合同赔偿金数额，并无不当。

【关键法条】

《北京市劳动合同规定》

第四十条　劳动合同期限届满前，用人单位应当提前 30 日将终止或者续订劳动合同意向以书面形式通知劳动者，经协商办理终止或者续订劳动合同手续。

第四十七条　用人单位违反本规定第四十条规定，终止劳动合同未提前 30 日通知劳动者的，以劳动者上月日平均工资为标准，每延迟 1 日支付劳动者 1 日工资的赔偿金。

21 公司通知续签劳动合同能否降低原合同约定的劳动条件？

【问题导引】

在续签劳动合同时，公司告知续签合同需要降低原劳动合同约定的各项条件，并且表示如果员工不同意，就视为员工主动拒绝续签、公司无须支付经济补偿或赔偿，这种要求是合法的吗？

【律师解析】

当然不合法。法律明确规定，除用人单位维持或者提高劳动合同约定条件续订劳动合同，劳动者不同意续订的情形外，用人单位以劳动合同期限届满为由终止劳动合同的，应向劳动者支付经济补偿金。所以千万别被公司唬住了，如果公司降低劳动合同约定条件，比如降低工资标准、延长工作时间、增设限制权利条款等，达不到自己续订劳动合同的预期，可以直接拒绝并且要求公司支付经济补偿金。

【典型案例】

张某与某公司劳动争议案[1]

基本案情

2010 年 7 月 12 日，张某入职某公司，担任科长职务，双方多次签订劳动合同，最后一次签订的劳动合同期限为 2014 年 7 月 8 日至 2015 年 7 月 7 日，合同约定张某从事管理工作，月基本工资为 2800 元。自 2015 年 4 月开始，张某所对应的科长职务的基本工资为 3024 元。张某自 2014 年 7 月至 2015 年 6 月的月平均工资为 5061.04 元。2015 年 6 月 5 日，某公司向张某提出续签《劳动合同书》，载明"张某职务为职员，月基本工资为 2070 元，张某不同意续订该劳动合同，并于当月 8 日向某公司提交《协商经济补偿问题》"。2015 年 6 月 12 日，某公司向张某提出续签《劳动合同书》，载明"张某职务为代理，月基本工资为 2450 元，张某以某公司降低工资为由不同意续订劳动合同"。2015 年 6 月 17 日，张某以支付终止劳动合同经济补偿金等事由向某劳动仲裁委申请仲裁，该委裁决某公司支付张某终止劳动合同经济补偿金 25 305.2 元等事项。某公司不服，诉至法院。本案经过一审、二审。一审判决确认仲裁裁决结果。二审维持原判。

裁判观点

一审法院认为，因劳动合同期满而终止固定期限劳动合同的，用人单位应支付劳动者经济补偿金，张某与某公司签订的劳动合同于 2015 年 7 月 7 日到期，某公司降低原合同约定条件与张某续订合同，张某未同意，某公司应支付张某终止劳动合同经济补偿金，原仲裁裁决的终止劳动合同经济补偿金数额并无不当，法院予以确认。

二审法院认为，当事人对自己提出的诉讼请求所依据的事实或者反驳对

---

〔1〕　案号：（2016）京 03 民终 3294 号。

方诉讼请求所依据的事实有责任提供证据加以证明。没有证据或者证据不足以证明当事人的事实主张的，由负有举证责任的当事人承担不利后果。某公司虽主张处罚后降低了张某的月薪，但某公司未能提交充分证据证明降低张某职务的依据及降低后的职务、工资标准，故本院对某公司该项主张不予采信。因劳动合同期满而终止固定期限劳动合同的，用人单位应支付劳动者经济补偿金，张某与某公司签订的劳动合同于 2015 年 7 月 7 日到期，某公司降低原合同约定条件与张某续订合同，张某未同意，某公司应支付张某终止劳动合同经济补偿金，一审法院判决的终止劳动合同经济补偿金数额并无不当，本院予以确认。

【关键法条】

《中华人民共和国劳动合同法》

第四十六条　有下列情形之一的，用人单位应当向劳动者支付经济补偿：

（一）劳动者依照本法第三十八条规定解除劳动合同的；

（二）用人单位依照本法第三十六条规定向劳动者提出解除劳动合同并与劳动者协商一致解除劳动合同的；

（三）用人单位依照本法第四十条规定解除劳动合同的；

（四）用人单位依照本法第四十一条第一款规定解除劳动合同的；

（五）除用人单位维持或者提高劳动合同约定条件续订劳动合同，劳动者不同意续订的情形外，依照本法第四十四条第一项规定终止固定期限劳动合同的；

（六）依照本法第四十四条第四项、第五项规定终止劳动合同的；

（七）法律、行政法规规定的其他情形。

第二章
工资与福利

22 入职时口头约定工资数额，公司反悔不认账怎么办?

【问题导引】

有网友咨询，面试的时候老板答应工资一个月给 10 000 元，但是签合同的时候老板说公司有薪酬保密制度，合同上不能体现工资金额，所以就空在那儿了没填，结果发工资的时候发现只给自己发了 8000 块钱，这种情况我该怎么确定自己的工资数额呢?

【律师解析】

首先，可以找找自己手机里有没有当时跟老板谈工资的微信聊天记录、短信或者录音等这些能证明老板承诺过工资数额的证据;如果没有，也可以给老板打电话或者当面去找老板谈，如果老板在谈的过程中承认了相关事实，就可以拿相应的录音当作证据。如果实在收集不到证据，还可以看看公司有没有签过集体合同，或者是参照同岗位其他同事的工资标准要求同工同酬。

【典型案例】

于某与某公司劳动争议案[1]

基本案情

于某于 2021 年 9 月 9 日入职某公司，从事后厨切配工作，工作至 2021 年 10 月 11 日。双方未签订书面劳动合同，某公司未为于某缴纳社会保险。某公司已向于某发放工资 5276 元。于某主张双方口头约定其月工资标准为 5100

―――――――――――

〔1〕 案号：（2022）京 01 民终 6838 号。

元，满勤奖 100 元，每月 15 日发放上个自然月的工资，某公司认可工资发放周期，并称其与于某口头约定月工资 5000 元，满勤奖 200 元，满勤奖的发放条件为于某每天都上班。2021 年 10 月 27 日，于某向某劳动仲裁委申请某公司支付 2021 年 9 月 9 日至 2021 年 10 月 11 日工资 2446 元等事项，劳动仲裁委未支持于某此项仲裁请求。于某不服，诉至法院，本案经过一审、二审。一审法院判决：某公司于判决生效之日起 15 日内支付于某 2021 年 9 月 9 日至 2021 年 10 月 11 日工资 2327.45 元等事项。二审维持原判。

裁判观点

一审法院认为，于某入职某公司从事后厨切配工作，双方建立了劳动关系，用人单位对劳动者具有管理义务。本案中，于某主张双方口头约定每月工资 5100 元，满勤奖 100 元，现某公司就于某的工资标准及工资计算方式未提交证据予以证明，法院认定于某月基本工资为 5100 元，就全勤奖的发放，某公司未提交制度依据证明全勤奖的发放规则，故法院根据双方所陈述的于某的出勤情况，对于某所主张的 100 元全勤奖予以支持。因双方均认可 2021 年 9 月 9 日至 2021 年 10 月 11 日期间于某工作 32 天，故对于某要求某公司支付其 2021 年 9 月 9 日至 2021 年 10 月 11 日期间工资 2561 元的诉讼请求，法院支持 2327.45 元（5100 元÷21.75×32 天+100 元-5276 元）。

二审法院认为，某公司作为负有管理责任的用人单位，应就于某的工资标准、工资构成及发放情况承担举证责任。现某公司对此举证不能，应承担举证不能的不利后果，故法院对其公司主张不予采信。

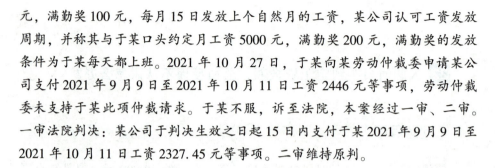

【关键法条】

《中华人民共和国劳动合同法》

第八条　用人单位招用劳动者时，应当如实告知劳动者工作内容、工作条件、工作地点、职业危害、安全生产状况、劳动报酬，以及劳动者要求了解的其他情况；用人单位有权了解劳动者与劳动合同直接相关的基本情况，劳动者应当如实说明。

第十一条　用人单位未在用工的同时订立书面劳动合同，与劳动者约定的劳动报酬不明确的，新招用的劳动者的劳动报酬按照集体合同规定的标准执行；没有集体合同或者集体合同未规定的，实行同工同酬。

第三十条　用人单位应当按照劳动合同约定和国家规定，向劳动者及时足额支付劳动报酬。

用人单位拖欠或者未足额支付劳动报酬的，劳动者可以依法向当地人民法院申请支付令，人民法院应当依法发出支付令。

《工资支付暂行规定》

第六条　用人单位应将工资支付给劳动者本人。劳动者本人因故不能领取工资时，可由其亲属或委托他人代领。

用人单位可委托银行代发工资。

用人单位必须书面记录支付劳动者工资的数额、时间、领取者的姓名以及签字，并保存两年以上备查。用人单位在支付工资时应向劳动者提供一份其个人的工资清单。

23 公司口头承诺的奖金/提成有没有法律效力？

【问题导引】

公司经理口头承诺每个月除劳动合同约定的基本工资以外，还会发放相应提成，但发工资的时候却说双方又没签合同，口头约定无效，拒不发放。这种情况还能要提成吗？

【律师解析】

首先，不管是口头约定还是书面约定，只要双方意思表示达成一致，就是有效的，公司就应该按照双方约定发放提成。但在这种情况下，最重要的是如何证明双方之间存在约定。可以找找自己手机里有没有经理承诺发放提成的相关的微信聊天记录、邮件、短信或者录音等；如果没有，建议及时找经理或者公司相关人员就提成的事情进行沟通，并保留相关聊天记录或录音以作备用。

【典型案例】

唐某与某文化公司劳动争议案[1]

基本案情

唐某于 2022 年 2 月 15 日入职某文化公司，双方签订了一年期限的劳动合同，合同约定唐某担任销售总监，执行不定时工作时间。2022 年 5 月 29 日，某文化公司向唐某发送了辞退通知。双方均认可劳动关系于 2022 年 5 月 31 日解除。后唐某以支付提成工资等事项向某劳动仲裁委申请仲裁。该委裁决：某文化公司支付唐某 2022 年 2 月 15 日至 2022 年 5 月 31 日期间提成 121 754.45 元等事项。某文化公司不服，诉至法院，本案经过一审、二审。一审法院判决：判决生效之日起七日内，某文化公司支付唐某 2022 年 2 月 15 日至 5 月 31 日期间提成 116 899.55 元。二审维持原判。

裁判观点

一审法院认为，关于某文化公司不同意支付 2022 年 2 月 15 日至 2022 年 5 月 31 日提成工资的诉讼请求。首先关于提成比例，唐某出示的其与朱某、赵某的微信聊天记录可以确认，公司法定代表人及公司总经理确对销售提成比例为 10% 予以确认，且某文化公司在第一次庭审中亦认可双方口头约定提成比例为 10%，现其以在之后的庭审中提交的销售提成方案否认提成比例为 10%，但其就此提交的提成方案和提成奖罚方案，唐某对此不予认可，某文化公司亦未就提成方案的制定、公示出示相应证据，法院对其主张的提成方案无法采信，某文化公司应就此承担举证不利的法律后果。其次，关于销售金额，某文化公司认可已收到唐某主张的三部分货款，且双方在庭审中已就收到的货款金额予以核对确认。而某文化公司作为用工管理方，应对销售人

---

[1] 案号：（2023）京 02 民终 15945 号。

员的销售情况及销售业绩及时掌握，现其主张销售款中有部分不属于唐某个人销售业绩，但其未就此出示相应证据，且其亦未出示相应规定，证实公司介绍客源不属于唐某个人销售业绩，应就此承担举证不利的法律后果。某文化公司应按唐某主张的 116 899.50 元的 10% 支付相应提成。

二审法院认为，一审中，某文化公司认可"双方口头约定了提成工资及提成比例为唐某个人销售业绩 10%"，结合唐某与某文化公司时任法定代表人朱某和时任总经理现任法定代表人赵某的微信聊天记录，可以确定双方约定唐某提成比例为 10%。某文化公司上诉称提成范围应当限于唐某个人开发的客户，但并未提交充分证据证明唐某主张的销售订单中哪些属于唐某的提成范围。一审法院认定某文化公司应当向唐某支付提成，并无不当，核算的提成金额亦无不当。

【关键法条】

《中华人民共和国民事诉讼法》

第六十七条　当事人对自己提出的主张，有责任提供证据。

当事人及其诉讼代理人因客观原因不能自行收集的证据，或者人民法院认为审理案件需要的证据，人民法院应当调查收集。

人民法院应当按照法定程序，全面地、客观地审查核实证据。

24 公司规定入职不满 15 天离职/入职培训期间不发工资，这种规定有效吗？

【问题导引】

上班后，干了几天觉得没意思不想干了，提离职的时候公司却说按照制度规定没干满 15 天不发工资，这种规定有效吗？

【律师解析】

公司类似规定是无效的。根据法律规定，只要员工工作一天，公司就必须支付一天的工资，所以即使工作不满 15 天辞职，公司也要根据员工具体的工作时间来计算、支付工资，如果拒绝支付就属于违法行为。在这种情况下，员工可以选择拨打 12333 或者向公司所在地的劳动保障监察大队投诉，要求公司支付工资；还可以选择直接申请劳动仲裁，依法维护自己的合法权益。

【典型案例】

王某与某公司劳动争议案[1]

基本案情

2022 年 8 月 19 日，王某应聘某公司。2022 年 8 月 21 日，某公司工作人员微信告知王某录用和入职信息。2022 年 8 月 23 日，王某（乙方）与某公司（甲方）签订《岗前培训协议书》，约定"从 2022 年 8 月 23 日至上岗前，培训内容为三天理论加上四天岗位实践，第七条规定，在工作期间乙方自身突发性疾病造成的任何工伤范畴的伤害与公司无关，一切后果自行承担。双方确定，甲乙双方之间是岗前培训关系，不构成劳动合同关系，甲方无义务承担工资及福利待遇，乙方培训期间发生意外伤害的损失由乙方承担相应责任"。2022 年 8 月 29 日，王某向某公司表示自己不适合，不加入公司了。某公司未向王某支付岗前培训期间薪资。2023 年 9 月 14 日，王某向某劳动仲裁委申请仲裁，要求某公司支付 2022 年 8 月 23 日至 2022 年 8 月 28 日期间的工资 777.58 元。该委驳回王某仲裁请求。王某不服，诉至法院。法院判决：某公司于本判决生效之日起 10 日内支付王某 2022 年 8 月 23 日至 2022 年 8 月 28 日期间工资差额 777.58 元。

---

〔1〕 案号：（2024）京 0111 民初 1287 号。

裁判观点

法院认为，《劳动合同法》第七条规定，用人单位自用工之日起即与劳动者建立劳动关系。用工之日是指劳动者开始接受用人单位管理，从事用人单位安排工作的日期。用人单位安排劳动者参加岗前培训，劳动关系自劳动者参加培训之日起建立。

2022年8月22日，某公司通知王某面试通过办理入职手续并告知入职后带薪培训。8月23日，某公司与王某签署岗前培训协议，约定根据公司特点制定针对性的培训内容、培训时间的具体要求、王某须服从安排。上述培训本系用人单位为提高工作效率对劳动者进行的入职培训，属于用人单位的工作安排，培训内容针对用人单位业务内容而设计，实践内容系用人单位的业务组成部分，协议中亦要求王某按照规定考勤打卡和休假，服从培训安排，体现出用人单位与劳动者的管理被管理关系，双方自用工之日起建立劳动关系，岗前培训协议的规定应纳入劳动关系调整。

《劳动合同法》第二十六条规定了用人单位免除自己的法定责任、排除劳动者权利的条款无效。用人单位应按照规定足额及时支付劳动者报酬。本案中，岗前培训符合劳动关系特征，应纳入劳动关系调整范畴。某公司在协议中约定双方并非劳动关系、不支付报酬支付补贴、受伤自理等约定，将本应由用人单位负担的用工成本和法定义务转嫁至劳动者，属于免除自己的法定责任，排除劳动者获得足额报酬的权利，应认定为无效。王某主张出勤4.5天，按照面试告知的工资报酬标准核算2022年8月23日至2022年8月28日期间工资差额777.58元，符合事实和法律规定，予以支持。

【关键法条】

《中华人民共和国劳动合同法》

第七条　用人单位自用工之日起即与劳动者建立劳动关系。用人单位应当建立职工名册备查。

第二十六条　下列劳动合同无效或者部分无效：

（一）以欺诈、胁迫的手段或者乘人之危，使对方在违背真实意思的情况下订立或者变更劳动合同的；

（二）用人单位免除自己的法定责任、排除劳动者权利的；

（三）违反法律、行政法规强制性规定的。

对劳动合同的无效或者部分无效有争议的，由劳动争议仲裁机构或者人民法院确认。

第三十条　用人单位应当按照劳动合同约定和国家规定，向劳动者及时足额支付劳动报酬。

用人单位拖欠或者未足额支付劳动报酬的，劳动者可以依法向当地人民法院申请支付令，人民法院应当依法发出支付令。

25 劳动合同约定工资与实发工资不一致，以哪个为准？

【问题导引】

现实生活中，我们可能经常会碰到劳动合同约定的工资跟实发工资不一致的情况，并且通常实发工资都要比劳动合同约定的要高，有的可能是公司为了规避法律规定故意这么签的，当然也有的可能确实涨薪了没来得及签书面文件。如果此时跟公司发生劳动纠纷，工资应该以合同约定还是以实际发放的金额为准呢？

【律师解析】

这种情况下，如果劳动者的实发工资标准在一段时间内较为固定，并且公司不能就实发工资与合同约定工资之间的差额给出一个合法、合理的解释的话，法律上会认为双方虽然没有签订书面文件，但已经通过实际支付工资的方式变更了劳动合同的约定，此时劳动者的工资标准应以实发工资为准。当然，我们还是更建议大家在工资发生变动时及时地去跟公司签订书面文件，以免发生争议。

【典型案例】

张某与某传媒公司劳动争议案[1]

基本案情

张某于2019年8月12日入职某传媒公司，担任英语教师。双方签订有劳动合同，合同期限自2019年8月10日至2022年8月9日，试用期至2019年11月9日，合同约定张某工资为每月3500元，实际上某传媒公司每月向张某发放工资为基本工资10 000元。2021年1月，某传媒公司向张某发送《员工调岗通知书》，以考试通过率不达标为由，要求给张某调整岗位，且调岗后工资为4000元每月，同时拒绝发放张某2020年3月至6月期间的绩效工资。张某拒绝调岗向某传媒公司提出异议，某传媒公司因此称张某已被解除劳动合同，双方因此发生劳动合同纠纷。张某于2021年2月向某劳动仲裁委提出仲裁申请，请求某传媒有限公司支付2020年2月1日至2020年12月31日拖欠工资差额31 310.51元及补偿金7827.6元，该委未支持张某的此项请求。张某不服，诉至法院，法院判决某传媒公司支付张某2020年2月1日至2020年12月31日期间工资差额31 310.51元。

裁判观点

法院认为，关于某传媒公司是否向张某支付2020年2月1日至2020年12月31日拖欠工资差额31 310.51元及补偿金7827.6元，首先用人单位应当按照工资支付周期编制工资支付记录表，并至少保存二年备查。劳动者与用人单位因劳动报酬问题产生争议时，在二年保存期间内，由用人单位承担举证责任。张某主张虽然劳动合同约定月工资3500元，另有课时费，但实际基本工资是10 000元，另有课时费。试用期基本工资是按7000元发放的，每月15日左右打卡支付上月自然月工资，工资分两笔发放，一笔由某传媒公司法

---

〔1〕　案号：（2021）京0114民初12120号。

定代表人段某以其个人账户转账支付至张某中国农业银行账户中，另一笔由某传媒公司转账至张某北京银行账户中。某传媒公司主张张某的基本工资是3500元，另有绩效工资和课时费，不认可段某以其个人账户转账支付给张某的钱款是工资，主张段某个人发放的与公司无关，是在特殊情况下工作安排产生的课时费、补助和其他劳动报酬。某传媒公司未就法定代表人个人向张某的转账举证，应承担举证不能的责任。本院认定段某个人转账亦属于张某工资。再次，某传媒公司未提交工资支付记录表及课时统计表，亦应承担举证不能的责任。综合考量上述因素，本院采信张某每月基本工资 10 000 元，认定某传媒公司尚欠张某 2020 年 2 月 1 日至 2020 年 12 月 31 日期间工资31 310.51元。张某要求某传媒公司支付拖欠工资补偿金无事实及法律依据，本院不予支持。

【关键法条】

《中华人民共和国劳动合同法》

第三十五条　用人单位与劳动者协商一致，可以变更劳动合同约定的内容。变更劳动合同，应当采用书面形式。

变更后的劳动合同文本由用人单位和劳动者各执一份。

《中华人民共和国劳动法》

第五十条　工资应当以货币形式按月支付给劳动者本人。不得克扣或者无故拖欠劳动者的工资。

《中华人民共和国民事诉讼法》

第六十七条　当事人对自己提出的主张，有责任提供证据。

当事人及其诉讼代理人因客观原因不能自行收集的证据，或者人民法院认为审理案件需要的证据，人民法院应当调查收集。

人民法院应当按照法定程序，全面地、客观地审查核实证据。

26 劳动合同约定工资标准中包含加班费，公司还需要另外支付加班费吗？

【问题导引】

根据《劳动合同法》相关规定，单位安排加班的，应当支付加班费。但实践中有的公司在跟员工签订劳动合同的时候明确约定了每月的工资标准中已经包含了加班费，也就是我们常说的"包薪制"，那这种"包薪制"约定是否有效呢？员工还能不能另行主张加班费呢？

【律师解析】

首先，对于"包薪制"的约定，目前大部分法院的观点认为：用人单位可以依法自主确定本单位的工资分配方式和工资水平，并与劳动者进行相应约定。所以，如果劳动合同里面明确约定了月工资标准中包含加班费的，原则上约定是有效的。但是，法律对于"包薪制"的约定同样也是有限制的，不能违反法律关于最低工资保障以及加班费支付标准的规定。如果按照劳动者的实际工作时间折算之后发现劳动者在正常工作时间可获得的工资数额低于当地最低工资标准，单位还是需要额外支付加班费的。

【典型案例】

孙某与某公司劳动争议案[1]

基本案情

孙某于 2020 年 8 月 17 日入职某公司，某公司未与孙某签订劳动合同，未为其缴纳社会保险。孙某于 2021 年 11 月 20 日离职。孙某担任市场收银后工

---

[1] 案号：（2023）京 02 民终 1689 号。

资调整为包薪每月 6000 元，2021 年 7 月初开始担任装卸工，工资为 5500 元。各月基本工资均为 2200 元，岗位工资均为 800 元，加班费、补贴或提成每月数额不等。孙某主张某公司 2021 年 7 月 1 日至 2021 年 9 月 30 日期间未足额支付劳动报酬；其在职期间存在工作日延时加班、法定节假日加班、休息日加班，某公司仅支付过其 2021 年春节法定节假日加班工资，未支付过其他加班工资。孙某于 2021 年 11 月 20 日与主管发生口角，后自行离职。因与某公司的劳动争议，孙某于 2022 年 2 月向某劳动仲裁委申请仲裁，要求某公司支付加班费、未签订劳动合同的二倍工资差额、违法解除劳动关系的赔偿金等。2022 年 6 月，该委裁决某公司支付孙某加班费、未签订劳动合同的二倍工资差额，驳回孙某的其他仲裁请求。双方均不服，诉至法院。本案经一审、二审。一审法院判决某公司于判决生效后七日内支付孙某 2021 年 10 月 1 日至 2021 年 11 月 20 日期间工作日延时加班工资 1351 元及 2020 年 8 月 17 日至 2021 年 11 月 20 日期间法定节假日加班工资 4629.52 元等。二审维持原判。

裁判观点

一审法院认为，对于 2021 年 7 月至 2021 年 9 月期间的加班工资，某公司向孙某计发的工资中已经包含了休息日加班工资，法院按照标准工时制计算孙某的工资标准，未低于法定标准。故孙某主张 2020 年 8 月 17 日至 2021 年 11 月 20 日期间休息日加班工资，依据不足，法院不予支持。法院确认孙某在 2020 年 10 月、2021 年 1 月、2 月、9 月、10 月存在法定节假日加班的事实。某公司未就其已支付工作日延时加班工资和法定节假日加班工资举证，故应承担举证不能的不利后果。故对孙某要求某公司支付 2021 年 10 月 1 日至 2021 年 11 月 20 日期间工作日延时加班工资和 2020 年 8 月 17 日至 2021 年 11 月 20 日期间法定节假日加班工资的诉讼请求，法院予以支持。经核算，孙某主张的工作日延时加班工资未超过法定标准，法院对仲裁裁决的该项工资数额予以确认。因某公司已支付孙某 2021 年春节期间的法定节假日加班工资，故扣除该部分加班天数后，法院按法定节假日加班 10 天核算某公司应支付加班工资 4629.52 元。

二审法院认为，关于延时加班工资、休息日加班工资及法定节假日加班工资，一审法院依据双方举证质证情况，判令某公司支付延时加班工资及法定节假日加班工资并无不当。

【关键法条】

《中华人民共和国劳动法》

第四十四条　有下列情形之一的，用人单位应当按照下列标准支付高于劳动者正常工作时间工资的工资报酬：

（一）安排劳动者延长工作时间的，支付不低于工资的百分之一百五十的工资报酬；

（二）休息日安排劳动者工作又不能安排补休的，支付不低于工资的百分之二百的工资报酬；

（三）法定休假日安排劳动者工作的，支付不低于工资的百分之三百的工资报酬。

第四十八条　国家实行最低工资保障制度。最低工资的具体标准由省、自治区、直辖市人民政府规定，报国务院备案。

用人单位支付劳动者的工资不得低于当地最低工资标准。

27 加班费的计算基数如何确定？

【问题导引】

有朋友问，我的工资结构是基本工资+绩效工资+租房补贴+交通费补贴，但是公司在给我计算加班费的时候只按基本工资来计算，这合法吗？加班费到底要按什么基数来计算？

【律师解析】

关于加班费计算基数，首先要看双方有没有约定，如果有约定的话，只要不低于当地的最低工资标准即可，一般以约定为准；如果没有约定，一般情况下，在计算劳动者的加班费计算基数时，原则上要将"基本工资""岗位工资""绩效工资"等所有的每个月固定发放的工资类项目都计算在内，至于租房补贴、交通费补贴这类福利待遇能不能计算在内，各地规定是不一致的，需要根据实际情况进行判断。

【典型案例】

张某与某公司劳动争议案[1]

基本案情

2012年10月1日张某入职某公司，担任厨师，月薪标准为税前6500元。双方签订三次劳动合同，最后一次期限为2014年10月1日生效的无固定期限劳动合同。双方均认可2022年3月至2023年2月期间，张某共存在休息日加班34天，2022年1月至2023年3月期间存在法定节假日加班7天。根据某公司提交的工资明细，2022年1月至2023年3月期间公司每月支付张某加班工资900元，支付节假日加班工资3998.06元。2023年3月22日某市场监督管理局对某公司提交的食品（含保健食品）经营许可注销申请作出决定，准予注销。当日，某公司向张某送达了《终止劳动合同通知书》内容："由于某公司经营不善，长期亏损，经过集团商讨后决定将某餐饮公司提前解散，停止经营。根据《劳动合同法》第四十四条第五款规定，公司决定从2023年3月22日起终止与您的劳动合同关系。"2023年，张某向某劳动仲裁委提起劳动仲裁要求公司支付加班费差额，以及解除劳动合同的赔偿金。该委裁决支持张某的仲裁请求。某公司不服，诉至法院，某公司认为对于张某休息日加班工资及法定节假日加班工资差额，计算基数应扣除每月浮动的绩效工资，同时应按每月26天工作日进行计算。本案经一审、二审，均未支持某公司的主张。

---

〔1〕 案号：（2023）京02民终18673号。

裁判观点

一审法院认为，一审庭审中双方均认可张某休息日加班和法定节假日加班天数及某公司已支付部分加班费的情况。根据法律规定，月计薪天数＝（365天–104天）÷12＝21.75天，日工资折算为：月工资收入÷月计薪天数（21.75天）。某公司虽支付了张某休息日加班和法定节假日加班工资，但其计算方式存在错误。

二审法院认为，关于张某加班工资的计算基数是否正确，加班工资的计算基数，应当按照法定工作时间内劳动者提供正常劳动应得的工资来确定（以下简称月工资标准）。首先，劳动者的月工资标准应包括用人单位按月应支付给职工的工资、奖金、津贴、补贴等所有项目，不得以其中单独的某项作为计算基数。其次，按照法律规定，劳动者每月的计薪天数为21.75天。故加班费基数的计算公式为：月工资标准÷21.75天。本案中，张某于2012年10月1日入职某公司，担任厨师，月薪标准为税前6500元，某公司提交的工资表显示，张某每月固定的工资构成包括基础工资、绩效工资、岗位工资、加班费（固定）、加班费（平日）、加班费（节日），其中前四项每月金额基本固定，具有连续性、稳定性的特征，属于月工资标准的组成部分，系张某正常劳动应得的工资。故一审法院确定张某每月6500元的月工资标准并无明显不当。某公司要求在计算月工资标准时扣除绩效工资的主张不能成立。

【关键法条】

《中华人民共和国劳动法》

第四十四条　有下列情形之一的，用人单位应当按照下列标准支付高于劳动者正常工作时间工资的工资报酬：

（一）安排劳动者延长工作时间的，支付不低于工资的百分之一百五十的工资报酬；

（二）休息日安排劳动者工作又不能安排补休的，支付不低于工资的百分之二百的工资报酬；

（三）法定休假日安排劳动者工作的，支付不低于工资的百分之三百的工资报酬。

28 不同时间加班的加班费计算标准有什么不同?

【问题导引】

老板安排我"五一"期间加班,这五天都能要三倍工资吗?

【律师解析】

根据我国法律规定,法定节假日、休息日以及工作日加班,公司需要支付的加班费标准是不一样的。工作日延时加班,公司需要支付 1.5 倍的加班工资;休息日加班并且公司又不安排补休的,需要支付两倍工资;法定节假日加班,则需要支付三倍工资。

那"五一"假期都属于法定节假日吗?"五一"假期的 5 天中只有 5 月 1 日属于法定节假日,需要支付三倍工资;剩余四天是周末或者周末调休,实际上属于休息日,对于这四天,公司可以选择安排员工补休,不安排补休的,需要支付两倍的工资。

【典型案例】

石某与某公司劳动争议案[1]

基本案情

2022 年 3 月 17 日,某公司(甲方)与石某(乙方)签订《员工劳动合同书》,约定:合同期限类型为固定期限合同,自 2022 年 3 月 1 日起至 2025 年 2 月 28 日止,其中试用期 3 个月,自 2022 年 3 月 1 日起至 2022 年 5 月 31 日止。乙方由甲方派往甲方驻某公司 1 项目部工作,从事主管岗位工作。乙方在此项目的工作期限为三年,自 2022 年 3 月 1 日起至 2025 年 2 月 28 日止。乙方在项

---

[1] 案号:(2023)京 0117 民初 5163 号。

目部的工作时间实行综合工作制，乙方在试用期期间的工资为 6000 元/月，试用期满后乙方工资为 6500 元/月，甲方每月 20 日前以货币形式支付乙方工资。某公司出具 2022 年 5 月考勤表，载明"2022 年 5 月 1 日至 5 月 3 日出勤，5 月 6 日至 5 月 8 日调休，5 月 9 日至 5 月 31 日待岗"。2023 年 2 月 1 日，石某向某劳动仲裁委申请仲裁，请求某公司支付 2022 年 5 月扣款工资和 5 月 1 日法定节假日加班费，该委驳回石某的全部仲裁请求。石某不服，诉至法院，法院最终支持石某的诉讼请求，要求公司支付 2022 年 5 月 1 日法定节假日加班费。

裁判观点

法院认为，关于 2022 年 5 月 1 日加班费支付问题。《劳动法》第四十四条规定："用人单位应当按照下列标准支付高于劳动者正常工作时间工资的工资报酬：……（三）法定休假日安排劳动者工作的，支付不低于工资的百分之三百的工资报酬。"《国务院办公厅关于 2022 年部分节假日安排的通知》显示，2022 年 4 月 30 日至 2022 年 5 月 4 日系劳动节。根据 2013 年《全国年节及纪念日放假办法》第二条第四项规定，劳动节，放假 1 天（5 月 1 日）。本案中，2022 年 5 月 1 日系法定节假日，某公司应当向石某支付不低于工资的 300% 的加班工资。2022 年 5 月 2 日、5 月 3 日系休息日，石某加班，某公司于 2022 年 5 月 6 日至 2022 年 5 月 8 日安排调休，无须支付石某加班费用。根据某公司提供的工资发放明细，石某 2022 年 5 月的计薪天数为 6 天，即 2022 年 5 月 1 日至 2022 年 5 月 3 日，2022 年 5 月 6 日至 2022 年 5 月 8 日。综上，某公司已经将石某 2022 年 5 月 1 日的加班费按照工资的 200% 支付，因此需要向石某补充支付一倍的 2022 年 5 月 1 日加班费，经核算为 275.86 元。

【关键法条】

《中华人民共和国劳动法》

第四十四条　有下列情形之一的，用人单位应当按照下列标准支付高于劳动者正常工作时间工资的工资报酬：

（一）安排劳动者延长工作时间的，支付不低于工资的百分之一百五十的工资报酬；

（二）休息日安排劳动者工作又不能安排补休的，支付不低于工资的百分之二百的工资报酬；

（三）法定休假日安排劳动者工作的，支付不低于工资的百分之三百的工资报酬。

29 公司规定未经审批的加班不支付加班费合法吗?

【问题导引】

很多公司为了规范对员工加班方面的管理，设置了加班审批流程，但很多情况下员工可能会因为各种原因没有办法严格履行加班审批手续或者虽然提了申请但是公司不批，在这种情况下难道就不能主张加班费了吗？

【律师解析】

当然不是！加班费是劳动者延长工作时间的法定工资报酬。只要公司在正常工作时间以外安排员工加班，就必须按照法律规定的标准支付相应的加班费，不能仅以公司存在加班审批流程为由拒绝支付，否则就属于未足额支付工资报酬的违法行为。但员工如果想要主张加班费的话，是需要对自己的加班事实承担举证责任的，因此劳动者要加强法律意识、保留加班证据，为事后维权提供依据。

【典型案例】

刘某与某公司劳动争议案〔1〕

基本案情

某公司（甲方）与刘某（乙方）签订了自 2016 年 1 月 1 日起的无固定期

---

〔1〕 案号：（2023）京 01 民终 3302 号。

限劳动合同，其中第八条第二款载明："甲方安排乙方加班、加点，应按国家和甲方的规定给予乙方同等时间的倒休或支付加班工资。加班、加点应事前申请。乙方填写，经甲方批准的加班申请单，为甲方向乙方支付加班工资的唯一凭证。未经批准的超时工作，不计为加班，不享受加班待遇。"2021年1月25日，刘某以某公司未及时足额支付劳动报酬、未按照国家规定为员工缴纳社保、违法调整工作岗位为由向某公司出具《被迫解除劳动合同关系通知书》。后刘某以要求某公司支付休息日加班费、违法解除劳动合同赔偿金等为由向某劳动仲裁委提起仲裁。该委裁决某公司一次性支付刘某2021年1月1日至2021年1月24日期间工资10 482.75元。刘某不服，诉至法院。本案经过一审、二审。一审法院判决：某公司于判决生效之日起十日内向刘某支付2020年4月18日至2020年11月1日期间休息日加班费22 523.37元、法定节假日加班费2096.55元等。二审维持原判。

裁判观点

一审法院认为，关于加班费一节，综合本案劳动仲裁期间某公司认可刘某所在部门在2020年4月至8月期间周末存在加班的事实、某公司认可刘某部分休息日及法定节假日的部分加班时长的情形、刘某提举的证据显示其休息日及法定节假日存在加班工作的情形，法院采纳刘某的主张，认定某公司安排其在部分休息日及法定节假日加班。某公司以加班系部门安排、公司不知情为由的抗辩理由，无法推翻刘某接受其上级领导履行职务行为的安排而提供加班劳动的事实。某公司作为劳动关系中负有管理责任的用人单位一方，未举证推翻刘某的主张，应承担举证不能的法律后果。故法院结合现有证据显示情况、当事人在劳动仲裁期间的自认情况，认定某公司应向刘某支付2020年4月18日至2020年11月1日期间休息日加班费22 523.37元、法定节假日加班费2096.55元。

二审法院认为，关于加班工资。劳动者主张加班费的，应当就加班事实的存在承担举证责任。刘某对此提交了电子邮件、打卡记录、微信对话记录等证据，显示其接受上级领导履行职务行为的安排而提供加班的事实，且某公司在本案仲裁期间亦认可刘某所在部门在2020年4月至8月期间周末存在加班的事实以及刘某部分休息日和部分法定节假日加班时长的情形。某公司上诉主张刘某未能按照公司规定履行加班审批程序，但刘某已提交充分的证据证明其系按照某公司的要求在法定标准工作时间之外提供了劳动，故某公司以加班审批制度为由不支付刘某加班费缺乏事实及法律依据，本院对此不予采纳。

【关键法条】

《中华人民共和国劳动法》

第四十四条　有下列情形之一的，用人单位应当按照下列标准支付高于劳动者正常工作时间工资的工资报酬：

（一）安排劳动者延长工作时间的，支付不低于工资的百分之一百五十的工资报酬；

（二）休息日安排劳动者工作又不能安排补休的，支付不低于工资的百分之二百的工资报酬；

（三）法定休假日安排劳动者工作的，支付不低于工资的百分之三百的。

30 如何证明存在加班事实？

【问题导引】

劳动者主张加班费时，需要对自己的加班事实承担举证责任的问题，那么员工要如何证明自己存在加班事实呢？

【律师解析】

首先，可以看跟公司签的劳动合同或者公司的规章制度里面有没有约定或者规定相关的加班情形，比如合同里面约定了每周一到周六工作、每天工作八小时，就可以拿来作为证明加班的证据；其次，可以搜集一下公司在正常工作时间以外给你安排工作时有没有留存相关的录音录像、短信、微信聊天记录、电子邮件等，比如公司到了下班时间又在微信群通知要开个会，或者周末微信通知你出个差等；此外，公司的相关考勤记录、加班审批表、上司或者同事的证人证言等，也能够作为证据。建议大家及时保留证据，为以后的维权提供便利。

【典型案例】

李某与某网络公司劳动争议案[1]

基本案情

李某于 2018 年 10 月 29 日入职某网络公司，任网页设计师，双方签订两次固定期限劳动合同，月工资标准为 10 000 元+不固定奖金（每月均发放但金额不固定）。李某所在岗位执行标准工时工作制，加班工资的计算基数为 10 000 元/月。2022 年 12 月 22 日，某网络公司向李某发出《辞退通知书》。2022 年 12 月 26 日，李某向某劳动仲裁委申请仲裁，要求某网络公司支付 2018 年 10 月 29 日至 2022 年 12 月 22 日期间平日延时加班工资 12 645.45 元等。该委裁决：某网络公司支付李某 2018 年 10 月 29 日至 2022 年 12 月 22 日期间平日延时加班工资 1637.93 元。某网络公司不服，诉至法院，本案经过一审、二审程序。一审法院确认了某劳动仲裁委此项仲裁结果。二审维持原判。

裁判观点

一审法院认为，关于 2018 年 10 月 29 日至 2022 年 12 月 22 日期间平日延时加班工资问题。劳动者主张加班费的，应当就加班事实的存在承担举证责任。某网络公司认可李某工作期间存在平日延时加班，其公司虽不认可李某提交的钉钉群聊记录的真实性，但截图显示"全网设计办公室，内部、办公、归属于某网络公司"的字样，故法院采信前述钉钉群聊记录，能够证明某网络

---

〔1〕　案号：（2023）京 02 民终 18848 号。

公司安排李某延时加班的事实。某网络公司提交的考勤表仅显示李某在对应日期出勤，未显示上下班时间，故即使该考勤表真实存在，亦无法证明某网络公司关于李某已调休完毕延时加班时长的主张。现某网络公司当庭表示无法统计李某的平日延时加班时长，结合钉钉群聊记录，法院采纳李某关于2018年10月29日至2022年12月22日期间存在平日延时加班19小时的主张，某网络公司应当支付李某上述期间平日延时加班工资，具体数额以法院核算为准。

二审法院认为，关于加班工资，李某提交的钉钉群聊记录显示，某网络公司存在安排延时加班的行为，某网络公司虽不予认可上述证据，但其提交的考勤表并未显示上下班时间，不能反映李某的真实上下班时间，故一审法院判决某网络公司向李某支付相应的加班工资并无不当，本院予以维持。

【关键法条】

《最高人民法院关于审理劳动争议案件适用法律问题的解释（一）》

第四十二条　劳动者主张加班费的，应当就加班事实的存在承担举证责任。但劳动者有证据证明用人单位掌握加班事实存在的证据，用人单位不提供的，由用人单位承担不利后果。

31 公司拖欠工资怎么办?

【问题导引】

公司已经拖欠工资两个多月了，跟公司要求支付工资，公司一直说账上没钱，工资之后再结，对于公司无故拖欠工资的这种情况，应该怎么办呢?

【律师解析】

今天就教给大家几个有效的"讨薪"方法：首先，可以在微信小程序"全国根治欠薪线索反映平台"填写欠薪线索，平台收到线索后会自动分发至公司用工所在地的地市级人社部门，再由该人社部门直接处理或交由相应区县人社部门处理，此时上级部门会起到监督作用。

其次，可以直接拨打劳动监察部门电话"12333"进行投诉反映或者直接向公司所在地的劳动保障监察大队投诉，劳动监察部门会根据投诉情况展开调查，核实无误后会责令用人单位在一定期限内支付工资。

最后，还可以向劳动人事争议仲裁委员会申请劳动仲裁，请求其裁决公司支付工资。

【典型案例】

某公司与某人力资源和社会保障局非诉执行案〔1〕

基本案情

2022年12月12日，王某向某人力资源和社会保障局投诉某公司要求支付工资，经调查，某公司存在未支付7名员工2022年10月至2022年12月工资91 653.23元的行为。某人力资源和社会保障局于2023年2月17日向某单位直接送达《某人力资源和社会保障局责令（限期）改正通知书》，责令某单位自收到通知书之日起5个工作日内支付7名员工工资，某单位无正当理由逾期未改正也未报送材料。某人社局于2023年5月12日对某公司作出京东人社综执理字〔2023〕X号《行政处理决定书》，载明某公司行为违反《劳动法》第五十条的规定。依据《劳动保障监察条例》第二十六条第一项的规定，决定对某单位给予以下行政处理：限你单位自收到《行政处理决定书》7日内支付7名员工2022年10月至2022年12月工资91 653.23元，并按照应付金额50%的标准加付赔偿金45 826.63元，合计137 479.86元。某人力资源和社会保障局于2023年5月30日向某公司公告送达了该《行政处理决定书》。在法定期限内，某公司未申请行政复议，也未提起行政诉讼。某人力资源和社会保障局于2023年12月1日向某公司公告送达了京东人社综执催字

---

〔1〕　案号：（2024）京0101行审51号。

[2023] X 号《某人力资源和社会保障局催告书》。后某人社局向法院申请强制执行，要求被执行人某公司履行该局于 2023 年 5 月 12 日作出的京东人社综执理字 [2023] X 号《行政处理决定书》所确定的支付工资及赔偿金的义务。法院准予强制执行。

裁判观点

法院认为，公民、法人或者其他组织应当履行生效、合法的具体行政行为所确定的义务。某人社局作出的京东人社综执理字 [2023] X 号《行政处理决定书》，认定事实清楚，适用法律正确，程序合法。某公司在法定期限内未申请行政复议，也未提起行政诉讼。现某人社局作出的京东人社综执理字 [2023] X 号《行政处理决定书》已经发生法律效力，某人社局已依法履行了催告义务，其申请执行该处理决定，本院应予准许，准予强制执行某人力资源和社会保障局于 2023 年 5 月 12 日作出的京东人社综执理字 [2023] X 号《行政处理决定书》。

【关键法条】

《中华人民共和国劳动法》

第五十条　工资应当以货币形式按月支付给劳动者本人。不得克扣或者无故拖欠劳动者的工资。

《中华人民共和国劳动合同法》

第八十五条　用人单位有下列情形之一的，由劳动行政部门责令限期支付劳动报酬、加班费或者经济补偿；劳动报酬低于当地最低工资标准的，应当支付其差额部分；逾期不支付的，责令用人单位按应付金额百分之五十以上百分之一百以下的标准向劳动者加付赔偿金：

（一）未按照劳动合同的约定或者国家规定及时足额支付劳动者劳动报酬的；

（二）低于当地最低工资标准支付劳动者工资的；

（三）安排加班不支付加班费的；

（四）解除或者终止劳动合同，未依照本法规定向劳动者支付经济补偿的。

《劳动保障监察条例》

第二十六条　用人单位有下列行为之一的，由劳动保障行政部门分别责令限期支付劳动者的工资报酬、劳动者工资低于当地最低工资标准的差额或者解除劳动合同的经济补偿；逾期不支付的，责令用人单位按照应付金额50%以上1倍以下的标准计算，向劳动者加付赔偿金：

（一）克扣或者无故拖欠劳动者工资报酬的；

（二）支付劳动者的工资低于当地最低工资标准的；

（三）解除劳动合同未依法给予劳动者经济补偿的。

32 公司未足额发放工资，员工被迫离职能否主张经济补偿金？

【问题导引】

我国《劳动合同法》第三十八条规定了几种员工可以解除劳动合同的情形，其中有一条就是"未及时足额支付劳动报酬的"。是否只要公司未按时足额发放工资，员工就可以解除劳动合同、向单位主张经济补偿金呢？

【律师解析】

其实也不是。这一条款适用的前提是公司对于拖欠工资必须有主观恶意。如果是因为双方客观上存在劳动报酬计算标准不清楚、有争议等情形，导致公司未能及时足额支付劳动报酬的，或者公司已经通过民主程序事先告知了员工迟延发放工资情形的，一般不能作为员工被迫离职、要求支付经济补偿的依据。除前述情形之外，一般会推定公司存在主观恶意，此时员工在提出离职时注意一定要以书面方式指明是因公司未及时足额支付劳动报酬被迫离职的，不然如果先因个人原因提出辞职后，又以公司拖欠工资为由要求支付经济补偿，一般都不会支持。

胡某与某公司劳动争议案[1]

基本案情

胡某主张其于 2004 年 4 月 20 日入职某公司。2014 年 1 月 1 日，某公司安排其与另一公司签订无固定期限劳动合同。2018 年 4 月 20 日，其再次与某公司签订无固定期限劳动合同。某公司于 2019 年 11 月 5 日告知胡某其所在贵州某项目撤销，要求其返回北京进行工作安排；双方于 2019 年 11 月 25 日、12 月 5 日就工作岗位、薪酬等问题进行协商，但未达成一致意见。胡某于 2019 年 11 月 28 日发现当月工资减少，某公司表示贵州某项目撤销后，胡某的薪资标准发生变化，经沟通调整了相应的工资标准，且依据胡某 2019 年 11 月的工作及出勤情况，该公司已超额支付其当月的工资。2019 年 12 月 6 日，胡某向某公司邮寄《被迫解除劳动关系通知书》，以某公司未足额支付工资、克扣工资为由提出解除劳动合同。胡某以要求某公司支付其工资差额、工资、未休年休假工资及解除劳动合同经济补偿金为由向某劳动仲裁委提起仲裁，该委裁决：（1）某公司支付胡某 2018 年 4 月 20 日至 2019 年 12 月 6 日期间未休年休假工资 44 202.3 元；（2）驳回胡某其他仲裁请求。胡某不服，诉至法院。本案经一审、二审，法院均未支持胡某要求解除劳动合同补偿金的诉讼请求。

裁判观点

一审、二审法院均认为，根据庭审中查明的事实，双方因贵州某项目撤销后，胡某的工作岗位、及薪酬构成等存在分歧且尚在协商当中，某公司在合理期限内分次支付了胡某 2019 年 11 月的工资，不存在"无故拖欠"或"拒不支付"的主观恶意，且基于法院前述认定，该月工资发放数额并无不当，故对于胡某援引上述法律规定要求某公司支付其解除劳动合同经济补偿的请求，法院不予支持。

---

[1] 案号：（2022）京 01 民终 6825 号。

【关键法条】

《中华人民共和国劳动合同法》

第三十八条　用人单位有下列情形之一的，劳动者可以解除劳动合同：

（一）未按照劳动合同约定提供劳动保护或者劳动条件的；

（二）未及时足额支付劳动报酬的；

（三）未依法为劳动者缴纳社会保险费的；

（四）用人单位的规章制度违反法律、法规的规定，损害劳动者权益的；

（五）因本法第二十六条第一款规定的情形致使劳动合同无效的；

（六）法律、行政法规规定劳动者可以解除劳动合同的其他情形。

用人单位以暴力、威胁或者非法限制人身自由的手段强迫劳动者劳动的，或者用人单位违章指挥、强令冒险作业危及劳动者人身安全的，劳动者可以立即解除劳动合同，不需事先告知用人单位。

33 员工离职后工资下个月才发合法吗？

【问题导引】

员工当月离职要求结清工资，但单位以每月发薪日是次月 15 日为由要求离职次月再结清员工工资，这种做法是合法的吗？

【律师解析】

答案是不合法。根据法律规定，劳动关系双方依法解除或终止劳动合同时，用人单位应在解除或终止劳动合同时一次性付清劳动者工资。所以原则上在员工离职当日，用人单位就应当结清员工工资。如果离职的时候被公司告知需要等下个月再发工资，这时候可以直接拒绝并要求公司立即支付，拿出法律依据跟公司协商谈判、依法维护自己的合法权益。

汪某与某公司劳动争议案[1]

基本案情

汪某于 2019 年 3 月 25 日入职某公司，双方签订期限自 2019 年 3 月 25 日至 2022 年 3 月 24 日的劳动合同书，2020 年 7 月 31 日汪某因个人原因提出离职并要求某公司于 2020 年 7 月 31 日一次性支付其 2020 年 1 月至 7 月的绩效工资共计 30 333 元。某公司称汪某在工作期间不存在绩效工资，拒绝支付上述工资。2020 年 8 月 31 日，汪某以支付拖欠工资等事项向某劳动仲裁委申请仲裁，该委驳回汪某仲裁请求。汪某不服，诉至法院。本案经过一审、二审。一审法院判决：某公司于判决生效之日起七日内支付汪某 2020 年 1 月至 2020 年 7 月绩效工资 30 333 元。二审维持原判。

裁判观点

一审法院认为，当事人对自己提出的诉讼请求所依据的事实或者反驳对方诉讼请求所依据的事实，应当提供证据加以证明，当事人未能提供证据或者证据不足以证明其事实主张的，由负有举证证明责任的当事人承担不利后果。因双方对于汪某存在绩效工资事宜不持异议，一审法院予以确认。某公司认可汪某年度绩效工资上限为 52 000 元，但主张因暂未启动考核程序，且不确定何时开始考核，故不确定汪某的具体绩效工资数额。然而，汪某已经离职，用人单位应及时与员工交接并结算。且某公司并未提交充分证据证明绩效工资的考核模式及发放流程，故一审法院根据在职天数折算，某公司应支付汪某 2020 年 1 月至 2020 年 7 月绩效工资 30 333 元。汪某要求未支付绩效工资的额外赔偿金的诉讼请求，缺乏依据，一审法院不予支持。

二审法院认为，本案争议点为某公司是否应当支付汪某 2020 年 1 月至

---

[1] 案号：（2021）京 02 民终 4572 号。

2020 年 7 月的绩效工资及绩效工资数额。当事人对自己提出的诉讼请求所依据的事实或者反驳对方诉讼请求所依据的事实，应当提供证据加以证明，当事人未能提供证据或者证据不足以证明其事实主张的，由负有举证证明责任的当事人承担不利后果。本案双方对于汪某存在绩效工资事宜不持异议，某公司认可汪某年度绩效工资上限为 52 000 元，本院对此予以确认。《工资支付暂行规定》第九条规定，劳动关系双方依法解除或终止劳动合同时，用人单位应在解除或终止劳动合同时一次付清劳动者工资。故汪某离职时，某公司应当及时与汪某交接并结算，其中包括应当支付的绩效工资。关于绩效工资的数额，一审诉讼中，某公司以因暂未启动考核程序、不确定何时开始考核，主张汪某的绩效工资无法确定；二审诉讼中，某公司主张 2020 年绩效考评工作已开展，需要汪某配合参与绩效考评确定绩效工资数额。对此本院认为，某公司于一审、二审中提交的证据，均不足以证明其公司经过民主程序制定了绩效考核制度。故对某公司的上诉主张，本院不予采纳。因此，一审法院根据汪某在职天数，按照汪某绩效工资的上限为标准，折算某公司应支付汪某 2020 年 1 月至 2020 年 7 月的绩效工资，本院不持异议。

【关键法条】

《工资支付暂行规定》

第九条　劳动关系双方依法解除或终止劳动合同时，用人单位应在解除或终止劳动合同时一次付清劳动者工资。

34 公司要求员工入职时签订放弃加班费协议，有法律效力吗？

【问题导引】

某员工在签订劳动合同时，根据公司要求同时签署了一份自愿放弃加班费的协议。入职半年后，员工提出离职并要求公司支付加班费，但公司以双方有约在先为由拒绝支付。这种关于自愿放弃加班费的约定有法律效力吗？

当然没有法律效力。支付劳动者加班费是用人单位的法定责任，也是劳动者的合法权利。根据我国《劳动合同法》规定，用人单位免除自己的法定责任、排除劳动者权利的约定是无效的。因此，即使员工签署协议表明"自愿放弃加班费"，相关协议约定也是无效的，只要单位安排员工加班，就必须按照国家有关规定支付加班费或者安排补休。

【典型案例】

张某与某科技公司劳动争议案[1]

基本案情

张某于 2020 年 6 月入职某科技公司，月工资 20 000 元。某科技公司在与张某订立劳动合同时，要求其订立一份协议作为合同附件，协议内容包括"我自愿申请加入公司奋斗者计划，放弃加班费"。半年后，张某因个人原因提出解除劳动合同，并要求支付加班费。某科技公司认可张某加班事实，但以其自愿订立放弃加班费协议为由拒绝支付。张某向某劳动仲裁委申请仲裁，请求裁决某科技公司支付 2020 年 6 月至 12 月加班费 24 000 元。该委裁决某科技公司支付张某加班费。

仲裁观点

《劳动合同法》第二十六条规定："下列劳动合同无效或者部分无效：……（二）用人单位免除自己的法定责任、排除劳动者权利的"。《最高人民法院关于审理劳动争议案件适用法律问题的解释（一）》第三十五条规定："劳动者与用人单位就解除或者终止劳动合同办理相关手续、支付工资报酬、加班

---

[1] 最高人民法院劳动人事争议典型案例（第二批）之二。

费、经济补偿或者赔偿金等达成的协议，不违反法律、行政法规的强制性规定，且不存在欺诈、胁迫或者乘人之危情形的，应当认定有效。前款协议存在重大误解或者显失公平情形，当事人请求撤销的，人民法院应予支持。"加班费是劳动者延长工作时间的工资报酬，《劳动法》第四十四条、《劳动合同法》第三十一条明确规定了用人单位支付劳动者加班费的责任。约定放弃加班费的协议免除了用人单位的法定责任、排除了劳动者权利，显失公平，应认定无效。

【关键法条】

《中华人民共和国劳动合同法》

第二十六条　下列劳动合同无效或者部分无效：

（一）以欺诈、胁迫的手段或者乘人之危，使对方在违背真实意思的情况下订立或者变更劳动合同的；

（二）用人单位免除自己的法定责任、排除劳动者权利的；

（三）违反法律、行政法规强制性规定的。

对劳动合同的无效或者部分无效有争议的，由劳动争议仲裁机构或者人民法院确认。

第三十一条　用人单位应当严格执行劳动定额标准，不得强迫或者变相强迫劳动者加班。用人单位安排加班的，应当按照国家有关规定向劳动者支付加班费。

35 公司可以强制要求员工在节假日期间加班吗？

【问题导引】

有朋友问，公司突然发布通知说今年中秋节不放假，公司会按规定支付加班费，但全体员工必须强制到岗，否则按旷工处理，这种情况我可以拒绝加班吗？如果拒绝了，公司以旷工为由解除劳动合同，我该怎么办？

首先，根据法律规定，加班原则上都要征得员工本人同意，公司不能强迫或者变相强迫员工加班，员工同意加班的，公司应当按照有关规定支付加班费。所以如果公司强制安排加班，员工可以拒绝。当然，如果出现紧急事件，比如发生自然灾害、公共设施故障等，会危害公共安全或者公众利益的情况下，法律也允许用人单位适当突破上述规定，延长工作时间。其次，如果不存在特殊情况，员工拒绝加班也不会构成旷工，公司如果以此为由扣罚工资或者解除劳动合同等都属于违法行为，员工可以向劳动监察大队举报投诉，或者直接申请劳动仲裁，主张自己的合法权益。

张某与某公司劳动争议案[1]

基本案情

2001 年 12 月 10 日，张某与某公司订立劳动合同，约定合同期限自 2001 年 11 月 15 日始至 2002 年 12 月 31 日止。合同到期后，双方多次续订劳动合同。2023 年 2 月 12 日，某公司人力资源部向公司工会委员会发出《解除劳动合同通知工会函》，主要内容为：因在春节期间（初三以后）公司承接了大量工作需要按期交付，时间紧，任务重，公司与任某、张某、陈某 1、陈某 2 四名员工协商春节期间（初三以后）加班事宜，他们拒绝加班。且他们在生产区域与厂区多次拍摄照片，以诬告公司为名威胁公司要求与其协议解除劳动合同并支付赔偿金等种种原因，公司决定与其四人解除劳动合同。请工会在收到此函后提出意见，公司将对工会的意见进行研究，作出最后处理决定。当日，某公司工会委员会出具《关于对任某、张某、陈某 1、陈某 2 解除劳动合同的回复函》，同意某公司解除与其四人解除劳动合同。2023 年 2 月 13 日，某公司作出《关于某公司对任某、张某、陈某 1、

---

〔1〕 案号：（2023）鲁 05 民终 2805 号。

陈某2的处理决定》，决定开除前述四名员工。2023年2月17日，某公司向张某邮寄送达上述处理决定，张某拒收。2023年2月16日，张某向某劳动仲裁委提出仲裁，请求某公司支付张加班费、违法解除劳动合同赔偿金等事项。2023年2月27日，某劳动仲裁委出具《通知书》，载明该委于2023年2月16日收到仲裁申请至2月27日已满五日，该委未作出决定。后张某诉至法院，本案经一审、二审，均认定某公司辞退张某的行为违法。

裁判观点

一审法院认为，《劳动法》第四十一条规定：用人单位由于生产经营需要，经与工会和劳动者协商后可以延长工作时间，一般每日不得超过一小时；因特殊原因需要延长工作时间的，在保障劳动者身体健康的条件下延长工作时间每日不得超过三小时，但是每月不得超过三十六小时。第四十二条规定：有下列情形之一的，延长工作时间不受本法第四十一条规定的限制：（1）发生自然灾害、事故或者因其他原因，威胁劳动者生命健康和财产安全，需要紧急处理的；（2）生产设备、交通运输线路、公共设施发生故障，影响生产和公众利益，必须及时抢修的；（3）法律、行政法规规定的其他情形。《劳动合同法》第三十一条规定：用人单位应当严格执行劳动定额标准，不得强迫或者变相强迫劳动者加班。用人单位安排加班的，应当按照国家有关规定向劳动者支付加班费。依据上述规定，某公司要求张某在春节期间加班，张某有拒绝加班的权利，且本案中也不存在劳动者必须接受加班的法定情形。另外，某公司怀疑张某等人恶意举报公司，扰乱公司生产经营，但对此未提交证据证明，不予采信。综上，某公司开除张某的行为构成违法解除劳动合同。

二审法院认为，用人单位的经营自主权和用工自主权均不能侵害劳动者休息权，劳动者有拒绝加班的权利。本案中，某公司召开职工会议，通知因生产经营需要，要求职工正月初三到岗工作，并声明"年初三无以上三条规定不上班的，按旷工处理并视为自愿放弃当前所从事工作"。张某表示不能加班且并未加班后，2023年2月1日，某公司工作群发布消息："以上五位同志，年29某厂开会从初三开始上班，没有特殊原因不能来上班的同志视为自动放弃当前工作"。该事实能够认定某公司与张某之间就加班事宜未能协商一致。张某有权拒绝加班，且劳动者拒绝加班无须向用人单位说明原因并经用人单位同意，张某未按用人单位要求加班后，某公司无权以张某拒绝加班为由调整其工作岗位或作出其他安排，亦无权因怀疑张某等人存在举报情形予以开除。某公司解除劳动合同的方式为违法解除，一审认定事实正确，某公司的上诉请求不能成立。

【关键法条】

《中华人民共和国劳动法》

第四十一条　用人单位由于生产经营需要，经与工会和劳动者协商后可以延长工作时间，一般每日不得超过一小时；因特殊原因需要延长工作时间的，在保障劳动者身体健康的条件下延长工作时间每日不得超过三小时，但是每月不得超过三十六小时。

第四十二条　有下列情形之一的，延长工作时间不受本法第四十一条规定的限制：

（一）发生自然灾害、事故或者因其他原因，威胁劳动者生命健康和财产安全，需要紧急处理的；

（二）生产设备、交通运输线路、公共设施发生故障，影响生产和公众利益，必须及时抢修的；

（三）法律、行政法规规定的其他情形。

第四十三条　用人单位不得违反本法规定延长劳动者的工作时间。

《中华人民共和国劳动合同法》

第三十一条　用人单位应当严格执行劳动定额标准，不得强迫或者变相强迫劳动者加班。用人单位安排加班的，应当按照国家有关规定向劳动者支付加班费。

36 给员工发过节费能抵消假期加班费吗？

【问题导引】

有朋友咨询，自己在国庆假期期间加了3天班，但是公司却以发了过节费为由拒绝发放加班费，公司的这种做法合法吗？过节费能用来冲抵加班费吗？

答案肯定是不能。过节费属于公司自主决定的福利待遇，是不以员工提供额外的工作为前提的；而加班费是对员工休假损失的补偿，属于员工法定的工资报酬，两者是不能相抵的。只要公司安排员工加班，就必须按照法律规定安排补休或支付加班费，不能用实物或过节费来冲抵，否则就是一种未足额发放工资报酬的违法行为，员工可以要求公司支付，如果公司拖欠加班费达到一定程度，员工还可以提出被迫离职，要求公司额外支付经济补偿金。

【典型案例】

李某与某公司劳动争议案[1]

基本案情

李某于 2017 年 8 月 29 日入职某公司，双方签订有期限自 2017 年 8 月 29 日至 2020 年 8 月 28 日的劳动合同。某公司曾跟李某主张项目加班费因为有奖金需要折半。某公司人事于 2020 年 7 月 8 日向李某告知劳动合同到期不再续订。后李某以要求确认其与某公司存在劳动关系，某公司办理社保转移手续，支付终止劳动合同经济补偿金、工资差额、加班费差额、未休年休假工资为由向某劳动仲裁委提出申请，该委裁决支持李某要求公司支付的工资差额、加班工资、经济补偿、未休年休假工资等。某公司不服，诉至法院。本案经过一审、二审，均认为某公司折抵加班费的主张于法无据，驳回某公司不支付加班工资差额的诉讼请求。

裁判观点

一审法院认为，某公司虽主张已给李某安排了调休，并支付了加班工资，

---

〔1〕　案号：（2022）京 01 民终 1072 号。

不存在加班工资差额，但双方对加班调休时间未能达成一致，某公司未能提供证据就其主张的李某的调休时间加以证明，应承担举证不能的不利后果。本院按照李某认可的调休时间，结合庭审中提举的证据，扣除工资表中显示已付加班工资金额后，经核算，某公司支付李某加班工资还存在不足的情况，还应支付李某 2017 年 8 月 29 日至 2020 年 8 月 28 日平时超时、休息日、法定节假日加班工资差额 20 452.7 元。某公司所述以项目奖金、博览会项目奖、看剧补贴折抵加班费的主张，于法无据，本院不予采信。

二审法院认为，关于加班工资差额一节，李某的工资表中包含加班天数等内容，某公司亦自认李某确有加班，某公司虽主张已给李某安排了调休，并支付了加班工资，不存在加班工资差额，但双方对加班调休时间未能达成一致，某公司未能提供证据证明李某的调休时间，应自行承担举证不能的不利后果。某公司所述以项目奖金、博览会项目奖、看剧补贴折抵加班费的主张，于法无据，一审法院不予采信并无不当。

【关键法条】

《中华人民共和国劳动法》

第四十四条 有下列情形之一的，用人单位应当按照下列标准支付高于劳动者正常工作时间工资的工资报酬：

（一）安排劳动者延长工作时间的，支付不低于工资的百分之一百五十的工资报酬；

（二）休息日安排劳动者工作又不能安排补休的，支付不低于工资的百分之二百的工资报酬；

（三）法定休假日安排劳动者工作的，支付不低于工资的百分之三百的工资报酬。

《中华人民共和国劳动合同法》

第三十一条 用人单位应当严格执行劳动定额标准，不得强迫或者变相强迫劳动者加班。用人单位安排加班的，应当按照国家有关规定向劳动者支付加班费。

37 生育津贴和产假工资是一回事吗？可以兼得吗？

【问题导引】

生育津贴和产假工资是什么关系？两者可以兼得吗？

【律师解析】

首先，生育津贴和产假工资是不同的概念，生育津贴是员工按规定缴纳社保之后由国家负责给予的一项保险待遇，而产假工资则是公司负责支付的一种工资待遇的范围，两者并不是一回事儿。在一般情况下，如果员工正常休了产假的话，生育津贴和产假工资是不能兼得的，只能获得两者中金额较高的那一份。但是如果员工在产假期间还在工作，或者产假没休满就提前上班了，目前司法实践中的多数观点认为，在员工法定的产假期间、其正常提供劳动的那部分时间可以兼得生育津贴和工资两份钱。

【典型案例】

杨某与某公司劳动争议案[1]

基本案情

杨某于 2017 年 5 月 8 日入职某公司，岗位为行政，双方签有期限为 2017 年 5 月 8 日至 2019 年 5 月 7 日的《劳动合同书》，约定月工资税后为 17 000 元。杨某于 2018 年 8 月 23 日至 2019 年 1 月 12 日期间休产假 143 天，生育保险为其报销生育津贴 26 464.53 元，某公司通过其股东窦某补给杨某生育津贴 24 000 元，通过某中心补给杨某生育津贴 21 000 元。后某公司向某劳动仲裁

---

〔1〕 案号：（2022）京 03 民再 140 号。

委申请仲裁，要求杨某返还 2018 年 8 月 23 日至 2019 年 1 月 12 日产假期间工资 74 801.70 元。该委裁决杨某于裁决生效之日三日内返还某公司 2018 年 8 月 23 日至 2019 年 1 月 12 日期间产假工资 70 035.03 元。杨某不服，诉至法院。本案经过一审、二审、再审。一审法院判决：杨某于判决生效之日起七日内返还某公司 2018 年 8 月 23 日至 2019 年 1 月 12 日期间产假工资 54 122.46 元。二审、再审维持原判。

裁判观点

一审法院认为，杨某于 2018 年 8 月 23 日至 2019 年 1 月 12 日期间休产假，其已通过生育保险报销生育津贴 26 464.53 元。后某公司通过窦某及某中心向其补发生育津贴 45 000 元。杨某虽然对窦某给付的 24 000 元款项性质不认可，称系窦某向其偿还的借款，但窦某及某公司对此予以否认，杨某对其主张亦未提交证据予以证明，且在仲裁笔录中杨某认可某公司补发生育津贴 45 000 元，故一审法院对杨某的上述主张不予采信。一审法院确认杨某通过生育保险报销及某公司补发共领取生育津贴 71 464.53 元。《女职工劳动保护特别规定》第八条第一款规定："女职工产假期间的生育津贴，对已经参加生育保险的，按照用人单位上年度职工月平均工资的标准由生育保险基金支付；对于未参加生育保险的，按照女职工产假前工资的标准由用人单位支付。"《北京市企业职工生育保险规定》第十五条规定："生育津贴按照女职工本人生育当月的缴费基数除以 30 再乘以产假天数计算。生育津贴为女职工产假期间的工资，生育津贴低于本人工资标准的，差额部分由企业补足。"依据上述规定可知，某公司应补足生育津贴低于杨某工资标准的差额部分，经计算还应补足 14 335.47 元。通过另一案查明事实可知，在杨某产假期间，确实存在某公司安排其工作的事实，故某公司应按照杨某的工作时长向其支付产假期间的正常工资。经核算，某公司应向杨某支付产假期间工资 16 551.72 元。某公司已向杨某发放了 2018 年 8 月 23 日至 2019 年 1 月 12 日期间工资 85 009.65 元，扣除应补足的生育津贴差额及应支付给杨某的产假期间工作的正常工资，杨某应返还某公司 54 122.46 元。

二审法院认为，《北京市企业职工生育保险规定》第十五条规定："生育津贴按照女职工本人生育当月的缴费基数除以 30 再乘以产假天数计算。生育津贴为女职工产假期间的工资，生育津贴低于本人工资标准的，差额部分由企业补足。"根据上述规定，某公司向杨某支付的生育津贴低于其本人工资标准，相应的差额，某公司应予以补足。某公司虽不认可一审法院酌定的杨某产假期间的工作时长，但未提交相反证据证明，杨某主张其产假期间工作时长为 330 个小时亦缺乏依据，故一审法院综合考虑杨某产假期间的工作时长为 20 天并无不当，本院对某公司及杨某的主张均不予采信。鉴于某公司已向杨某发放 2018 年 8 月 23 日至 2019 年 1 月 12 日期间工资 85 009.65 元，杨某未提交充分的证据证明其取得 54 122.46 元工资的合法根据，故杨某应将上述产假工资予以返还。

再审法院认为，生育津贴是社会保险法规定的保障女职工在产假期间获得基本生活费用的社会保障手段，是女职工产假期间工资的替代性支付方式。杨某提交的证据不足以证明某公司明确同意向杨某发放生育津贴的同时杨某产假期间仍享受正常的工资待遇，杨某同时获得生育津贴及职工产假工资缺乏合法根据。因此，杨某的申诉请求缺乏事实和法律依据，不予支持。双方当事人均认可杨某通过生育保险报销及某公司补发的形式领取生育津贴 71 464.53 元，某公司向杨某发放产假期间的工资 85 009.65 元，故一审、二审法院据此认定杨某应当向某公司返还 54 122.46 元工资并无不当。

【关键法条】

《北京市企业职工生育保险规定》

第十五条　生育津贴按照女职工本人生育当月的缴费基数除以 30 再乘以产假天数计算。

生育津贴为女职工产假期间的工资，生育津贴低于本人工资标准的，差额部分由企业补足。

《女职工劳动保护特别规定》

第八条第一款　女职工产假期间的生育津贴，对已经参加生育保险的，按照用人单位上年度职工月平均工资的标准由生育保险基金支付；对未参加生育保险的，按照女职工产假前工资的标准由用人单位支付。

38 用人单位以企业经营困难为由降薪是否合法?

【问题导引】

公司开会说因为经济形势不好,公司生产经营困难,所以要求全员降薪15%,这合法吗?

【律师解析】

当然不合法。首先,我国《劳动合同法》第三十五条规定,用人单位与劳动者协商一致,可以变更劳动合同约定的内容。变更劳动合同,应当采用书面形式。意思很明确,想要给员工降薪,必须建立在与劳动者协商并取得劳动者书面同意的基础上,否则就属于违法行为。即使企业在劳动合同中约定"甲方有权根据公司的实际需要以及乙方的工作表现随时调整乙方的工作岗位和劳动报酬,乙方不得拒绝"这种类似的条款,也不代表公司可以任意降低员工工资,必须符合合法合理的原则。因此公司在未与员工协商一致的情况下,以企业经营困难为由单方提出降薪是不合法的。

【典型案例】

贾某与某公司劳动争议案[1]

基本案情

贾某自2003年6月11日入职某公司,岗位为副总,负责技术工作。贾某2021年12月至2022年2月的工资为10 000元;2022年3月至4月,某公司按照6000元工资标准向贾某发放工资;5月至6月,某公司按照4000元工资标准向贾某发放工资;7月至10月,某公司按照3000元工资标准向贾某发放

---

〔1〕 案号:(2023)京0111民初13779号。

工资；11 月，某公司按照 900 元工资标准向贾某发放工资。2022 年 12 月 10 日，某公司法定代表人李某微信群通知员工因其身体不好，公司经营困难，即将注销，要求员工自谋生路。2023 年 3 月，贾某就工资差额、违法解除劳动关系的赔偿金等事项向某劳动仲裁委申请仲裁。2023 年 6 月，该委裁决：（1）某公司于本裁决生效之日起 5 日内，支付贾某 2022 年 3 月至 2022 年 11 月差额工资 56 878 元；（2）某公司于本裁决生效之日起 5 日内，支付贾某 2003 年 6 月 11 日至 2022 年 12 月 10 日期间解除劳动合同经济补偿金 268 125 元；（3）驳回贾某的其他仲裁请求。仲裁中，某公司认可与贾某最初约定的月工资为 25 000 元，贾某认可 2022 年 3 月工资协商降低为 10 000 元，后续其并未同意降薪。某公司不服上述仲裁裁决书，在法定期限内提起本案诉讼。本案经法院审理，确认了仲裁裁决结果。

裁判观点

法院认为，当事人对自己提出的诉讼请求所依据的事实，有责任提供证据加以证明，没有证据或者证据不足以证明当事人的事实主张的，由负有举证责任的当事人承担不利后果。关于工资差额一节，用人单位应当对已与劳动者协商一致作出的减薪决定事宜承担举证责任。贾某认可 2022 年 3 月双方协商月工资调整为 10 000 元，故此，某公司应按照上述双方协商约定的金额足额向贾某支付劳动报酬。然某公司从 2022 年 3 月起降低贾某的工资标准，虽然其主张降薪原因是公司受新冠疫情影响无法正常经营，但其未提交证据证明其就降薪事宜再次与贾某协商并达成一致。因此，某公司单方面降薪，没有正当理由。经核算，涉案仲裁裁决要求某公司向贾某支付 2022 年 3 月至 2022 年 11 月差额工资 56 878 元，不低于法院核算的金额，贾某亦认可该裁决结果，对此，法院予以确认。

【关键法条】

《中华人民共和国劳动法》

第五十条　工资应当以货币形式按月支付给劳动者本人。不得克扣或者无故拖欠劳动者的工资。

《中华人民共和国劳动合同法》

第三十五条第一款　用人单位与劳动者协商一致，可以变更劳动合同约定的内容。变更劳动合同，应当采用书面形式。

39 用人单位如何合法降薪？

【问题导引】

上文提到，用人单位不能以企业经营困难等为理由单方面降薪，那有的朋友就会问了，单位在什么情况下可以降薪呢？

【律师解析】

用人单位合法降薪有如下几种情形：第一，就是跟员工协商一致，并采用书面形式进行确认，比如让员工签订薪酬确认单等；第二，如果员工的工资结构中存在跟公司业绩、经营情况等相挂钩的浮动工资部分，比如绩效工资，公司可以根据相关制度以及公司实际情况调整这部分工资；第三，我国劳动合同法中规定了公司可以单方调岗的两种情形，一种是员工不胜任工作；一种是员工医疗期满不能从事原工作，在调岗的同时可以"薪随岗变"，适当调整员工工资。此外，还有一些情况，比如公司的部分岗位有明确的资质要求，而员工在工作过程中丧失了相关资质，公司也可以适当调岗调薪等。

【典型案例】

宋某与某信息科技有限公司、某信息科技

有限公司北京分公司劳动争议案[1]

基本案情

宋某于 2021 年 6 月 28 日入职某信息科技有限公司北京分公司，担任渠道经理，宋某每月固定工资为 13 000 元。2022 年 2 月 24 日，某信息科技有限公司钟某曾向宋某发送电子邮件，内容为："附件是我们下午讨论的销售任务书，你再仔细看一下。根据自己的规划填写。填好后，如果没有问题，就打印签字。"表格（销售考核计划）中显示有目标业绩及对应月薪资及年薪标准，其中目标业绩分为 100 万元、120 万元、150 万元、190 万元、220 万元、250 万元、270 万元、300 万元、400 万元、550 万元等，对应月薪资分别为 0.8 万元、1 万元、1.2 万元、1.3 万元、1.5 万元、1.7 万元、1.8 万元、2 万元、2.2 万元、2.5 万元。宋某签署的《销售任务书》显示，其销售考核指标中的全年目标为 220 万元，第一季度至第四季度分别为 22 万元、44 万元、77 万元、77 万元，同时设置销售奖金，依据业绩达成率设置 3% 至 15% 不等的提成比例，基于实际回款比例，按季度发放；对于业绩未达标措施载明："一个季度未达成销售目标，上级经理将进行口头警告并进行培训辅导""连续两个季度未达到销售目标的 50%，签署告知函。同时，员工进入低绩效管理程序，须与上级经理一起进行绩效改进计划，公司有权采取降职、降薪或解除劳动合同等措施""连续两个季度销售目标达成率低于 50%，即按照实际业绩匹配的档位重新核定对应的基础薪酬"。宋某认可《销售任务书》中的季度目标系本人自行填写，亦认可每个季度任务目标均未完成，宋某的业绩统计表显示，宋某全年业绩完成总额为 21.59 万元，达成率为 10%，其中第一季度完成业绩为 3 万元、第二季度为 3 万元、第三季度为 13 万元、第四季度

---

〔1〕　案号：（2024）京 01 民终 3570 号。

为 2.59 万元。某信息科技有限公司、某信息科技有限公司北京分公司主张自签署《销售任务书》后按照每月 15 000 元支付工资，自 2022 年 9 月 25 日起某信息科技有限公司北京分公司将宋某工资调整至 8000 元，即表格（销售考核计划）中最低一档。某信息科技有限公司北京分公司曾向宋某发送告知函，告知其须与上级经理一同进行绩效改进计划，按照实际业绩匹配的档位重新核定基础薪酬，调整为 8000 元。宋某曾通过电子邮件回复不认可公司单方面决定。宋某主张 2022 年 9 月 25 日之后的工资应按照 15 000 元补足差额。宋某以要求某信息科技有限公司、某信息科技有限公司北京分公司支付工资差额等为由向某劳动仲裁委提起仲裁申请，该委裁决：驳回宋某的仲裁请求。宋某不服，诉至法院。本案经过一审、二审，均未支持宋某的诉讼请求。

裁判观点

一审法院认为，用人单位与劳动者协商一致，可以变更劳动合同约定的内容。宋某主张《销售任务书》系被迫签署，然而其未能就上述主张提交证据予以证明。宋某所述年销售目标系公司领导指定，亦未能提交证据证明该主张。反而，依据钟某与宋某的电子邮件可知，该邮件所附表格中已载有目标业绩及对应月薪资，公司亦提示宋某按照自己的规划填写，宋某亦自述季度目标系其本人自行填写，未见有任何强迫情形。前述《销售任务书》已载明对于业绩未达标的措施包括口头警告、培训辅导、对于"连续两个季度未达到销售目标的 50%"，签署告知函，员工进入低绩效管理程序，"按照实际业绩匹配的档位重新核定对应的基础薪酬"。宋某作为具有完全民事行为能力的成年人，理应知晓并承担其签署《销售任务书》所产生的法律后果。依据宋某业绩完成情况，某信息科技有限公司北京分公司自 2022 年 9 月 25 日起将其工资调整为 8000 元，并无不当之处，宋某要求某信息科技有限公司、某信息科技有限公司北京分公司支付 2022 年 10 月 25 日至 2023 年 1 月 24 日工资差额，依据不足，对该诉讼请求法院不予支持。

二审法院认为，用人单位与劳动者协商一致，可以变更劳动合同约定的内容。依据一审法院查明的事实，宋某自行填写《销售任务书》中的季度目标并签署了《销售任务书》，应当视为双方协商一致变更了劳动合同的约定，结合宋某的业绩完成情况，某信息科技有限公司北京分公司按照《销售任务书》自 2022 年 9 月 25 日起将宋某工资调整为 8000 元并无不当，一审法院驳回宋某要求支付工资差额的诉讼请求正确，本院予以维持。宋某上诉称《销售任务书》未经民主程序，侵犯其合法权益，对此，本院认为，《销售任务书》系宋某和某信息科技有限公司北京分公司协商签署，是宋某真实的意思表示，亦未侵犯宋某的合法权益，故宋某该项上诉理由缺乏依据，本院不予采信。

【关键法条】

《中华人民共和国劳动法》

第五十条　工资应当以货币形式按月支付给劳动者本人。不得克扣或者无故拖欠劳动者的工资。

《中华人民共和国劳动合同法》

第三十五条第一款　用人单位与劳动者协商一致，可以变更劳动合同约定的内容。变更劳动合同，应当采用书面形式。

40 提前离职有年终奖吗？

【问题导引】

有朋友咨询，在职期间公司每年都会发年终奖，现在打算离职了询问公司年终奖怎么发，却被告知按照公司规定年中提前离职的员工不发年终奖，公司的这种做法合法吗？

【律师解析】

首先，我国现行法律法规并不强制公司必须发放年终奖，是否发放年终奖以及年终奖的发放条件、发放金额都由公司自主决定。一般而言，如果劳动合同的解除是因员工单方过失或主动辞职所致，在双方约定或公司规定

"必须年底在职的员工才发放年终奖"的情况下，法院不会支持员工主张年终奖的相关请求；但如果并非因员工单方过失或主动辞职，而是因公司违法解除、员工被迫离职等原因导致，此时如果公司要求严格适用制度规定不予发放年终奖则属于变相剥夺员工获取年终奖的机会，因此对于这种情况，法院一般会要求公司根据员工该年度在职时间按比例支付相应年终奖。

【典型案例】

李某与某公司劳动争议案[1]

基本案情

李某于 2017 年 5 月 15 日入职某公司，双方签订有期限为 2018 年 10 月 1 日至 2020 年 12 月 31 日的劳动合同，执行标准工时制。李某称从 2020 年 12 月 3 日起其不能正常打卡，进不去公司，询问公司相关人员无人回复，其本人工位也被别人占了，公司不为其提供工位，且公司将其从工作群中移除。后李某以要求某公司支付 2020 年年终奖、支付违法解除劳动合同的赔偿金等事由向某劳动仲裁委申请仲裁，该委裁决某公司于本裁决生效之日起 3 日内支付李某 2020 年年终奖 61 032.5 元、2020 年十三薪工资 9800 元等事项。某公司不服向一审法院提起诉讼，本案经一审、二审，一审法院确认了仲裁委该仲裁结果，二审维持原判。

裁判观点

一审法院认为，关于 2020 年十三薪及年终奖一节，某公司主张年终奖及十三薪根据公司业绩情况决定是否发放，没有明确的制度规定，双方均认可 2017 年、2018 年及 2019 年某公司均发放了十三薪和年终奖，某公司称根据公司经营业绩，2020 年全体员工均没有年终奖，但某公司未能举证证明年终奖及十三薪的发放条件，亦未举证证明有关核算依据，故应承担举证不能之

―――――――――――

[1] 案号：（2022）京 03 民终 4334 号。

责。结合 2018 年、2019 年十三薪及年终奖的发放情况，一审法院认为某公司应向李某发放 2020 年十三薪 9800 元及年终奖 61 032.5 元。

二审法院认为，某公司是否应支付李某 2020 年年终奖 61 032.5 元及十三薪 9800 元。某公司以某公司业绩下滑，李某未完成全年工作以及双方未就年终奖进行约定为由，主张不应向李某支付 2020 年年终奖及十三薪。根据查明的事实，某公司与李某均确认某公司于 2017 年、2018 年、2019 年均向李某发放十三薪及年终奖，由此可见，年终奖及十三薪系李某在某公司劳动收入的组成部分。某公司主张公司业绩下滑，故某公司对于公司员工均未发放年终奖及十三薪，但对于年终奖及十三薪的发放条件及核算依据，某公司并未提供确实、充分的证据予以证明，其对此应承担举证不能的责任。与 2020 年相邻的 2018 年及 2019 年，某公司于 2018 年向李某发放十三薪 9800 元及年终奖 74 605 元，2019 年十三薪 9800 元及年终奖 47 460 元，一审法院根据上述两年的发放情况，确定李某 2020 年年度应获得的年终奖金额为 61 032.5 元，十三薪金额为 9800 元并无明显不当，本院予以确认。

【关键法条】

《最高人民法院关于审理劳动争议案件适用法律问题的解释（一）》

第四十四条　因用人单位作出的开除、除名、辞退、解除劳动合同、减少劳动报酬、计算劳动者工作年限等决定而发生的劳动争议，用人单位负举证责任。

41 劳动仲裁裁决公司需要支付工资，但是公司仍然不支付怎么办？

【问题导引】

离职后为追讨被拖欠的工资，申请了劳动仲裁，仲裁委最终裁决公司于十日内支付工资，但裁决生效后公司就是赖着不给怎么办？

【律师解析】

劳动仲裁委作出的裁决已经发生法律效力，公司仍不履行生效裁决确定的义务的，劳动者可以直接向单位住所地或者单位财产所在地的基层人民法院申请强制执行。法院会依职权冻结单位的银行账户或者查封扣押相关财产，如果公司账户有流动资金，法院可以直接划扣给劳动者。申请强制执行需要准备强制执行申请书、申请人身份材料、生效裁决书、被申请人工商登记信息以及财产线索等材料提交法院，经法院立案人员审查符合立案条件的，一般会在七个工作日内立案，然后移送执行局执行。

【典型案例】

龚某与某公司执行审查案[1]

基本案情

龚某与某公司劳动争议纠纷一案，2021年7月15日，某劳动仲裁委作出仲裁裁决，裁决某公司支付龚某工资、未签订劳动合同二倍工资差额、解除劳动合同赔偿金共计339 000元。龚某依据生效法律文书向某区法院申请强制执行。2022年10月9日，某区法院立案执行。某区法院于2022年10月12日冻结某公司名下中信银行账户，申请控制金额4万元，实际控制金额4万元，冻结期限自2022年10月12日至2023年10月12日。某公司向某区法院提出书面异议，请求某区法院：（1）确认其履行完毕仲裁裁决，裁定立即终止执行案件的执行措施。（2）立即解封其被冻结的银行账号。某区法院驳回某公司异议请求。某公司不服，向某中级人民法院提出复议，某中级人民法院维持某区法院作出的执行裁定。

---

〔1〕 案号：（2023）京02执复144号。

裁判观点

一审法院认为，本案中，某公司主张其向龚某发放工资时，根据税法及某区税务局要求，为龚某代扣代缴了个人所得税，某区法院不应再冻结其银行存款，实质系主张其对龚某的债务已消灭，某区法院参照《民事诉讼法》第二百三十二条进行审查。当事人应当严格依照生效法律文书确定的内容履行义务。本案执行依据确认某公司应向龚某支付工资等共计 339 000 元。现某公司已向龚某支付 299 720 元，有 39 280 元尚未支付，并未全部履行执行依据确定的给付义务，某区法院对其银行存款采取冻结措施，并无不当。某公司主张执行依据为税前工资，个人所得税款应涵盖在其中，某公司依据相关法律规定为龚某代扣代缴个人所得税费用后，已全部履行完毕执行依据确定的给付内容。但劳动仲裁裁决书确定的系某公司向龚某支付相应款项，并未确定龚某个人所得税的支付方式、具体数额及某公司的代扣代缴事宜。某公司的该主张无法证明其已履行完毕执行依据确定的全部义务，在其未按照裁决书指定的期限，全面履行给付金钱义务的情况下，某区法院冻结其未履行部分案款，符合法律规定和执行规范。某公司异议请求不能成立。另，如某公司认为按照执行依据确定内容向龚某支付全部款项后，其因代扣代缴而受到损失，可通过其他法律途径主张权利。据此，某区法院裁定驳回某公司的异议请求。

二审法院认为，义务人未履行生效法律文书确定的义务，人民法院有权查封、扣押、冻结其应当履行义务部分的财产。本案中，执行依据已经确认某公司应向龚某支付工资 281 000 元，赔偿金 58 000 元，总计 339 000 元，现某公司仅向龚某支付 299 720 元，故某区法院据此继续冻结某公司名下银行存款，符合法律规定。现某公司以其已履行龚某个人所得税代扣代缴义务为由，认为其已履行完毕执行依据确定的给付义务，实质是对生效裁决书确定的款项数额是否包含应代缴税款存在异议，此异议属于对生效裁决书内容的异议，依法不属于执行异议案件审查范围。某公司所述复议理由，不能成立，本院不予支持。

《中华人民共和国民事诉讼法》

第二百四十七条　发生法律效力的民事判决、裁定，当事人必须履行。一方拒绝履行的，对方当事人可以向人民法院申请执行，也可以由审判员移送执行员执行。

调解书和其他应当由人民法院执行的法律文书，当事人必须履行。一方拒绝履行的，对方当事人可以向人民法院申请执行。

第二百五十三条　被执行人未按执行通知履行法律文书确定的义务，人民法院有权向有关单位查询被执行人的存款、债券、股票、基金份额等财产情况。人民法院有权根据不同情形扣押、冻结、划拨、变价被执行人的财产。人民法院查询、扣押、冻结、划拨、变价的财产不得超出被执行人应当履行义务的范围。

人民法院决定扣押、冻结、划拨、变价财产，应当作出裁定，并发出协助执行通知书，有关单位必须办理。

42 劳动法是如何计算日工资的?

【问题导引】

有朋友问，在公司干了 10 天打算离职，老板当初答应的工资是一个月4000 元，这 10 天的工资应该怎么计算呢？老板提出按一个月的天数（30 天）来折算工资，是否合理呢？

【律师解析】

当然是不合理的。这涉及员工的日工资标准如何计算的问题，对此，我国《劳动和社会保障部关于职工全年月平均工作时间和工资折算问题的通知》

中关于对日工资的计算方式有明确规定：日工资＝月工资收入÷月计薪天数，而月计薪天数＝（365天－全年休息日104天）÷12＝21.75天。所以，如果员工在职天数不满一整个月的话，应当按照月工资÷21.75×实际工作天数来计算。

【典型案例】

朱某与某公司劳动争议案[1]

基本案情

2012年10月1日，朱某入职某公司，担任经理，月薪标准为税前10 800元。双方签订四次劳动合同，最后一次期限为2015年9月30日生效的无固定期限劳动合同。某公司认可2012年10月1日至2023年3月22日期间双方存在劳动关系及2021年1月1日朱某享有年假5天，2022年享有年假10天，2023年1月1日至2023年3月22日期间享有年假3天共计18天。2023年3月22日，某公司向朱某送达了《终止劳动合同通知书》。后某公司以不支付朱某未休年假工资等事项向法院起诉。本案经过一审、二审程序。一审判决：自判决生效之日起十日内，某公司支付朱某2021年1月1日至2023年3月22日期间未休年假工资12 461元等事项，二审维持原判。

裁判观点

一审法院认为，朱某是否享有未休年假。一审庭审中双方均认可朱某2021年1月1日至2023年3月22日期间享有18天未休年假，对此一审法院予以确认。某公司称朱某已实际休完，但未向法院提交证据，对此一审法院不予认定。对于计算朱某未休年假工资基数问题，某公司提交的工资明细显示，朱某的每月应发工资均为10 800元，某公司虽称其中含有绩效工资，但绩效工资每月均固定发放，故计算未休年假工资时应按朱某应发工资标准

---

〔1〕　案号：（2023）京02民终18674号。

计算。某公司按扣除绩效工资的剩余工资部分及每月按计薪天数为 26 天计算，违反法律规定。故根据《职工带薪年休假条例》之规定，经核算，朱某主张的未休年休假工资 12 461 元不高于法院计算标准，故一审法院予以维持。

二审法院认为，关于朱某未休年假工资的计算基数是否正确一节。首先，劳动者的月工资收入包括用人单位按月应支付给职工的工资、奖金、津贴、补贴等所有项目，不得以其中单独的某项作为计算基数。其次，未休年假工资的计算基数为职工的日工资收入，根据法律规定，日工资收入=月工资收入÷月计薪天数（21.75 天）。在本案中，某公司提交的工资表显示，朱某的固定标准薪资为 10 800 元/月，其具体构成包括基础工资、绩效工资、岗位工资、加班费（固定）、加班费（平日）、加班费（节日），其中前三项每月金额固定，具有连续性、稳定性的特征，属于月工资收入的组成部分，系朱某正常劳动应得的工资，一审法院确定按照 10 800 元/月的标准计算并无不当。某公司要求在计算月工资标准时扣除绩效工资的主张不能成立。

【关键法条】

《劳动和社会保障部关于职工全年月平均工作时间和工资折算问题的通知》

二、日工资、小时工资的折算

按照《劳动法》第五十一条的规定，法定节假日用人单位应当依法支付工资，即折算日工资、小时工资时不剔除国家规定的 11 天法定节假日。据此，日工资、小时工资的折算为：

日工资：月工资收入÷月计薪天数。

小时工资：月工资收入÷（月计薪天数×8 小时）。

月计薪天数=（365 天−104 天）÷12 月=21.75 天。

第三章
工时与休假

43 不定时工作制的适用范围?

【问题导引】

很多朋友可能知道,关于工作时间除我们常见的标准工时制以外,还有不定时工作制、综合计算工时制等。不定时工作制是什么意思呢?所有的岗位都能适用这些制度吗?

【律师解析】

首先从不定时工作制开始介绍:不定时工作制是针对因生产特点、工作特殊需要或职责范围的关系,没办法按标准工作时间衡量或需要机动作业的职工所采取的一种每个工作日没有固定的上下班时间限制的工作时间制度。这种工时制主要适用于以下几类劳动者:一是企业中的高级管理人员、外勤人员、推销人员、部分值班人员等因工作无法按标准工作时间衡量的职工;二是企业中的长途运输人员、出租汽车司机和铁路、港口、仓库的部分装卸人员以及因工作性质特殊,需机动作业的职工;三是其他因生产特点、工作特殊需要或职责范围的关系,适合实行不定时工作制的职工。

【典型案例】

卢某与某公司劳动争议案[1]

基本案情

卢某于 2015 年 6 月 1 日入职某公司,任工程部项目经理,双方签订了起

---

[1] 案号:(2018)京 02 民终 9538 号。

止期限为 2015 年 6 月 1 日至 2016 年 5 月 31 日的劳动合同。2016 年 5 月，双方续签劳动合同至 2018 年 5 月 30 日。某公司与卢某未在双方签订的劳动合同中约定后者的岗位所执行的工时制。某公司主张卢某的工作岗位实际执行的是不定时工作制，但未经行政部门审批。卢某主张其工作岗位实际执行的是标准工时制。2016 年 7 月 16 日，因与同事发生矛盾，卢某在某公司的微信群中向领导提出做工作交接。2016 年 12 月，卢某向某劳动仲裁委申请仲裁，要求确认与公司存在劳动关系，并要求公司支付加班工资、提成等，共提出 11 项仲裁请求。后该委裁决：确认卢某与某公司在 2015 年 6 月 1 日至 2016 年 7 月 16 日期间存在劳动关系，公司支付在此期间的周六日与法定节假日加班工资，驳回卢某的其他申请请求。某公司、卢某不服，均诉至法院。某公司认为卢某适用不定时工作制，不应支付加班工资。本案经一审、二审，均未支持公司的主张。

裁判观点

一审法院认为，本案中，某公司与卢某未在双方签订的劳动合同中约定后者的岗位所执行的工时制。卢某主张其工作岗位执行标准工时制。某公司主张卢某的工作岗位执行不定时工作制，但因相关行政部门认为，建筑行业不在不定时工作制的批准范围之内，故卢某的工作岗位执行不定时工作制未经相关行政部门审批。上述情况，结合卢某的月工资构成中包括加班工资的事实，可以认定卢某关于其工作岗位执行标准工时制的主张更为可信，故法院对卢某的相关主张予以支持。

二审法院认为，当事人对自己提出的诉讼请求所依据的事实或者反驳对方诉讼请求所依据的事实，应当提供证据加以证明，但法律另有规定的除外。在作出判决前，当事人未能提供证据或者证据不足以证明其事实主张的，由负有举证证明责任的当事人承担不利后果。关于加班工资差额，某公司未提供充分证据证明卢某的工作岗位系不定时工作制，一审法院根据本案证据情况和相关法律规定认定卢某的工作岗位系标准工时制，并无不当。

【关键法条】

《劳动部关于企业实行不定时工作制和综合计算工时工作制的审批办法》

第四条　企业对符合下列条件之一的职工，可以实行不定时工作制。

（一）企业中的高级管理人员、外勤人员、推销人员、部分值班人员和其他因工作无法按标准工作时间衡量的职工；

（二）企业中的长途运输人员、出租汽车司机和铁路、港口、仓库的部分装卸人员以及因工作性质特殊，需机动作业的职工；

（三）其他因生产特点、工作特殊需要或职责范围的关系，适合实行不定时工作制的职工。

第六条　对于实行不定时工作制和综合计算工时工作制等其他工作和休息办法的职工，企业应根据《中华人民共和国劳动法》第一章、第四章有关规定，在保障职工身体健康并充分听取职工意见的基础上，采用集中工作、集中休息、轮休调休、弹性工作时间等适当方式，确保职工的休息休假权利和生产、工作任务的完成。

44 实行不定时工作制是否可以主张加班工资？

【问题导引】

前文讲到了不定时工作制的含义以及适用范围，那有朋友可能会有疑问，不定时工作制通常没有工作时间的限制，并且工作机动性比较强，在这种情况下，劳动者还能主张加班工资吗？

【律师解析】

根据我国《工资支付暂行规定》和全国大部分地区关于工资支付的相关规定，用人单位经批准实行不定时工作制度的，那相应岗位劳动者是不适用支付加班费的相关规定的，这一点也跟我们常见的标准工时制完全不同。当然，也有个别地区，比如上海市规定虽然执行不定时工作制的劳动者不能主张延时加班以及休息日加班工资，但是公司在法定节假日安排工作的，还是要按照三倍的标准支付加班工资。

【典型案例】

典型案例一：王某与某公司劳动争议案[1]

基本案情

某公司于 2019 年 1 月 24 日、2020 年 1 月 23 日、2021 年 2 月 9 日、2022 年 3 月 15 日、2023 年 3 月 16 日进行了不定时工作制的申报并完成了签章审批，某单位提交的申报表由某人力资源和社会保障局印章。王某于 2019 年 6 月 26 日入职某公司，双方签订劳动合同期限为 2019 年 6 月 26 日至 2024 年 6 月 25 日，约定岗位为保洁员，执行不定时工作制。王某在职期间从事公厕保洁员工作，工作至 2023 年 5 月退休。2023 月 5 月，王某向某劳动仲裁委申请仲裁，要求某公司：（1）支付 2019 年 6 月 26 日至 2023 年 3 月 10 日节假日加班工资 8021.2 元；（2）支付 2019 年 6 月 26 日至 2023 年 3 月 10 日周六日加班工资 75 836.3 元。2023 年 7 月 17 日，该委裁决驳回王某的仲裁请求。王某不服该裁决书，诉至法院。本案经一审、二审，均未支持王某要求某公司支付节假日、周六日加班工资的诉讼请求。

裁判观点

一审法院认为，北京市机关、事业单位实行轮班制不定时工作制和综合计算工时工作制申报表和某人力资源和社会保障局事业单位实行不定时工作制行政许可决定书有相关单位印章，该院予以采纳，据此认定某公司公厕保洁员岗位执行不定时工作制。王某签订的劳动合同约定其岗位为保洁员，执

---

[1] 案号：（2024）京 01 民终 702 号。

行不定时工作制。参照《北京市工资支付规定》第十七条规定，用人单位经批准实行不定时工作制度的，不适用加班工资的规定。某公司公厕保洁员岗位已经过不定时工作制批准，且双方劳动合同中均约定了执行不定时工作制度，故对王某要求支付节假日工资、周六日工资的诉讼请求，本院不予支持。

二审法院认为，《劳动法》第三十九条规定："企业因生产特点不能实行本法第三十六条、第三十八条规定的，经劳动行政部门批准，可以实行其他工作和休息办法。"不定时工作制，是指针对因生产特点、工作特殊需要或职责范围的关系，无法按标准工作时间衡量或需要机动作业的职工所采用的一种工作时间制度。本案中，依据某公司提交的加盖有相关单位印章的北京市机关、事业单位实行轮班制不定时工作制和综合计算工时工作制申报表、某人力资源和社会保障局事业单位实行不定时工作制行政许可决定书，可以认定某公司公厕保洁员岗位执行不定时工作制已经劳动行政部门审批准。而王某与某公司签订的劳动合同亦明确约定王某的工作岗位（工种）为保洁员，其所在岗位实行不定时工作制。因此，某公司对王某实行不定时工作制，合法有效。参照《北京市工资支付规定》第十七条有关用人单位经批准实行不定时工作制度的，不适用加班工资的规定，一审法院据此对王某提出支付加班工资的诉讼请求不予支持，并无不当，本院予以确认。

典型案例二：叶某与某公司劳动争议案[1]

基本案情

2017年11月27日，叶某与上海B股份有限公司签订了劳动合同，期限为2017年11月1日至2018年12月31日，约定叶某在其工程事业部担任工程部经理。2019年1月1日，叶某与某公司签订了劳动合同，期限为2019年1月1日至2024年12月31日。两份劳动合同中均载明叶某所在岗位执行"标准工时工作制"。2018年9月18日，某人社局作出的《准予企业实行其他工作时间制度决定书》，同意某公司处高管、销售、外勤、高管专职司机岗

---

[1] 案号：（2022）沪01民终5825号。

位人员自 2018 年 10 月 1 日至 2019 年 9 月 30 日期间实行不定时工作制。《企业实行不定时工作制相关名册》中有叶某的签名确认。2021 年 4 月，叶某向某劳动仲裁委申请仲裁，就某公司支付工资差额、违法解除劳动合同的赔偿金、加班工资、未休年休假工资等事项提出仲裁请求。某公司提出反申请，请求：叶某赔偿经济损失 30 000 元。2021 年 7 月，该委裁决支持叶某要求某公司支付工资差额、未休年休假工资、工资的请求，对其余请求事项不予支持，对某公司的请求事项不予支持。叶某不服，诉至法院。本案经一审、二审，对于叶某要求支付休息日加班工资的请求不予支持，对叶某要求支付法定节假日加班工资的请求予以支持。

裁判观点

一审法院认为，根据有关规定，经批准实行不定时工作制的职工，不受《劳动法》第四十一条规定的日延长工作时间标准和月延长工作时间标准的限制，用人单位应采用弹性工作时间等适当的工作和休息方式，确保职工的休息休假权利和生产、工作任务的完成。2018 年 10 月 1 日至 2019 年 9 月 30 日期间，叶某所在岗位经劳动保障行政部门批准实行不定时工作制，现叶某要求某公司支付该期间的休息日加班工资，缺乏法律依据。实行不定时工时制的用人单位，在法定休假节日安排劳动者工作的，仍应当按照不低于劳动者本人日或小时工资标准的 300% 支付加班工资。根据双方庭审中的陈述，法定节假日加班的，某公司仅安排每日 300 元支付补贴，显然未依法足额支付叶某法定节假日加班工资，故相应的法定节假日加班工资差额某公司理应补足。

二审法院认为，2018 年 10 月 1 日至 2019 年 9 月 30 日期间，叶某所在岗位经劳动保障行政部门批准实行不定时工作制，叶某要求某公司支付上述期间的休息日加班工资，依据不足，本院难以支持。

【关键法条】

《中华人民共和国劳动法》

第三十六条　国家实行劳动者每日工作时间不超过八小时、平均每周工作时间不超过四十四小时的工时制度。

第三十八条 用人单位应当保证劳动者每周至少休息一日。

第三十九条 企业因生产特点不能实行本法第三十六条、第三十八条规定的，经劳动行政部门批准，可以实行其他工作和休息办法。

《工资支付暂行规定》

第十三条 用人单位在劳动者完成劳动定额或规定的工作任务后，根据实际需要安排劳动者在法定标准工作时间以外工作的，应按以下标准支付工资：

（一）用人单位依法安排劳动者在日法定标准工作时间以外延长工作时间的，按照不低于劳动合同规定的劳动者本人小时工资标准的150%支付劳动者工资；

（二）用人单位依法安排劳动者在休息日工作，而又不能安排补休的，按照不低于劳动合同规定的劳动者本人日或小时工资标准的200%支付劳动者工资；

（三）用人单位依法安排劳动者在法定休假节日工作的，按照不低于劳动合同规定的劳动者本人日或小时工资标准的300%支付劳动者工资。

实行计件工资的劳动者，在完成计件定额任务后，由用人单位安排延长工作时间的，应根据上述规定的原则，分别按照不低于其本人法定工作时间计件单价的150%、200%、300%支付其工资。

经劳动行政部门批准实行综合计算工时工作制的，其综合计算工作时间超过法定标准工作时间的部分，应视为延长工作时间，并应按本规定支付劳动者延长工作时间的工资。

实行不定时工时制度的劳动者，不执行上述规定。

45 不定时工作制未经审批是否有效？

【问题导引】

前文提到了用人单位实行不定时工作制需要经过批准的事情，那具体应该向哪个部门申请批准？如果没有经过批准、只是双方在劳动合同中约定实行不定时工作制，这种约定有效吗？

【律师解析】

首先，根据规定，用人单位申请实行不定时工作制的，应当向其登记注册地的劳动行政部门提出申请，经批准后方可实行。其次，关于未经审批的效力问题，各地司法实践中确实也存在不同观点，虽然人力资源和社会保障局和最高人民法院在 2020 年联合发布的第一批劳动人事争议典型案例中指出，用人单位实行不定时工作制必须经过人力资源社会保障部门审批，不能仅凭双方约定就实行相关制度。但在各地法院具体的裁判观点中，仍有很多法院认为相关规定中有关实行不定时工作制应经劳动部门批准的规定只是一种管理性规范，违反该规定并不影响约定的效力。

【典型案例】

典型案例一：王某与某公司劳动争议案[1]

基本案情

2018 年 9 月 30 日，王某与某公司签订劳动合同，约定王某岗位为销售，执行不定时工时制。王某称正常出勤至 2019 年春节前，后因怀孕开始休病假，产假结束后，王某与某公司协商返岗事宜，某公司告知因其原岗位已有其他职工替代，可安排其到较近的位于某市某 1 区或某 2 区的门店工作，王某表示因距离租住的房屋较远，不同意新的工作地点。2019 年 10 月 17 日，某公司向王某发出《产假到岗返岗通知书》、10 月 22 日发出《解除劳动关系通知书》。《产假到期返岗通知书》写明王某产假结束未返岗，也未办理请假手续，严重违反规定，将按照无故旷工处理，要求其于 2019 年 10 月 18 日返回工作岗位。《解除劳动关系通知书》写明王某的行为严重违反规定，自

---

〔1〕 案号：（2021）京 03 民终 17268 号。

2019年9月26日至2019年10月18日的考勤将被认定为旷工，自2019年10月21日正式与王某解除劳动关系。2020年8月24日，王某向某劳动仲裁委申请仲裁，要求某公司支付违法解除劳动关系赔偿金、加班费、生育津贴等，该委出具了《不予受理通知书》。王某不服，诉至法院。对于王某要求支付加班费的请求，一审、二审法院均未支持。

裁判观点

一审法院认为，因王某本人担任销售主管职务，其与某公司在劳动合同中约定执行不定时工作制，因此本院对其关于休息日加班的主张不予采信。王某主张存在法定节假日加班，未提供充分有效的证据，本院不予采信，因此本院对其要求支付加班费的请求均不予支持。

二审法院认为，劳动者主张加班费的，应当就加班事实的存在承担举证责任。关于休息日加班工资，王某担任销售主管职务，其与某公司在劳动合同中约定执行不定时工作制，虽未经过劳动行政部门批准，但考虑到王某的工作性质及双方劳动合同的约定，本院对其关于休息日加班工资的主张不予支持。王某关于法定节假日加班工资的主张缺乏依据，本院亦不予支持。

典型案例二：张某与某公司劳动争议案[1]

基本案情

2014年6月，某公司与张某签订了期限自2014年6月16日至2015年6月15日的《劳动合同》，约定：张某在某公司的管理岗位工作；工作内容为检验工程师；工作地点为天津；工作岗位实行不定时工时制度。此后双方续订了《劳动合同》并如期履约。2018年6月13日，双方续订无固定期限《劳动合同》。2020年12月10日，某公司以张某严重违反公司规章制度为由与张某解除《劳动合同》。此后张某向某劳动仲裁委申请仲裁，要求某公司支

_____

〔1〕 案号：（2021）津02民终8209号。

付未休年假工资、休息日加班费工资、违法解除合同赔偿金。该委裁决某公司支付张某未休年假工资、休息日加班工资。某公司不服，诉至法院。本案经过一审、二审，驳回某公司不支付加班费的诉讼请求。

裁判观点

一审法院认为，某公司与张某签订的《劳动合同》中关于特殊工时的约定是否有效，双方是否依约履行。因劳动主管部门对某公司提出企业不定时和综合计算工时工作制许可事项的申请，已经作出准予行政许可的决定，因此涉案岗位应属特殊工时的执行范围。彼时某公司未经过行政审批，与张某在劳动合同中约定了张某的岗位实行特殊工时，因行政审批规定属于管理性规定而非效力性规定，因此某公司与张某就特殊工时的约定应属有效，双方应依约履行。某公司自2019年3月14日开始，对张某按照标准工时制实行上下班"钉钉打卡"考勤管理制度，显然违反了不定时工时制度的约定，因此自2019年3月14日至双方解除劳动关系时，张某岗位应实行标准工时工作制。因某公司作为用人单位未提供此期间张某的考勤，其应给付前述期间合理的休息日加班费。

二审法院认为，张某与某公司之间签订及续《劳动合同》与履行过程中，关于不定时工时制度某公司并未向劳动主管部门申请并经劳动主管部门审批，但经行政审批规定属于管理性规定并非效力性规定，该《劳动合同》亦是双方的真实意思表示，合法有效，对双方均具有约束力，一审据此认定张某在2014年6月16日至2019年3月13日期间实行的是不定时工时制度，并对张某在该期间休息日加班费未予支持并无不当。

【关键法条】

《劳动部关于企业实行不定时工作制和综合计算工时工作制的审批办法》

第四条 企业对符合下列条件之一的职工，可以实行不定时工作制。

（一）企业中的高级管理人员、外勤人员、推销人员、部分值班人员和其他因工作无法按标准工作时间衡量的职工；

（二）企业中的长途运输人员、出租汽车司机和铁路、港口、仓库的部分装卸人员以及因工作性质特殊，需机动作业的职工；

（三）其他因生产特点、工作特殊需要或职责范围的关系，适合实行不定时工作制的职工。

46 综合计算工时制度的适用范围？

【问题导引】

上文提到不定时工作制，接着讲一下综合计算工时制度。那综合计算工时制主要适用于哪些岗位呢？这种工时制度需要获得审批吗？

【律师解析】

综合计算工时制是指用人单位因工作情况特殊或者受季节和自然条件限制，无法实行标准工时制度，而采用以周、月、季度、半年、年为周期来计算工作时间的一种工时制度。我国法律法规对于这种工时制度的适用范围也作了明确的规定，主要包括以下几类：一是因为工作性质特殊，需要连续作业的职工，比如交通、铁路、邮电、水运、航空、渔业等行业的相关员工；二是受季节和自然条件限制的行业中的部分职工，比如地质及资源勘探、建筑、制盐、制糖、旅游行业等；三是其他适合实行综合计算工时工作制的一些员工，比如，实行轮班作业的职工或者受外界因素影响、生产任务不均衡的员工等。另外，跟不定时工作制一样，企业实行综合计算工时制度，同样也是需要经过劳动行政部门审批的。

刘某与某公司劳动争议案[1]

基本案情

刘某于2018年11月1日入职某公司处，任仓库管理员，双方签订的最后一份劳动合同期限自2019年11月1日至2020年10月30日止。刘某作息为做一休一，每班工作时间为8时至20时（含就餐时间）。某区人力资源和社会保障局于2020年1月14日准予某公司的餐厅经理、餐厅主管、店长、服务员、厨师长（西餐、西点）、厨师、咖啡师、保洁、保安、发型师、化妆师、美甲师、时尚博主、造型岗位人员，在2020年1月至12月实行以季为周期的综合计算工时制。2020年3月17日，某公司召开27人的职工大会（刘某也参会），会议议程：选举职工代表、实行经济性裁员，与员工解除劳动合同，向员工支付经济补偿金。某公司同时公布裁员名单（刘某在列）。2020年4月27日，某公司向刘某发出"离职通知书"。刘某于2020年8月25日向某劳动仲裁委申请仲裁，要求某公司支付加班工资等，该委于2020年10月9日作出裁决，未支持刘某要求支付加班工资的仲裁请求，刘某不服，诉至法院。本案经审理，最终支持了刘某要求支付加班费的诉讼请求。

裁判观点

法院认为，某公司提供的准予企业实行其他工作时间的决定书，系2020年度的，某公司未提供2018年度及2019年度准予实行其他工作时间的决定书，因此，该决定书并不能证明某公司2018年、2019年的工时实行情况。退言之，假设某公司在2018年度及2019年度也获批实行其他工作时间制度，决定书载明的实行这一制度的岗位中，也并不包含刘某的仓库管理员一职。因此，刘某不属于实行综合工时制的人员，对于刘某的工作时间是否超过法

---

[1] 案号：(2021)沪0101民初1384号。

律规定的时间，不能以季度统计，应以每月的工作时间单独统计。

【关键法条】

《劳动部关于企业实行不定时工作制和综合计算工时工作制的审批办法》

第五条 企业对符合下列条件之一的职工，可实行综合计算工时工作制，即分别以周、月、季、年等为周期，综合计算工作时间，但其平均日工作时间和平均周工作时间应与法定标准工作时间基本相同。

（一）交通、铁路、邮电、水运、航空、渔业等行业中因工作性质特殊，需连续作业的职工；

（二）地质及资源勘探、建筑、制盐、制糖、旅游等受季节和自然条件限制的行业的部分职工；

（三）其他适合实行综合计算工时工作制的职工。

47 综合计算工时制度加班费的计算方式?

【问题导引】

上文提到综合计算工时制是采用以周、月、季度、半年、年为周期来计算工作时间的一种工时制度，那对于采取这种工时制度的员工，还适用有关加班工资的规定吗？

【律师解析】

首先，综合计算工时制虽然在计算周期上与标准工时制有所不同，但员工的平均日工作时间和平均周工作时间还是要与标准工时制基本相同。也就是说，在综合计算周期内，某一具体日（或周）的实际工作时间可以超过 8 小时（或 40 小时），但在计算周期内的总实际工作时间不能超过总的法定标准工作时间。计算周期是在审批的时候就已经确定的，按照不同计算周期，一般每周不超过 40 小时、每月不超过 166.64 小时、每季度不超过 500 小时、每半年不超过 1000 小时、每年不超过 2000 小时；对于超出部分，公司就需要按 1.5 倍支付加班工资，同时涉及法定节假日安排工作的，需要按照 3 倍支付加班工资。

【典型案例】

杨某与某公司劳动争议案[1]

基本案情

杨某于 2014 年 5 月 13 日入职某公司，2017 年 5 月 12 日，杨某与某公司签订劳动合同，合同期限为 2017 年 5 月 12 日至 2020 年 5 月 11 日。2020 年 5 月 12 日，杨某再次与某公司签订劳动合同，为无固定期限劳动合同，实行综合计算工时工作制度，工资标准为不低于当地最低工资标准。2021 年 4 月 29 日，杨某因病到某市某区医院治疗，2021 年 5 月，某公司批准杨某休病假。2022 年 5 月，杨某向某劳动仲裁委申请仲裁，要求某公司支付病假工资差额、加班工资、违法解除劳动关系赔偿金等。2022 年 6 月 29 日，某公司以杨某不服从公司管理，并对公司提起仲裁、恶意投诉公司为由通过微信向杨某发出了劳动合同解除通知书。2022 年 9 月，该委裁决某公司支付杨某病假工资差额、加班工资、违法解除劳动关系赔偿金，驳回杨某的其他仲裁请求。某公司不服，诉至法院，要求不支付相关款项。本案经过一审、二审，均未支持某公司的诉讼请求。

裁判观点

一审法院认为，经劳动行政部门批准实行综合计算工时工作制的，在综合计算周期工作超时的，按照不低于小时工资基数的 150% 支付加班工资；法定休假日安排工作的，应当按照不低于日或者小时工资基数的 300% 支付加班

---

[1] 案号：(2023) 京 03 民终 7334 号。

工资。某公司提交了劳动合同、工资表及考勤表，杨某对劳动合同、工资表及考勤表的真实性认可，一审法院对劳动合同、工资表及考勤表予以采信。劳动合同中约定参照基本工资计算加班费，且某公司能对杨某的工资结构作出合理解释，故加班费的计算基数以劳动合同约定的基本工资计算。经核算，某公司支付杨某的延时加班工资和法定节假日加班工资低于法定标准，应当补足差额。故某公司关于不支付杨某延时加班工资和法定节假日加班工资差额的诉讼请求，一审法院不予支持。

二审法院认为，劳动行政部门批准实行综合计算工时工作制的，在综合计算周期工作超时的，按照不低于小时工资基数的150%支付加班工资；法定休假日安排工作的，应当按照不低于日或者小时工资基数的300%支付加班工资。一审法院结合劳动合同、工资表及考勤表等证据，核算延时加班工资和法定节假日加班工资数额并无不当，本院予以维持。某公司上诉主张一审计算方式有误，缺乏依据，本院不予采信。

【关键法条】

《劳动部关于企业实行不定时工作制和综合计算工时工作制的审批办法》

第六条　对于实行不定时工作制和综合计算工时工作制等其他工作和休息办法的职工，企业应根据《中华人民共和国劳动法》第一章、第四章有关规定，在保障职工身体健康并充分听取职工意见的基础上，采用集中工作、集中休息、轮休调休、弹性工作时间等适当方式，确保职工的休息休假权利和生产、工作任务的完成。

48 公司安排单休合法吗？

【问题导引】

一般情况下，我们都默认周六日为休息日，但很多朋友在求职的时候，会发现有的企业在招聘信息上却明确写着单休或者大小周，双休难道不是标配吗？公司安排单休难道不违法吗？

【律师解析】

　　我国法律规定，员工每日工作不得超过 8 小时，每周工作不得超过 40 个小时，并且公司应当保证员工每周至少休息一日。也就是说，只要符合每天上限 8 小时、每周上限 40 小时的规定，公司安排单休就是合法的。如果超过这个时间限制，就需要安排补休或者支付加班费了。举个例子，公司安排周一到周六工作，每天工作 7 小时，周六工作 3 小时，一周工作总时长 38 小时，那这个制度就是合法的。但如果周六也工作 7 小时，一周工作总时长就变成了 42 小时，超出了规定的 40 个小时的上限，那就是违法的，公司首先可以选择给员工安排不少于 2 小时的补休，不能安排补休的，就要按规定支付相应的加班工资。

【典型案例】

刘某与某公司劳动争议案[1]

基本案情

　　2015 年 6 月 15 日，刘某入职某某公司，双方签订了期限为 2015 年 6 月 15 日至 2017 年 6 月 14 日的固定期限劳动合同。2017 年 6 月，刘某与某某公司续签了期限为 2017 年 6 月 15 日至 2019 年 6 月 14 日的固定期限劳动合同，约定某某公司将刘某派遣至某公司工作，用工单位安排刘某执行标准工时制。2018 年 2 月 9 日，某公司向刘某出具人事调动通知，调刘某到某店铺工作，工作职责及薪资待遇不变。刘某未在规定时间报到。2018 年 2 月 26 日，某公司向刘某出具上班通知，要求刘某在 2018 年 2 月 28 日前报到上班，否则视为自动离职。2019 年 2 月 26 日，刘某就某公司支付 2015 年 6 月 20 日至 2018 年

---

　　〔1〕　案号：（2020）京 02 民终 6301 号。

2 月 28 日期间周六日加班费等事项向某劳动仲裁委提起仲裁，该委驳回刘某全部仲裁请求。刘某不服，诉至法院，本案经过一审、二审。一审法院判决驳回刘某要求某公司支付周六日加班费的诉讼请求。二审维持原判。

裁判观点

一审法院认为，关于加班时间的认定问题，《劳动部关于〈国务院关于职工工作时间的规定〉问题解答》规定，有条件的企业应尽可能实行职工每日工作 8 小时、每周工作 40 小时这一标准工时制度。有些企业因工作性质和生产特点不能实行标准工时制度的，应将《国务院关于职工工作时间的规定》与《劳动法》结合贯彻，保证职工每周工作时间不超过 40 小时，每周至少休息 1 天；有些企业还可以实行不定时工作制、综合计算工时工作制等其他工作和休息办法。根据前述规定，如某公司安排刘某每天工作不超过 8 小时、每周工作不超过 40 小时、每周至少休息 1 天，不视为刘某存在加班；如未能同时满足前述三个条件，应视为刘某存在加班，某公司应按加班类型和时间支付刘某加班费。经核算，某公司已足额支付刘某前述期间法定节假日、延时及周六日加班工资，故对刘某要求某公司支付其延时、周六日及法定节假日加班费的诉讼请求，法院不予支持。

二审法院认为，刘某对于一审法院核算的某公司已支付的加班工资数额并无异议，但上诉主张因工作时间计算标准不同而存在某公司未足额支付加班工资的部分。有关延时加班的情况，刘某上诉主张其工作时间为每日 8 小时而非 6.5 小时，但并未提供有效的证据加以证明，且刘某在一审中提交的考勤表上标注的加班时间显示，加班 1 天的加班时间标注为 6.5 小时，一审法院据此作出刘某的工作时间为每天 6.5 小时的认定，并无不当。刘某仅以其制作的考勤表为依据上诉主张某公司应按照其每日 8 小时的工作时间支付加班工资，缺乏事实及法律依据，本院不予采信。一审法院依据某公司提交的考勤表和工资表，结合相关规定，核算出某公司已足额支付刘某延时加班工资、周六日加班工资及法定节假日加班工资，是正确的。

【关键法条】

《关于职工工作时间有关问题的复函》

一、企业和部分不能实行统一工作时间的事业单位，可否不实行"双休日"而安排每周工作六天，每天工作不超过 6 小时 40 分钟？

根据《劳动法》和《国务院关于职工工作时间的规定》（国务院令第174 号）的规定，我国目前实行劳动者每日工作 8 小时，每周工作 40 小时这一标准工时制度。有条件的企业应实行标准工时制度。有些企业因工作性质和生产特点不能实行标准工时制度，应保证劳动者每天工作不超过 8 小时、每周工作不超过 40 小时、每周至少休息一天。此外，根据一些企业的生产实际情况还可实行不定时工作制和综合计算工时工作制。实行不定时工作制和综合计算工时工作制的企业应按劳动部《关于企业实行不定时工作制和综合计算工时工作制的审批办法》（劳部发〔1994〕503 号）的规定办理审批手续。

《中华人民共和国劳动法》

第三十六条　国家实行劳动者每日工作时间不超过八小时、平均每周工作时间不超过四十四小时的工时制度。

第三十八条　用人单位应当保证劳动者每周至少休息一日。

《国务院关于职工工作时间的规定》

第三条　职工每日工作 8 小时、每周工作 40 小时。

第五条　因工作性质或者生产特点的限制，不能实行每日工作 8 小时、每周工作 40 小时标准工时制度的，按照国家有关规定，可以实行其他工作和休息办法。

49 公司由双休改为单休合法吗？

【问题导引】

公司突然发通知说下周双休改单休，周六必须来上班，如果不来、视为旷工处理，这种情况应该怎么办呢？公司强制双休变单休是合法的吗？

【律师解析】

当然是不合法的。如果劳动合同中明确约定了双休，那公司通知双休变单休实际上是变更了劳动合同约定的工作时间？涉及了员工的切身利益，这种变更必须跟员工协商一致，并且采用书面形式确定。如果公司没有跟员工协商就单方面变更工作时间，是违法且无效的，员工可以拒绝单休，按原合同约定内容继续履行，或要求公司安排补休或者支付加班工资。如果劳动合同里面没有约定双休，而是规定在公司的规章制度里面，那公司如果想要通过修改制度的方式把双休变成单休，就必须经过民主程序，否则调整后的制度也是无效的，员工也可以拒绝履行。

【典型案例】

李某与某公司劳动争议案[1]

基本案情

李某于2016年4月18日入职某公司，岗位为某印刷机机长，双方签订了期限为2016年4月18日至2019年4月17日的劳动合同。2018年1月开始，某公司单方面变更工作时间，由原来的每天工作8小时，每周休息2天变更为每天工作10小时，每周休息1天。2018年1月29日，李某提交辞职报告，

---

[1] 案号：（2018）京02民终12363号。

写明由于公司薪资改革其不能接受，故申请辞职。李某实际上班至2018年1月29日。此后至2018年3月8日，李某调休并休年假，某公司向李某支付工资至2018年3月8日，双方劳动关系于2018年3月8日解除。后李某以支付经济补偿金、工资差额等事项向某劳动仲裁委申请仲裁。该委裁决：（1）某公司支付李某解除劳动合同经济补偿金11 000元；（2）某公司支付李某2018年2月份至2018年3月份的工资差额3072元。李某不服，诉至法院。本案经过一审、二审。一审法院判决：（1）某公司于判决生效之日起十日内支付李某解除劳动合同经济补偿金11 000元；（2）某公司于判决生效之日起十日内支付李某2018年1月、2018年2月工资差额4384.55元，2018年3月工资差额363.31元。二审维持原判。

裁判观点

一审法院认为，李某与某公司建立劳动关系，对双方的合法权益均应予以保护。某公司单方面进行工作制度改革，延长工作时间并调整工资计算方法，在未与李某协商一致的情况下，降低李某的效益工资、岗位工资，同时导致李某加班费数额降低，损害了李某的权益。李某因此提出解除劳动关系，符合法律规定，某公司应支付李某解除劳动关系经济补偿金。某公司应按照薪资调整之前的计算方式支付李某2018年1月、2月、3月的工资差额，对李某要求某公司支付工资差额的诉讼请求中的合理部分，法院予以支持。

二审法院认为，根据已查明的事实，某公司单方面进行工作制度改革，延长工作时间超出法定标准并调整工资计算方法。因某公司未能提供充分证据证明其上述行为的合法性，一审法院根据本案证据情况，结合相关法律规定，判令某公司支付李某解除劳动合同经济补偿金，并无不当。某公司上诉坚持对该项的异议，因法律依据不足，本院不予支持。

【关键法条】

《中华人民共和国劳动合同法》

第三十五条　用人单位与劳动者协商一致，可以变更劳动合同约定的内容。变更劳动合同，应当采用书面形式。

变更后的劳动合同文本由用人单位和劳动者各执一份。

第三十八条　用人单位有下列情形之一的，劳动者可以解除劳动合同：

（一）未按照劳动合同约定提供劳动保护或者劳动条件的；

（二）未及时足额支付劳动报酬的；

（三）未依法为劳动者缴纳社会保险费的；

（四）用人单位的规章制度违反法律、法规的规定，损害劳动者权益的；

（五）因本法第二十六条第一款规定的情形致使劳动合同无效的；

（六）法律、行政法规规定劳动者可以解除劳动合同的其他情形。

用人单位以暴力、威胁或者非法限制人身自由的手段强迫劳动者劳动的，或者用人单位违章指挥、强令冒险作业危及劳动者人身安全的，劳动者可以立即解除劳动合同，不需事先告知用人单位。

50 妇女节、青年节不放假违法吗？单位不放假需要支付加班费吗？

【问题导引】

很多人提问，妇女节、青年节等节日公司不发福利也就算了，连假也不给放，这是不是违法的呢？公司需要支付加班费吗？

【律师解析】

根据国家规定，三八妇女节妇女要放半天假，五四青年节十四周岁的青年要放半天假。但像这种部分公民放假的节日，并不是劳动法意义上的"法定节假日"，相关放假的规定本质上是一种倡导性规定，不是强制性规定，所以单位不放假也并不属于一种违法行为。关于是否支付加班费的问题，实际上按照规定这些节日不放假本身并不会产生额外的加班费，如果赶在了工作日，就正常发放工资，如果恰逢星期六、星期日、公司又安排加班的话，就应安排补休或者按照正常休息日的加班工资进行支付。

【典型案例】

黄某与某物业公司劳动争议案[1]

基本案情

黄某于 2012 年 3 月入职某物业公司，在某小区从事监控员一职，双方签订一期劳动合同和三期聘用协议，最后一期聘用协议期限自 2015 年 12 月 24 日至 2016 年 9 月 23 日。2016 年 4 月 20 日，某物业公司终止了与黄某的聘用合同。2016 年 6 月 1 日，黄某就补发妇女节半天工资等事项向某劳动仲裁委提起仲裁。该委驳回此项诉求。黄某不服，诉至法院。法院判决：驳回黄某此项诉求。

裁判观点

关于补发 2016 年 2 月 8 日、9 日、3 月 8 日半天的工资问题。法院认为，黄某在 2016 年 2 月 8 日、9 日法定节假日未上班，某物业公司正常发放工资，符合法律规定。关于 3 月 8 日半天工资，法院认为，三八妇女节是法定节日，而非法定假日，根据《江苏省工资支付条例》第二十四条规定，"妇女节、青年节等国家规定部分公民节日放假期间，用人单位安排劳动者休息、参加节日活动的，应当视同其正常劳动支付工资。节日与休息日为同一天，用人单位安排劳动者加班的，应当依法支付加班工资"，可以看出，三八妇女节如果不放假，算作正常上班。本案中，黄某在三八妇女节上班，某物业公司按照正常出勤发放工资，符合法律规定。故黄某的该项诉讼请求无事实和法律依据，本院不予支持。

---

[1] 案号：(2016) 苏 0106 民初 5942 号。

《江苏省工资支付条例》

第二十四条　妇女节、青年节等国家规定部分公民节日放假期间，用人单位安排劳动者休息、参加节日活动的，应当视同其正常劳动支付工资。节日与休息日为同一天，用人单位安排劳动者加班的，应当执行本条例第二十条第一款第二项的规定。

《北京市工资支付规定》

第二十条　妇女节、青年节等部分公民节日期间，用人单位安排劳动者休息、参加节日活动的，应当视同其正常劳动支付工资；劳动者照常工作的，可以不支付加班工资。

51 产假期间只发基本工资合法吗？

【问题导引】

实践中，很多公司的工资结构都会设置成基本工资+绩效工资的形式，但在女职工产假期间，公司无法对其进行绩效考核的情况下，公司只发基本工资合法吗？

【律师解析】

关于这个问题，我们首先要了解一下产假工资的计算标准。按照法律规定，女职工享受产假期间，产假工资一般要按照原来正常工作期间的工资标准进行发放，不能随意降低，所以在计算产假工资时需要将固定发放的基本工资、绩效工资、奖金、津贴等都要包含在内，只发基本工资一般是不合法的，很多地方在计算工资标准时会按照享受产假前 12 个月的月平均工资来计算；但是有部分地区法院认为如果公司就绩效工资、业务提成的发放条件跟

139

员工作了明确约定，比如约定未参与绩效考核或没有任何业绩的员工不予发放当月绩效工资，那么员工在产假期间因为没有提供劳动，公司在计算产假工资时可以不包括绩效工资、业务提成等非固定工资部分。

【典型案例】

贾某与某公司劳动争议案[1]

基本案情

贾某于 2016 年 11 月 9 日入职某公司，任产品总监，双方签有期限至 2022 年 11 月 8 日的劳动合同。贾某于 2020 年 7 月 7 日开始休产假，产假时间自 2020 年 7 月 7 日始至 2020 年 11 月 12 日止。某公司为贾某缴纳了生育保险，社保基金按照 7104 元的缴费基数已支付贾某生育津贴 30 310.4 元，2020 年 7 月 7 日至 2020 年 11 月 12 日期间某公司每月按照 2752.86 元标准向贾某支付工资。贾某主张某公司应按照每月 13 200 元标准支付 2020 年 7 月 7 日至 2020 年 11 月 12 日产假期间的工资。某公司主张贾某工资不固定，2019 年 7 月以前固定发放工资 13 200 元，2019 年 7 月起调整工资为基本工资 2500 元、岗位工资 500 元，另有绩效工资，根据绩效考核结果发放；2020 年 1 月调整绩效考核方式，根据工作成果确定绩效工资。2021 年 6 月 15 日，双方劳动合同解除。后贾某以要求某公司支付产假工资等事项向某劳动仲裁委提出申请，该委裁决：某公司于裁决生效之日起十日内，支付贾某 2020 年 7 月 7 日至 2020 年 11 月 12 日期间产假工资差额 14 264.06 元等事项。双方不服，诉至法院，本案经过一审、二审。一审法院判决：某公司于判决书生效之日起七日内支付贾某 2019 年 9 月、2019 年 12 月 1 日至 2020 年 11 月 12 日期间工资差额 48 968.43 元等事项。二审维持原判。

裁判观点

一审法院认为，关于工资差额一节，某公司作为负有管理责任的用人单

---

[1] 案号：（2024）京 01 民终 1682 号。

位一方，应就员工的工资发放情况负有举证责任，现某公司主张贾某的工资包含绩效工资，应就贾某的工资总额、绩效工资的发放标准、计算方法进行举证，现有证据仅体现绩效考核评分及相应等级，未就贾某的得分依据向法院出示证据，该公司应承担举证不能的不利后果，故法院对某公司的主张不予采信，进而对贾某所持工资标准的主张予以采纳，某公司应向贾某支付2019年9月、2019年12月至2020年7月6日期间工资差额。关于产假工资差额，2020年7月7日至2020年11月12日为贾某产假期间，其已申领生育津贴30 310.4元。某公司按照每月2752.86元标准向贾某支付上述期间的工资。如前所述，法院采信贾某所持月工资标准为13 200元的主张，故某公司应向贾某支付上述期间产假工资差额。经核算，某公司应向贾某支付2019年9月、2019年12月1日至2020年11月12日期间工资差额共计48 968.43元。

二审法院认为，关于工资差额。某公司应就贾某的工资总额、绩效工资的发放标准、计算方法进行举证。因某公司提交的证据未能证明贾某的得分依据，一审法院采纳贾某所持工资标准为13 200元的主张，本院不持异议。某公司应向贾某支付2019年9月、2019年12月至2020年7月6日期间工资差额。2020年7月7日至2020年11月12日为贾某产假期间，某公司未按13 200元标准向贾某发放工资，应支付贾某该期间产假工资差额。综上，本院对一审判决某公司支付贾某2019年9月、2019年12月1日至2020年11月12日期间工资差额48 968.43元予以维持。

【关键法条】

《女职工劳动保护特别规定》

第五条　用人单位不得因女职工怀孕、生育、哺乳降低其工资、予以辞退、与其解除劳动或者聘用合同。

52 公司未缴纳生育保险，产假期间工资怎么发？

【问题导引】

实践中经常会遇到单位不给缴社保的情况。那如果单位没给缴纳生育保险，员工还能获得生育津贴吗？这种情况下，产假期间的工资又应该怎么计算呢？

【律师解析】

根据法律规定，对于已经参加了生育保险的，女职工产假期间的生育津贴由生育保险基金按照用人单位上年度职工月平均工资的标准支付；没有参加生育保险的，生育津贴由用人单位按照女职工产假前的工资标准支付。也就是说，如果单位没有缴纳生育保险，员工可以获得的生育津贴就等于产假工资，由用人单位支付。

【典型案例】

李某与某建筑公司劳动争议案[1]

基本案情

李某自 2018 年 12 月 6 日始到某建筑公司从事预算员工作，工资标准为每月 8000 元。2020 年 6 月 11 日，李某经剖宫产生育一子。李某产假期满后，未再到某建筑公司工作。李某 2018 年应发工资 13 807 元，其与某建筑公司已结算完毕。2019 年 2 月 1 日至 2020 年 5 月 31 日期间，李某通过"借支""预支工资"等方式从某建筑公司共计领取 82 000 元。某建筑公司未为李某缴纳社会保险。2020 年 11 月 9 日，李某就支付生育津贴等事项向某劳动仲裁委申

---

〔1〕 案号：（2022）京 01 民终 8544 号。

请仲裁，该委裁决：某建筑公司自本裁决书生效之日起七日内，支付李某生育津贴 38 133.81 元等事项。后双方不服，诉至法院。本案经过一审、二审。一审法院判决：某建筑公司于判决生效之日起七日内给付李某生育津贴 38 133.33 元等事项。二审维持原判。

裁判观点

一审法院认为，关于李某要求某建筑公司支付生育津贴 42 133 元一节，依据《女职工劳动保护特别规定》第七条，李某可享受产假 98 天；再根据《北京市计划生育和人口条例》第十八条规定，李某可享受生育奖励假 30 天；因李某系剖宫产，可再多享受 15 天产假，故李某共计可享受 143 天的产假。依据《女职工劳动保护特别规定》第八条第一款，女职工产假期间的生育津贴，对已经参加生育保险的，按照用人单位上年度职工月平均工资的标准由生育保险基金支付；对未参加生育保险的，按照女职工产假前工资的标准由用人单位支付。本案中，某建筑公司未为李某缴纳生育保险，因此产假期间工资应由某建筑公司支付，支付标准按李某休产假前月工资标准 8000 元确定。李某要求某建筑公司支付生育津贴，符合事实及法律规定，但李某核算数额有误，法院依法核算为 38 133.33 元，对李某主张过高部分，法院不予支持。

二审法院认为，某建筑公司未为李某缴纳生育保险，因此产假期间工资应由某建筑公司支付，支付标准按李某休产假前月工资标准 8000 元确定。

【关键法条】

《女职工劳动保护特别规定》

第八条　女职工产假期间的生育津贴，对已经参加生育保险的，按照用人单位上年度职工月平均工资的标准由生育保险基金支付；对未参加生育保险的，按照女职工产假前工资的标准由用人单位支付。

女职工生育或者流产的医疗费用，按照生育保险规定的项目和标准，对已经参加生育保险的，由生育保险基金支付；对未参加生育保险的，由用人单位支付。

53 公司规定返岗正常工作之后才发生育津贴合法吗?

【问题导引】

有朋友来咨询，说自己跟公司签订了"产假休假协议"，协议约定，产假期间的每月发放工资 2000 元，正常返岗上班三个月后再发放剩余生育津贴，产假休完后未正常返岗或直接辞职的，剩余津贴不予发放。这种约定是合法的吗?

【律师解析】

当然不合法！生育津贴是女职工在生育期间享受的法定待遇，公司必须严格按照法律规定及时为员工办理生育津贴的申领和发放，并且如果生育津贴低于员工原工资标准的，还要补足差额。公司跟员工约定低于法定标准的生育津贴数额，或者约定"返岗"等变相附加生育津贴支付条件的，都属于违法行为，即使签署了书面协议，也是无效的。

【典型案例】

高某与某公司劳动争议案[1]

基本案情

高某于 2008 年 7 月 23 日入职某公司，担任软件开发测试技术支持，双方签订的最后一份劳动合同期限为 2010 年 7 月 23 日至 2015 年 7 月 22 日。2014 年 5 月 5 日，某公司与高某签署《休假待岗协议》，双方约定高某自 2014 年 5 月 1 日起休待产假，某公司每月向高某支付 1248 元生活费，其中第五条约定："乙方（高某）正常上班后，一切待遇恢复，并且给予'（工资标准－生

---

[1] 案号：(2016) 京 01 民终 646 号。

育津贴）元/月×产假月数'元奖金的奖励，该部分奖金将按照半年一次，两年发完，第一年发放三分之二，第二年发放三分之一。"高某于2014年10月1日剖宫产一名男婴，自2014年10月1日至2015年2月20日休产假共143天，经社保基金核算，高某生育津贴为16 568.93元，现已由某公司支付高某。高某产假结束后未返岗工作，现双方均认可劳动关系已解除。就生育津贴计算基数一节，高某主张按照每月10 000元标准作为计算基数，某公司主张应当按照每月6000元标准作为计算基数。后高某以要求某公司支付产假津贴差额为由向某劳动仲裁委申请仲裁，该委裁决：某公司于本裁决书生效之日起十日内，支付高某2014年10月1日至2015年2月20日生育津贴差额31 097.7元。某公司不服，诉至法院。本案经过一审、二审，一审法院判决某公司于本判决生效后七日内支付高某生育津贴差额12 031.07。二审法院判决某公司于本判决生效后十日内支付高某生育津贴差额31 097.7元。

裁判观点

一审法院认为，依据《北京市企业职工生育保险规定》第十五条第二款之规定，生育津贴为女职工产假期间的工资，生育津贴低于本人工资标准的，差额部分由企业补足。依据上述规定，生育津贴系女职工产假期间工资，系女职工应享受的法定权利，然某公司与高某签署的《休假待岗协议》第五条约定实质上将上述权利变更为企业奖励，且附加"正常上班"之义务，确与上述法律法规相悖，故某公司应向高某支付产假期间生育津贴。就高某工资标准一节，虽某公司主张高某月工资标准为6000元，该公司多支付的款项系报销费用，但未就此提交相应证据，对此一审法院不予采信。依据高某所提交的某公司认可真实性的银行明细单所载明的每月工资数额及双方《休假待岗协议》所约定的生活费数额核算，某公司主张按照每月6000元标准作为生育津贴计算基数，未低于高某生育前12个月平均工资标准，故一审法院以上述标准作为高某应得生育津贴之计算基数。经核算，某公司应向高某支付生育津贴差额12 031.07元。

二审法院认为，《北京市企业职工生育保险规定》第七条中规定："……职工缴费基数按照本人上一年月平均工资计算；低于上一年本市职工月平均工资60%的，按照上一年本市职工月平均工资的60%计算；高于上一年本市职工月平均工资 3 倍以上的，按照上一年本市职工月平均工资的 3 倍计算；本人上一年月平均工资无法确定的，按照上一年本市职工月平均工资计算。"该规定第十五条为："生育津贴按照女职工本人生育当月的缴费基数除以 30 再乘以产假天数计算，生育津贴为女职工产假期间的工资，生育津贴低于本人工资标准的，差额部分由企业补足。"依据该两条规定可以确定，女职工产假期间应得工资标准，一般应为其本人上一年月平均工资。本案中根据查明事实，高某于 2014 年 10 月生育，其 2013 年的月平均工资在 10 000 元以上，故高某请求某公司按 10 000 元标准补足产假工资，符合政策规定，应当支持。而某公司所称按劳动合同约定的 6000 元补足产假工资，与政策规定不符，本院不能采纳。

【关键法条】

《北京市企业职工生育保险规定》

第七条　生育保险费由企业按月缴纳。职工个人不缴纳生育保险费。

企业按照其缴费总基数的 0.8% 缴纳生育保险费。企业缴费总基数为本企业符合条件的职工缴费基数之和。

职工缴费基数按照本人上一年月平均工资计算；低于上一年本市职工月平均工资 60% 的，按照上一年本市职工月平均工资的 60% 计算；高于上一年本市职工月平均工资 3 倍以上的，按照上一年本市职工月平均工资的 3 倍计算；本人上一年月平均工资无法确定的，按照上一年本市职工月平均工资计算。

54 公司规定"在本公司工作不满一年没有年休假"是否合法？

【问题导引】

我们都知道，带薪年休假的天数与个人的工作年限长短息息相关，所以有的公司会在劳动合同中约定"在本公司工作未满一年不享受年休假"或者"年休假时长按照在本公司的工作年限计算"等，这时候有朋友就会问了，难道我每进入一个新的公司，年假天数都要重新计算吗？

【律师解析】

关于这一问题，我国法律有明确规定，不管是在同一用人单位还是在不同用人单位，只要员工连续工作满 12 个月以上，就应当依法享受年休假；同时，员工的年休假天数是根据员工在不同用人单位的累计工作年限来确定的，不过一般需要员工来提供以往入职单位的社保缴纳记录、劳动合同或者其他具有法律效力的证明材料来证明自己的工龄。而前述所谓的"在本公司工作未满一年不享受年休假"或者"年休假时长按照在本公司的工作年限计算"等规定都是违法且无效的。

【典型案例】

文某与某公司劳动争议案[1]

基本案情

2019 年 8 月 26 日文某入职某公司，担任值班电工，工作时间为上一休三，月工资标准为 4100 元。某公司未与文某签署书面劳动合同。文某与某公司于 2020 年 8 月 24 日解除劳动关系。文某主张其 2019 年至 2020 年期间可享受每年度 15 天年假待遇，其在职期间未休年假，公司未支付未休年假工资。文某提交的社保缴费明细显示文某入职某公司前累计养老保险缴费年限已超过 20 年。某公司主张文某入职该公司不满一年，不应享受年假待遇。后文某以支付未休年假工资等事项向某劳动仲裁委申请仲裁。该委裁决驳回文某此项仲裁请求。双方均不服，诉至法院，本案经过一审、二审。一审法院判决：某公司于判决生效后七日内支付文某 2019 年 8 月 26 日至 2020 年 8 月 24 日未休年假工资 5278.16 元。二审维持原判。

---

〔1〕 案号：（2021）京 01 民终 8181 号。

裁判观点

一审法院认为，文某提交的某公司认可真实性的社保缴费明细显示，其入职某公司前其养老保险缴纳年限已超 20 年，故法院对于文某所持其 2019 年至 2020 年期间可享受每年度 15 天年假待遇之主张予以采纳。经核算，某公司应向文某支付 2019 年 8 月 26 日至 2020 年 8 月 24 日未休年假工资 5278.16 元。

二审法院认为，某公司上诉主张文某存在灵活就业和社保缴费不连贯情形，且入职不足一年，某公司无须向其支付未休年假工资。就此本院认为，劳动者是否应享受年休假并非以劳动者在本单位工作时长为判断依据；即便文某存在某公司所主张的灵活就业和社保缴费不连贯情形，亦不影响在本案中对文某实际参加工作时长及应享受年休假待遇的认定。某公司上述主张，没有法律依据，本院不予采信。

【关键法条】

《中华人民共和国劳动法》

第四十五条 国家实行带薪年休假制度。

劳动者连续工作一年以上的，享受带薪年休假。具体办法由国务院规定。

《职工带薪年休假条例》

第三条 职工累计工作已满 1 年不满 10 年的，年休假 5 天；已满 10 年不满 20 年的，年休假 10 天；已满 20 年的，年休假 15 天。

国家法定休假日、休息日不计入年休假的假期。

《企业职工带薪年休假实施办法》

第三条 职工连续工作满 12 个月以上的，享受带薪年休假（以下简称年休假）。

第四条 年休假天数根据职工累计工作时间确定。职工在同一或者不同用人单位工作期间，以及依照法律、行政法规或者国务院规定视同工作期间，应当计为累计工作时间。

55 年休假时间如何计算？

上文提到了在计算年休假时，员工在不同单位的工作时间要累计计算的问题。那么具体每年能获得的年休假天数应该如何计算呢？

首先，对于刚毕业参加工作的员工而言，工作的第一年是没有年休假的；连续工作满一年之后，根据规定，累计工作满 1 年不满 10 年的，每年的年休假是 5 天；满 10 年不满 20 年的，年休假 10 天；满 20 年的，年休假 15 天。如果是当年新入职或者离职，在公司工作不满一整个年度的话，在计算当年年休假时，对于新入职的员工，年休假就按照当年度剩余日历天数÷365 天的比例进行折算，同样对于离职员工而言，离职当年的年休假天数就按照当年度在本单位已经工作的日历天数÷365 天的比例进行折算。折算之后不足 1 整天的部分是不予计算年休假的，比如按照比例折算之后不管是 2.1 还是 2.9，员工能够享受的年休假都只有 2 天。

孙某与某公司劳动争议案[1]

基本案情

2014 年 8 月 20 日，孙某入职某公司，担任高级销售经理。孙某实际提供劳动至 2022 年 3 月 11 日（含当日）。2022 年 3 月 11 日 16 时 13 分，某公司通过电子邮件向孙某发出《解除劳动合同通知书》，载明因孙某未完成销售目

---

[1] 案号：（2022）京 03 民终 17151 号。

标，且个人任务完成率和完成总额均排在部门较后，自 2022 年 3 月 11 日起，某公司与孙某解除劳动合同，公司愿意按照法定 N+1 规定给予赔偿。后孙某向某劳动仲裁委提起仲裁，要求确认双方劳动关系、支付未休年休假工资、拖欠工资、违法解除劳动关系赔偿金。该委裁决支持了孙某的全部仲裁请求。某公司不服，诉至法院。本案经一审、二审，针对孙某未休年休假工资，法院均支持公司不支付未休年休假工资的诉讼请求。

裁判观点

一审法院认为，经过庭审质证，双方围绕未休年假工资存在的分歧在于孙某在 2022 年 1 月 1 日至 3 月 11 日期间（折合日历天数为 70 天）是否存在应休而未休的年假。根据前述法律规定，孙某在前述期间内应休年假天数折算发放应为：70 天÷365 天/年×10 天/年＝1.92 天。某公司当庭恢复孙某账户权限，并使用孙某账户名密码登录某公司 HCM 系统查看孙某申请年假的情况，显示孙某在 2022 年 1 月 26 日提出申请，申请内容为在 2022 年 1 月 28 日休年假 1 天。孙某否认其前述年假审批的真实性并辩称其在 2022 年 1 月 28 日未出勤属于调休期间，孙某并未提交充分的证据予以证实，一审法院对某公司主张孙某在 2022 年 1 月 28 日休年假 1 天，根据《企业职工带薪年休假实施办法》第十二条之规定，经折算并根据前述休年假的事实，某公司依法无须支付孙某 2022 年 1 月 1 日至 3 月 11 日期间未休年假工资。

二审法院认为，孙某虽否认某公司一审当庭访问 HCM 系统查询孙某申请年假的情况的真实性，并提出某公司技术部随时可以修改其内容，但并未提交充分证据证明其上述主张成立；而根据相关法律规定，孙某在 2022 年 1 月 1 日至 3 月 11 日期间内应休年假天数折算发放应为 1.92 天，不足 2 天。而根据当庭查看的孙某申请年假的情况，显示孙某曾在 2022 年 1 月 26 日提出申请在 1 月 28 日休年假 1 天，一审法院根据《企业职工带薪年休假实施办法》第十二条之规定，认定某公司无须支付孙某此期间未休年假工资，并无不当。

【关键法条】

《企业职工带薪年休假实施办法》

第十二条　用人单位与职工解除或者终止劳动合同时，当年度未安排职工休满应休年休假的，应当按照职工当年已工作时间折算应休未休年休假天数并支付未休年休假工资报酬，但折算后不足1整天的部分不支付未休年休假工资报酬。

前款规定的折算方法为：（当年度在本单位已过日历天数÷365天）×职工本人全年应当享受的年休假天数－当年度已安排年休假天数。

用人单位当年已安排职工年休假的，多于折算应休年休假的天数不再扣回。

56 未休年休假工资如何计算？

【问题导引】

有朋友咨询，我去年年休假有10天，但是只休了5天，剩下的5天年休假难道就白白浪费了吗？公司需要给我一定的补偿吗？

【律师解析】

实际上，对于这一问题，我国法律也有明确的规定，如果经员工申请或者公司安排员工休年休假的时间少于当年应休的年休假天数的话，那么公司对于员工应休未休的年休假天数，要按照员工日工资收入的3倍支付工资报酬，但是这3倍工资中包含了公司应向员工支付的正常工作期间的工资收入。简单来说，如果员工当年年休假没休完，那么对于少休的天数，公司不仅要正常支付上班期间的工资，还需要额外支付2倍的工资报酬。

【典型案例】

武某与某公司劳动争议案[1]

基本案情

武某于 2018 年 9 月 6 日入职某公司，岗位为道路救援司机，根据 App 程序派单进行道路救援，月工资标准为基本工资 4000 元加提成（根据工作量计算）。2018 年 9 月 6 日，某公司作为甲方与武某作为乙方签订期限为 2018 年 9 月 6 日至 2021 年 9 月 5 日的固定期限劳动合同。2022 年 9 月 5 日，劳动合同到期后，某公司与武某协商签订无固定期限劳动合同，武某以需要变更修改合同诸多内容，并要求查看员工手册为借口拖延时间，不予签订劳动合同正本。武某于 2023 年 4 月 14 日向某公司邮寄被迫解除劳动关系通知书，解除理由为未按时足额支付本人劳动报酬、未依法缴纳社会保险。就支付未续签劳动合同二倍工资差额、解除劳动关系经济补偿金等事项，武某向某劳动仲裁委提起仲裁。该委裁决：某公司支付武某未休年休假工资、工资、车辆驾驶保证金，驳回武某的其他仲裁请求。武某不服，诉至法院。本案经审理，对于未休年休假工资部分支持武某的诉讼请求。

裁判观点

法院认为，用人单位经职工同意不安排年休假或者安排职工年休假天数少于应休年休假天数的，应当在本年度内对职工应休未休年休假天数，按照其日工资收入的 300% 支付未休年休假工资报酬，其中包含用人单位支付职工正常工作期间的工资收入。本案中，根据庭审查明的情况，武某 2020 年至 2023 年确实存在未休年休假情况，本院对其此项诉讼请求予以支持，具体数额由本院依法核算。

---

〔1〕 案号：（2023）京 0113 民初 18855 号。

【关键法条】

《职工带薪年休假条例》

第五条　单位根据生产、工作的具体情况，并考虑职工本人意愿，统筹安排职工年休假。

年休假在1个年度内可以集中安排，也可以分段安排，一般不跨年度安排。单位因生产、工作特点确有必要跨年度安排职工年休假的，可以跨1个年度安排。

单位确因工作需要不能安排职工休年休假的，经职工本人同意，可以不安排职工休年休假。对职工应休未休的年休假天数，单位应当按照该职工日工资收入的300%支付年休假工资报酬。

57 公司规定年休假必须当年休完、到期自动清零作废合法吗？

【问题导引】

实践中，某些公司为了规避未休年假工资的支付问题，常常会在公司的规章制度中规定："当年的年休假必须当年休完，不能累计计算，到期自动清零。"这样的规定合法吗？

【律师解析】

这是不合法。带薪年假是法律赋予劳动者的权利，用人单位必须严格按照法律规定，统筹安排劳动者休带薪年假，以保障劳动者休息权的实现。而上述制度规定免除了用人单位安排年休假、支付未休年休假工资的法定责任，排除了劳动者休假或者获得未休年休假工资补偿的权利，依法属于无效规定，单位不能以此为由克扣员工的年假或未休年假工资。当然，根据规定，如果单位安排员工休年休假，但是员工因为自身原因书面提出不休年休假的，单位可以只向员工支付正常工作期间的工资收入，不需要支付额外的 2 倍工资。

【典型案例】

王某与某公司劳动争议案〔1〕

基本案情

王某于 2015 年 5 月 8 日入职某公司，任职金融资产管理部总经理，双方签订有期限为 2016 年 7 月 1 日始至 2019 年 6 月 30 日止的《劳动合同书》。2018 年 11 月 27 日，王某向某公司邮寄《解除劳动关系通知书》，载明，本人王某，于 2015 年 5 月 8 日入职贵司，岗位为金融资产管理部总经理。在职期间，由于贵司存在长期拖欠和克扣本人工资的行为，严重损害了本人合法权益。为维护自身权益，本人特依据《劳动合同法》等相关规定，以贵司拖欠克扣本人工资为由同贵司解除劳动关系，解除时间为 2018 年 11 月 28 日。双方当事人确认，某公司于 2018 年 11 月 28 日收到该《解除劳动关系通知书》。双方当事人一致认可，王某每年应享有 10 日年假，王某 2016 年休假 5 日，2017 年休假 10 日，2018 年未休假。某公司主张王某其余年休假未休应当清零，公司每年均发布相关通知。就本案劳动争议，王某向某劳动仲裁委提起仲裁，请求：（1）支付 2018 年 8 月 1 日至 2018 年 11 月 28 日期间工资差额 217 643.8 元；（2）支付解除劳动关系经济补偿 223 200 元；（3）支付 2015 年 5 月 8 日至 2018 年 11 月 28 日每年 10 天未休年休假工资 205 241 元；（4）出具离职证明。该委裁决支持王某要求公司支付工资差额、经济补偿金、未休年休假工资、出具解除劳动关系证明书的主张。某公司不服，诉至法院，法院确认了仲裁裁决结果。

裁判观点

法院认为，关于王某的年休假，某公司主张其已通知员工，年内不休完，直接清零。对此本院认为，用人单位不能以跨年为理由随意将员工的未休年

---

〔1〕 案号：（2021）京 0105 民初 41048 号。

休假清零。劳动者当年度尚有年假未休的，可以与单位协商在次年补休，或者要求单位按照日工资收入的300%支付未休年休假工资报酬。考虑年休假可以集中、分段和跨年度安排的特点，故劳动者每年未休带薪年休假应获得年休假工资报酬的时间从第二年的12月31日起算。双方当事人一致认可，王某每年应享有10日年假，王某2016年休假5日，2017年休假10日，2018年未休假，故某公司应支付王某2016年及2018年度未休年休假工资。

【关键法条】

《职工带薪年休假条例》

第五条　单位根据生产、工作的具体情况，并考虑职工本人意愿，统筹安排职工年休假。

年休假在1个年度内可以集中安排，也可以分段安排，一般不跨年度安排。单位因生产、工作特点确有必要跨年度安排职工年休假的，可以跨1个年度安排。

单位确因工作需要不能安排职工休年休假的，经职工本人同意，可以不安排职工休年休假。对职工应休未休的年休假天数，单位应当按照该职工日工资收入的300%支付年休假工资报酬。

58 公司可以随意安排员工待岗吗？

【问题导引】

公司突然发通知说因为业务调整，需要取消公司的部分业务部门，并要求相应部门的员工待岗，回家等待公司通知。这种情况下，员工应该怎么办？

【律师解析】

那面对这种情况，首先需要判断公司安排待岗是否合法合规。根据法律规定，公司可以单方安排员工待岗的前提是"非因劳动者原因造成企业停工、停产"。也就是说，只有在公司经营面临严重困难，已经造成停工停产的情况下，才能安排员工待岗。只是因为公司经营决策调整、只针对某人或部分人员下达的待岗通知，一般都是违法的。这种情况下，员工可以拒绝公司的待岗安排，但需要正常出勤上班，以防公司以存在旷工等违纪行为为由解除劳动关系。

【典型案例】

丑某与某科技公司劳动争议案[1]

基本案情

丑某于 2019 年 5 月 13 日入职某科技公司，担任 Android 开发工程师。丑某主张因特殊原因某科技公司安排公司全体员工于 2022 年 5 月 15 日至 2022 年 6 月 8 日待岗，自 2022 年 6 月 9 日起，某科技公司安排其他员工陆续复工，但未通知丑某复工，故丑某主张某科技公司应支付其 2022 年 6 月 9 日至 2022 年 6 月 10 日工资损失 2106 元。因与某科技公司的劳动争议，丑某向某劳动仲裁委提起仲裁，要求某科技公司支付待岗期间的工资差额、解除劳动合同的经济补偿金等。该委裁决：某科技公司支付丑某 2022 年 6 月 14 日工资差额 1042.76 元、2022 年 6 月 9 日至 2022 年 6 月 10 日工资差额 2085.52 元，驳回丑某的其他仲裁请求。丑某不服，诉至法院。本案经一审、二审，一审法院判决某科技公司支付丑某待岗期间的工资差额以及解除劳动合同的经济补偿，驳回丑某的其他诉讼请求。二审维持原判。

裁判观点

一审法院认为，某科技公司主张其公司作出待岗决定时已无业务，故对全体员工安排待岗；其提交的待岗通知签字人有李某，而在丑某提交的日常

---

〔1〕 案号：（2023）京 02 民终 14188 号。

工作群微信聊天记录中，2022 年 6 月，李某以中心副总的身份仍正常工作，发布工作相关通知，与其前述主张相矛盾。且丑某提交的微信聊天记录显示，丑某同岗位其他工作人员仍正常工作，某科技公司亦未能就此作出合理解释。某科技公司在此情况下安排丑某待岗，并将丑某移除工作群、关闭其绩效系统等工作相关系统，其行为存在不妥。某科技公司安排丑某待岗后发放待岗期间工资，降低丑某的薪酬收入，损害了丑某的合法权益，丑某以此为由解除劳动合同并主张经济补偿金，于法有据，法院予以支持。

二审法院认为，首先，根据已查明的事实，丑某在待岗通知文件上明确签署了不同意待岗的意见，某科技公司以此作为不支付工资差额的依据不成立。其次，某科技公司主张其自成立以来一直处于亏损状态且无法发展新的业务，可以根据法律规定随时与丑某就劳动关系问题协商，采取相应的解决措施，但某科技公司却是在与丑某续签了劳动合同后，以此为由安排丑某待岗，一审法院对比其他员工以及关联公司的情况，确定某科技公司安排丑某待岗后发放待岗期间工资，降低丑某的薪酬收入，损害了丑某的合法权益并无不妥。再次，即使待岗条件成立，在一个工资支付周期内，某科技公司应当按照提供正常劳动支付劳动者工资，某科技公司当月按照待岗工资发放丑某工资亦不符合法律规定。综上，一审法院判决某科技公司应当支付工资差额是正确的，予以维持。

【关键法条】

《工资支付暂行规定》

第十二条　非因劳动者原因造成单位停工、停产在一个工资支付周期内的，用人单位应按劳动合同规定的标准支付劳动者工资。超过一个工资支付周期的，若劳动者提供了正常劳动，则支付给劳动者的劳动报酬不得低于当地的最低工资标准；若劳动者没有提供正常劳动，应按国家有关规定办理。

59 员工待岗期间的工资如何发放?

上一期我们介绍了如何判断企业安排待岗是否合法的问题,那企业确实因为存在经营困难导致停工停产、安排员工待岗的,在待岗期间员工的工资应该如何发放呢?

根据法律规定,非因劳动者原因造成单位停工、停产在一个工资支付周期内的,用人单位应按劳动合同规定的标准支付劳动者工资。也就是说,员工待岗的第一个月,公司应该正常发放工资。如果待岗时长超过了一个月,并且劳动者提供了正常劳动的话,那从第二个月开始,公司支付给员工的工资标准不能低于当地的最低工资标准;如果劳动者没有提供正常劳动,公司就不需要支付工资,但是需要向员工支付基本生活费,关于生活费标准,各地规定是不一致的,一般为当地最低工资标准的70%或80%左右。

任某与某公司劳动争议案[1]

基本案情

2010年5月1日,任某入职某公司,担任镗工。2013年1月1日,双方签订无固定期限劳动合同。2021年8月23日,某公司口头通知任某回家等通知。2021年10月18日,某公司出具通知,内容为"根据股东会决议,待岗员工每天必须坚持在沙河冶金群签到。服从企业工作安排的员工,正常出勤

---

[1] 案号:(2023)京01民终4166号。

按正常工资发放；未出勤的，依据北京市最低工资标准的 70% 发放工资。2021 年 10 月 25 日，任某向某公司发送《解除劳动合同通知书》。2021 年 11 月，任某向某劳动仲裁委提出仲裁申请，请求某公司支付 2021 年 9 月至 2021 年 10 月的工资以及解除劳动关系经济补偿金、未休年休假工资、加班工资等。某劳动仲裁委于 2022 年 5 月作出裁决书，认定任某实际工作至 2021 年 8 月 31 日，裁决某公司支付任某 2021 年 9 月至 2021 年 10 月的工资差额，驳回任某其他仲裁请求。任某不服，诉至法院。本案经一审、二审。一审法院确认仲裁裁决的工资差额，判决某公司支付任某解除劳动合同经济补偿金。二审维持原判。

裁判观点

一审法院认为，依据相关规定，非因劳动者本人原因造成用人单位停工、停业在一个工资支付周期内的，用人单位应当按照提供正常劳动支付劳动者工资；超过一个工资支付周期的，可以根据劳动者提供的劳动，按照双方新约定的标准支付工资，但不得低于本市最低工资标准；用人单位没有安排劳动者工作的，应当按照不低于北京市最低工资标准的 70% 支付劳动者基本生活费。一审法院认定某公司口头通知任某回家待岗时间为 2021 年 8 月 23 日。某公司应按正常工资标准支付任某 2021 年 8 月 24 日至 9 月 23 日期间工资，按北京市最低工资的 70% 支付任某 2021 年 9 月 24 日至 2021 年 10 月 26 日期间的生活费。经核算，某公司应支付任某 2021 年 9 月 1 日至 2021 年 10 月 26 日的工资差额未超出仲裁裁决的数额，某公司对仲裁裁决该项无异议，一审法院予以确认。

二审法院认为，就工资支付一节，依据相关规定，非因劳动者本人原因造成用人单位停工、停业的，在一个工资支付周期内，用人单位应当按照提供正常劳动支付劳动者工资；超过一个工资支付周期的，可以根据劳动者提供的劳动，按照双方新约定的标准支付工资，但不得低于本市最低工资标准；用人单位没有安排劳动者工作的，应当按照不低于北京市最低工资标准的 70% 支付劳动者基本生活费。本案中，某公司主张其 2021 年 7 月即口头通知劳动者待岗缺乏充分的证据证明，且其对仲裁裁决认定的任某实际工作时间及其公司存在欠付任某工资差额一事未起诉提出异议，一审法院根据在案证据和当事人陈述认定任某自 2021 年 8 月 23 日起待岗,并无不当。同时,某公司发放任某 2021 年 9 月基本生活费,并在劳动者已在家待岗情形下于 2021 年 10 月 18 日通知劳动者打卡才能发放最低生活费,违反最低工资相关规定。一审法院结合上述情形,认定某公司存在未足额发放任某工资情形,处理正确。进而,一审法院认定某公司应支付任某解除劳动合同经济补偿金,处理正确,本院予以维持。

【关键法条】

《工资支付暂行规定》

第十二条　非因劳动者原因造成单位停工、停产在一个工资支付周期内的,用人单位应按劳动合同规定的标准支付劳动者工资。超过一个工资支付周期的,若劳动者提供了正常劳动,则支付给劳动者的劳动报酬不得低于当地的最低工资标准;若劳动者没有提供正常劳动,应按国家有关规定办理。

60 劳动者能否以未足额支付未休年休假工资为由主张离职索要经济补偿?

【问题导引】

如果公司存在"未及时足额支付劳动报酬"的情形,员工可以提出被迫离职并要求公司支付经济补偿金。那公司没有足额支付未休年休假工资是否属于"未及时足额支付劳动报酬"的情形呢?

【律师解析】

这个问题的关键在于,未休年休假工资是否属于劳动报酬。对此,目前大部分地区法院的观点为:未休年休假工资与正常劳动的工资报酬或加班工资报酬的性质不同,未休年休假工资中包含了公司应当支付的正常工作期间的工资收入以及除正常工资外的法定补偿部分,也就是需要额外支付的 2 倍工资部分。如果公司没有按月足额支付未休年休假工资中的正常工作期间的工资收入部分，属于"未及时足额支付劳动报酬"的情形；但公司只是没有足额支付额外2倍的法定补偿部分工资的，一般不会认定为"未及时足额支付劳动报酬"的情形。

【典型案例】

张某与某公司劳动争议案[1]

基本案情

2014年10月4日，张某入职某公司处工作，岗位为会计。双方于2021年11月20日解除劳动关系。张某在某公司处每年享有带薪年休假5天。2022年1月28日，张某向某劳动仲裁委提起仲裁，要求某公司支付（1）解除劳动合同经济补偿金187 500元；（2）2014年10月4日至2021年11月20日期间35天未休年休假工资71 034.49元等事项。该委裁决：（1）某公司支付张某2020年1月1日至2021年11月20日期间未休年休假工资16 091.95元；（2）驳回张某的其他仲裁请求。张某不服，诉至法院。本案经过一审、二审。一审法院判决：（1）某公司于判决生效之日起七日内支付张某2020年1月1日至2021年11月20日期间未休年休假工资19 310.34元；（2）驳回张某的其他诉讼请求。二审维持原判。

裁判观点

二审法院认为，关于解除劳动关系经济补偿金一节。当事人对自己提出的诉讼请求所依据的事实或者反驳对方诉讼请求所依据的事实，应当提供证据加以证明，但法律另有规定的除外。在作出判决前，当事人未能提供证据或者证据不足以证明其事实主张的，由负有举证证明责任的当事人承担不利后果。《职工带薪年休假条例》在于维护劳动者休息休假权利，劳动者以用人

---

[1] 案号：（2023）京03民终2943号。

单位未支付其未休带薪年休假工资中法定补偿为由而提出解除劳动合同时，不宜认定属于用人单位"未及时足额支付劳动报酬"的情形。本案中，双方就张某离职原因产生争议，并各自提交《离职申请》证据予以佐证，两份申请中显示的张某离职原因不同。张某认可某公司提交的 2021 年 10 月 21 日的《离职申请》系其本人所签，而该申请中显示张某离职原因为家中有事，张某虽主张在先形成的 2021 年 10 月 21 日的《离职申请》内容不符合事实，应以在后形成的 2021 年 10 月 27 日的《离职申请》内容为准，但未能就其重新书写《离职申请》的原因及送达公司的情形充分举证，故本院对张某的上诉意见不予采纳，一审法院认定张某系个人原因离职，未予支持其诉请的解除劳动关系经济补偿金并无不当。

【关键法条】

《中华人民共和国劳动法》

第四十五条　国家实行带薪年休假制度。

劳动者连续工作一年以上的，享受带薪年休假。具体办法由国务院规定。

《中华人民共和国劳动合同法》

第三十八条　用人单位有下列情形之一的，劳动者可以解除劳动合同：

（一）未按照劳动合同约定提供劳动保护或者劳动条件的；

（二）未及时足额支付劳动报酬的；

（三）未依法为劳动者缴纳社会保险费的；

（四）用人单位的规章制度违反法律、法规的规定，损害劳动者权益的；

（五）因本法第二十六条第一款规定的情形致使劳动合同无效的；

（六）法律、行政法规规定劳动者可以解除劳动合同的其他情形。

用人单位以暴力、威胁或者非法限制人身自由的手段强迫劳动者劳动的，或者用人单位违章指挥、强令冒险作业危及劳动者人身安全的，劳动者可以立即解除劳动合同，不需事先告知用人单位。

61 职工可以享有的医疗期期限是多少？

【问题导引】

相信很多人都听说过医疗期这个概念，那到底什么是医疗期呢？以及大家究竟能享受多长时间的医疗期呢？

【律师解析】

所谓的医疗期，是指企业职工因患病或非因工负伤停止工作治病休息，用人单位不得解除劳动合同的时限。决定医疗期长短的主要因素是员工的实际工作年限和在本单位的工作年限：实际工作年限在 10 年以下的，如果在本单位工作年限在 5 年以内，医疗期为 3 个月；5 年以上的，医疗期为 6 个月。实际工作年限在 10 年以上的，如果在本单位工作年限在 5 年以内，医疗期为 6 个月；5 年以上 10 年以下的，医疗期为 9 个月；10 年以上 15 年以下的，医疗期为 12 个月；12 年以上 20 年以下，医疗期为 18 个月；20 年以上的，医疗期为 24 个月。同时，如果员工患有某些特殊疾病（比如癌症、精神病、瘫痪等），在 24 个月内尚不能痊愈的，经企业和劳动主管部门批准，也可以适当延长医疗期。

【典型案例】

张某与某公司劳动争议案[1]

基本案情

张某于 2017 年 3 月 16 日入职某公司，2019 年 2 月 4 日，张某突发脑溢血及高血压，开始休病假，之后未再提供劳动。张某主张其医疗期为 24 个

---

〔1〕　案号：（2022）京 03 民终 11228 号。

月，就其主张提交病休证明书、医院门诊病历等，显示张某左肢轻瘫、麻木，初步诊断混合性焦虑和抑郁障碍。双方签订的劳动合同2019年6月30日到期，到期前公司通知张某回公司商量是否续订劳动合同，张某认为公司不同意续订劳动合同，称已申请仲裁，故劳动合同于2019年6月30日终止。后张某向某劳动仲裁委申请仲裁，要求某公司：（1）支付2019年3月1日至2019年4月30日病假工资差额1360元；（2）2019年5月1日至2021年2月3日病假工资37 202.75元；（3）因未缴纳社会保险导致张某支付的医疗费用4326.16元。该委裁决：（1）支付张某2019年3月1日至2019年4月30日期间病假工资1232元；（2）驳回张某其他仲裁请求。张某不服，诉至法院。本案经一审、二审，判决：（1）某公司支付张某2019年3月至2019年5月期间病假工资差额2928元；（2）驳回张某其他诉讼请求。

裁判观点

一审法院认为，根据《企业职工患病或非因工负伤医疗期规定》第三条之规定"企业职工因患病或非因工负伤，需要停止工作医疗时，根据本人实际参加工作年限和在本单位工作年限，给予三个月到二十四个月的医疗期……实际工作年限十年以下的，在本单位工作年限五年以下的为三个月……"，结合张某当时的工龄计算其医疗期为3个月。张某主张其医疗期为24个月，无事实依据，本院不予采纳。鉴于某公司认可张某2019年3月、4月病休且按照1080元标准支付其病假工资，依据《北京市工资支付规定》第二十一条之规定，某公司应支付张某上述期间病假工资差额1232元。公司人事2019年5月22日回复张某"公司没有要你离职，你申请的3个月病假马上要到期了，什么时候可以到岗上班呢"，视为该公司自认张某2019年5月亦处于病假状态，该公司应支付张某2019年5月病假工资1696元。

二审法院认为，根据《企业职工患病或非因工负伤医疗期规定》第三条之规定"企业职工因患病或非因工负伤，需要停止工作医疗时，根据本人实际参加工作年限和在本单位工作年限，给予三个月到二十四个月的医疗期……实际工作年限十年以下的，在本单位工作年限五年以下的为三个月……"，结合张某当时的工龄应计算其医疗期为3个月。张某主张其医疗期为24个月，无事实依据，一审法院不予采纳并无不当。张某最后提供劳动至2019年2月4

日，并于 2019 年 4 月申请仲裁，在仲裁中主张某公司违法解除劳动关系；公司人事明确表示"张某，你与公司签订的劳动合同这个月底就到期了，你如果不来公司续签就终止合同了"，张某则回应已提起仲裁，等待仲裁开庭就行，之后未再提供劳动，故双方劳动关系实际已于 2019 年 6 月到期终止。张某未举证证明 2019 年 6 月其向公司履行病假手续，故本院对张某主张的 2019 年 6 月 1 日至 2021 年 2 月 3 日病假工资无法支持。

【关键法条】

《企业职工患病或非因工负伤医疗期规定》

第三条 企业职工因患病或非因工负伤，需要停止工作医疗时，根据本人实际参加工作年限和在本单位工作年限，给予三个月到二十四个月的医疗期：

（一）实际工作年限十年以下的，在本单位工作年限五年以下的为三个月；五年以上的为六个月。

（二）实际工作年限十年以上的，在本单位工作年限五年以下的为六个月；五年以上十年以下的为九个月；十年以上十五年以下的为十二个月；十五年以上二十年以下的为十八个月；二十年以上的为二十四个月。

第四条 医疗期三个月的按六个月内累计病休时间计算；六个月的按十二个月内累计病休时间计算；九个月的按十五个月内累计病休时间计算；十二个月的按十八个月内累计病休时间计算；十八个月的按二十四个月内累计病休时间计算；二十四个月的按三十个月内累计病休时间计算。

62 病假和医疗期有何不同？

【问题导引】

实务中，有朋友可能经常会把病假和医疗期相混淆。一般情况下，劳动者享受医疗期待遇意味着劳动者在休病假，但是劳动者休病假不一定是处于医疗期期间。那具体应该怎么区分呢？

员工休病假究竟在不在医疗期内，是按照其在法定期限内是否已经累计休满医疗期来判断的。根据规定，医疗期3个月的按6个月内累计病休时间计算；6个月的按12个月内累计病休时间计算；9个月的按15个月内累计病休时间计算；12个月的按18个月内累计病休时间计算；18个月的按24个月内累计病休时间计算；24个月的按30个月内累计病休时间计算。以3个月医疗期为例，如果从第一次休病假开始之日起6个月内累计休病假的时间超过3个月，那超出的部分就是单纯的病假、不属于医疗期内。

【典型案例】

唐某与某航空公司劳动争议案[1]

基本案情

唐某于2010年7月12日入职某航空公司，唐某于2021年8月23日开始休病假，医疗期满后，因唐某并不符合延长医疗期的条件，于2022年8月21日起终止航卫停飞，需等待民航医院进行单科鉴定体检，等待期间需上行政班，而唐某在2022年9月19日明知旷工的情况下离开了办公室，其公司航空客舱管理部于2022年9月19日至2022年9月23日期间连续通知唐某返岗，但其并未返岗。某航空公司于2022年9月29日以唐某违反劳动纪律为由作出解除劳动关系决定，并于2022年9月29日向唐某发送短信通知，后于2022年10月13日向唐某送达书面通知。2022年10月，唐某向某劳动仲裁委申请仲裁，要求某航空公司：（1）支付2010年7月12日至2022年10月14日违法解除劳动关系赔偿金375 000元；（2）支付2018年1月1日至2022年10月13日克扣工资24 000元。该委裁决：（1）某航空公司支付唐某违法解除劳

---

[1] 案号：（2023）京03民终17256号。

动关系赔偿金 76 992.94 元；（2）某航空公司支付唐某 2022 年 8 月 1 日至 2022 年 9 月 30 日工资差额 1814.12 元；（3）驳回唐某其他仲裁请求。唐某、某航空公司均不服，诉至法院。本案经一审、二审，均认为某航空公司无须支付唐某违法解除劳动关系的赔偿金。

裁判观点

一审法院认为，唐某医疗期满后，在某航空公司多次通知唐某返回公司，且唐某并未提交相关行政部门的劳动能力鉴定等充足的证据以证明其病情客观上确实需要延长医疗期的情况下，其并未经批准同意拒不到岗，应视为旷工，某航空公司以违反劳动纪律为由与唐某解除劳动关系并无不当，对于某航空公司要求无须支付唐某违法解除劳动关系赔偿金的请求，一审法院予以支持。唐某要求某航空公司支付解除劳动关系赔偿金的主张，于法无据，一审法院不予支持。

二审法院认为，本案中，唐某的医疗期于 2022 年 8 月 21 日届满，某航空公司随后多次向其发送返岗通知书，告知其返岗，但唐某均未按时返岗，亦未按照相关规定提交相关申请延长医疗期的手续，应视为旷工，某航空公司以违反劳动纪律为由与唐某解除劳动关系并无不当，唐某要求某航空公司支付解除劳动关系赔偿金的主张，于法无据，法院不予支持。

【关键法条】

《关于贯彻〈企业职工患病或非因工负伤医疗期规定〉的通知》

一、关于医疗期的计算问题

1. 医疗期计算应从病休第一天开始，累计计算。如：应享受三个月医疗期的职工，如果从 1995 年 3 月 5 日起第一次病休，那么，该职工的医疗期应在 3 月 5 日至 9 月 5 日之间确定，在此期间累计病休三个月即视为医疗期满。其他依此类推。

2. 病休期间，公休、假日和法定节日包括在内。

《中华人民共和国劳动合同法》

第四十条　有下列情形之一的，用人单位提前三十日以书面形式通知劳动者本人或者额外支付劳动者一个月工资后，可以解除劳动合同：

（一）劳动者患病或者非因工负伤，在规定的医疗期满后不能从事原工作，也不能从事由用人单位另行安排的工作的；

（二）劳动者不能胜任工作，经过培训或者调整工作岗位，仍不能胜任工作的；

（三）劳动合同订立时所依据的客观情况发生重大变化，致使劳动合同无法履行，经用人单位与劳动者协商，未能就变更劳动合同内容达成协议的。

63 医疗期工资应该怎么发？

【问题导引】

有朋友问，医疗期内请病假期间，公司说工资要减半发放，这种规定是合法的吗？

【律师解析】

关于这一问题，各个地区在规定和执行上存在差异，目前大部分地区规定医疗期内的病假工资不得低于当地最低工资标准的80%，至于具体发放金额按双方约定或单位规定执行；但部分地区也有不同规定，比如上海市、重庆市会根据员工的医疗期及工龄的长短设置不同的工资发放比例，深圳市规定不得低于本市最低工资标准的80%的同时还要求不得低于员工本人正常工作时间工资的60%等。所以公司规定的病假工资标准是否合法需要根据实际情况，并且结合当地规定来综合判断，如果经计算低于当地规定的最低标准则是违法的，员工可以要求公司补发。

王某与某公司劳动争议案[1]

基本案情

2004 年 4 月 19 日，王某入职某公司，双方签订有期限自 2008 年 4 月 19 日起的无固定期限劳动合同，约定王某担任翻译。2018 年 12 月 26 日，某公司与王某签订《协商解除协议》，约定双方劳动关系于 2018 年 12 月 31 日解除，双方均确认王某离职前月工资为 20 109 元。双方均确认 2017 年 2 月 1 日至 2017 年 11 月 30 日期间系王某病休期间。王某主张某公司应按照其工资标准的 100% 向其支付上述期间的工资，某公司则表示已按照不低于北京市最低工资标准的 80% 的标准向王某支付上述期间病假工资。后王某以要求某公司支付剥夺患病后依法享有的病休病假权利赔偿为由，向某劳动仲裁委申请仲裁，该委作出不予受理通知书。王某不服，诉至法院，要求某公司支付病假工资差额、不允许病休的赔偿金、精神损害赔偿金，本案经一审、二审，均未支持王某的诉讼请求。

裁判观点

一审法院认为，关于病假工资差额一节。《劳动保险条例实施细则修正草案》第十六条与《关于贯彻执行〈中华人民共和国劳动法〉若干问题的意见》第五十九条，针对职工患病或非因工负伤治疗期间的工资标准作以不同的规定，鉴于二者效力等级均为中央规范性文件，依据新文件优于旧文件原则，应适用《关于贯彻执行〈中华人民共和国劳动法〉若干问题的意见》第五十九条的规定。此外，《北京市工资支付规定》第二十一条规定："劳动者患病或者非因工负伤的，在病休期间，用人单位应当根据劳动合同或集体合同的约定支付病假工资。用人单位支付病假工资不得低于本市最低工资标准

---

[1] 案号：（2021）京 01 民终 1729 号。

的 80%。"经审查，2017 年 2 月 1 日至 2017 年 11 月 30 日期间，某公司向王某核发的病假工资并未低于法定标准，故王某主张该段期间病假工资差额缺乏依据，对其请求，法院不予支持。

二审法院认为，《北京市工资支付规定》第二十一条规定："劳动者患病或者非因工负伤的，在病休期间，用人单位应当根据劳动合同或集体合同的约定支付病假工资。用人单位支付病假工资不得低于本市最低工资标准的 80%。"某公司在 2017 年 2 月 1 日至 2017 年 11 月 30 日期间向王某核发的病假工资并未低于法定标准，故本院对王某关于该期间病假工资差额的上诉请求不予支持。

【关键法条】

《关于贯彻执行〈中华人民共和国劳动法〉若干问题的意见》

59. 职工患病或非因工负伤治疗期间，在规定的医疗期内由企业按有关规定支付其病假工资或疾病救济费，病假工资或疾病救济费可以低于当地最低工资标准支付，但不能低于最低工资标准的 80%。

《北京市工资支付规定》

第二十一条　劳动者患病或者非因工负伤的，在病休期间，用人单位应当根据劳动合同或集体合同的约定支付病假工资。用人单位支付病假工资不得低于本市最低工资标准的 80%。

64 医疗期满员工仍然无法返岗工作，能否解除劳动合同？

【问题导引】

有朋友咨询，自己的医疗期按照规定有 3 个月，但是医疗期满时病情还未痊愈，医生建议还要再休息 1 个月，但是公司此时通知限期返岗，如果无法按时返岗工作，公司就要解除劳动合同，这种做法合法吗？

【律师解析】

对于这个问题，根据法律规定，劳动者患病或者非因工负伤，在规定的医疗期满后不能从事原工作，也不能从事由用人单位另行安排的工作的，用人单位提前 30 日以书面形式通知劳动者本人或者额外支付劳动者 1 个月工资后，可以解除劳动合同。所以在员工医疗期满后，公司需要根据员工的身体状况为员工安排原岗位或其他岗位工作，如果员工在医疗期满后无法返回原岗位工作，也无法从事公司安排的其他岗位工作的，用人单位是可以通知员工解除劳动合同的，但公司需要按照法定标准向员工支付经济补偿金。

【典型案例】

李某与某公司劳动争议案[1]

基本案情

李某于 2010 年 6 月 1 日入职某公司，当日，双方签订了期限自该日起至 2021 年 5 月 31 日的劳动合同，约定某公司将李某派遣至某 2 公司担任营业员。2021 年 6 月 1 日，双方续签劳动合同至 2024 年 5 月 31 日。2021 年 4 月 1 日，李某受伤。2021 年 4 月 8 日，李某与某公司签订医疗期协议书，主要内容为李某因腰间盘突出症，自 2021 年 4 月 8 日起享受医疗期待遇，在本单位工作 11 年，根据劳动部〔1994〕479 号文件规定，享受医疗期累计 12 个月，至 2022 年 4 月 7 日止。2022 年 3 月 7 日，某公司向李某发送医疗期满通知书，主要内容为"您的医疗期为 2021 年 4 月 8 日至 2022 年 4 月 7 日。您的医疗期将于 2022 年 4 月 7 日到期，现通知您于 2022 年 4 月 8 日返岗工作"。2022 年 4 月 6 日，某公司向李某发送医疗期满解除劳动合同通知书，主要内容为"你因患病于 2021 年 4 月 8 日开始休病假（医疗期）至 2022 年 4 月 7

---

〔1〕　案号：（2023）京 02 民终 5689 号。

日止，1 年的医疗期已修满。2022 年 3 月 31 日，在公司与你面谈（根据医疗期规定继续工作事宜）时，由于你提出医疗期满后无法继续从事原工作，也无法从事公司另行安排的工作。公司决定于 2022 年 4 月 8 日，与你解除劳动合同……"李某认可当日收到该解除合同合同通知书。2022 年 4 月 8 日某公司带李某申请做劳动能力鉴定，4 月 19 日出鉴定结果为部分丧失劳动能力鉴定标准。李某主张解除劳动合同发生在其做劳动能力鉴定之前，故某公司为违法解除。李某以某公司、某 2 公司为被申请人申请劳动仲裁，要求支付违法解除劳动合同赔偿金、未休年休假工资等。2022 年 9 月，该委裁决驳回李某的仲裁请求。李某不服，诉至法院。本案经一审、二审，均支持了李某的诉讼请求，认为某公司属于违法解除。

裁判观点

一审法院认为，劳动者的合法权益应当依法保护。关于李某要求支付违法解除劳动合同赔偿金 126 894 元的请求。根据相关法律规定，工伤职工在停工留薪期内或者尚未作出劳动能力鉴定结论的，用人单位不得与之解除或者终止劳动合同。本案中，2022 年 4 月 6 日，某公司向李某发送了解除劳动合同通知书，表示因李某医疗期满后无法继续从事原工作，也无法从事公司另行安排的工作，决定于 2022 年 4 月 8 日解除与李某的劳动合同。2022 年 4 月 8 日，某公司带李某申请做劳动能力鉴定，2022 年 4 月 19 日出鉴定结果为部分丧失劳动能力鉴定标准。某公司通知李某解除劳动合同的行为发生在劳动能力鉴定结果作出之前，属于违法解除，某公司应支付李某违法解除劳动合同赔偿金，具体数额由法院依法核算。

二审法院认为，《劳动合同法》第四十条第一项规定：劳动者患病或者非因工负伤，在规定的医疗期满后不能从事原工作，也不能从事由用人单位另行安排的工作的，用人单位提前三十日以书面形式通知劳动者本人或者额外支付劳动者一个月工资后，可以解除劳动合同。《企业职工患病或非因工负伤医疗期规定》第七条规定："企业职工非因工致残和经医生或医疗机构认定患有难以治疗的疾病，医疗期满，应当由劳动鉴定委员会参照工伤与职业病致残程度鉴定标准进行劳动能力的鉴定。被鉴定为一至四级的，应当退出劳动岗位，解除劳动关系，并办理退休、退职手续，享受退休、退职待遇。"本案中，李某因腰间盘突出症，于 2021 年 4 月 8 日至 2022 年 4 月 7 日享受医疗期待遇。因李某所患疾病在医疗实践中难以完全治愈，且对于劳动能力存在明确的负面影响，依据相应规定，某公司在与李某解除劳动合同之前，应为李某申请劳动能力鉴定。现某公司在李某劳动能力鉴定结果作出之前与李某解除劳动合同，且李某的鉴定结果为部分丧失劳动能力，一审法院依据上述事实，认定某公司违法解除劳动合同，具有相应事实及法律依据，本院对此予以确认。

【关键法条】

《中华人民共和国劳动合同法》

第四十条　有下列情形之一的，用人单位提前三十日以书面形式通知劳动者本人或者额外支付劳动者一个月工资后，可以解除劳动合同：

（一）劳动者患病或者非因工负伤，在规定的医疗期满后不能从事原工作，也不能从事由用人单位另行安排的工作的；

（二）劳动者不能胜任工作，经过培训或者调整工作岗位，仍不能胜任工作的；

（三）劳动合同订立时所依据的客观情况发生重大变化，致使劳动合同无法履行，经用人单位与劳动者协商，未能就变更劳动合同内容达成协议的。

《企业职工患病或非因工负伤医疗期规定》

第七条　企业职工非因工致残和经医生或医疗机构认定患有难以治疗的疾病，医疗期满，应当由劳动鉴定委员会参照工伤与职业病致残程度鉴定标准进行劳动能力的鉴定。被鉴定为一至四级的，应当退出劳动岗位，解除劳动关系，并办理退休、退职手续，享受退休、退职待遇。

第四章

社会保险

65 公司规定试用期不缴纳社保合法吗？

【问题导引】

有朋友问，最近新入职了一家公司，公司规定试用期不给交社保，结果转正之前发生工伤了，没办法享受工伤待遇，所以就想问公司试用期不给交社保合法吗？现在还能不能获得工伤赔偿？

【律师解析】

首先，不交社保肯定是不合法的。缴纳社保是我国法律附加给用人单位的强制性义务，劳动关系一旦建立，用人单位就必须为员工缴纳社保，并且要在员工入职之日起 30 日内为员工办理社会保险登记手续，所以就算是试用期，公司也是要缴纳社保的。如果公司没给员工交社保，恰好员工又受到了工伤，这种情况下，员工可以直接要求公司按照工伤保险待遇项目和标准支付费用，依法维护自己的合法权益。

【典型案例】

王某与某公司劳动争议案[1]

基本案情

王某于 2020 年 6 月 18 日入职某公司，约定试用期为三个月，岗位为见习教务主任。王某于 2020 年 9 月 8 日向某公司邮寄送达《解除劳动关系通知书》，以未缴纳社会保险、拖欠提成工资、未签订劳动合同、违法停职停薪、

---

[1] 案号：（2022）津 02 民终 1526 号。

扣押个人物品为由提出解除劳动关系。王某于 2020 年 9 月 10 日向某劳动仲裁委提起仲裁，要求某公司支付未签订劳动合同的双倍工资、经济补偿金、欠付工资、加班费等。该委裁决某公司支付王某 2020 年 9 月 1 日至 9 月 8 日的基本工资 879.54 元、2020 年 7 月 3 日延时加班工资 43.97 元、解除劳动关系的经济补偿金 1370 元、驳回其他仲裁请求。某公司收到裁决书后，于 2021 年 4 月 26 日将上述裁决项目总额 2293.51 元通过银行转账给付王某，王某确认已收到。后王某起诉至法院请求判令某公司因违法至今未为王某交五险一金导致其被迫解除劳动合同的经济补偿金等。本案经过一审，二审。一审法院判决支持某公司支付王某解除劳动合同经济补偿金差额 18.12 元等事项，二审维持了此项判决。

裁判观点

一审法院认为，依据《劳动合同法》第三十八条、第四十六条的规定，劳动者因用人单位未依法为其缴纳社会保险费的，劳动者可以解除劳动合同，用人单位应当向劳动者支付经济补偿金。王某于 2020 年 9 月 8 日以未缴纳社会保险、拖欠提成工资、未签订劳动合同等事由提出解除劳动关系，邮寄送达某公司。经某人力资源和社会保障局用工系统查询，王某自 2018 年 12 月 3 日起以自主创业自谋职业的形式在某教育科技公司工作，担任管理岗位，但并不影响办理用工手续，进而办理社会保险。某公司抗辩因无法为王某办理用工手续故无法缴纳社会保险的理由不能成立。因某公司认可仲裁裁决且已向王某支付经济补偿金 1370 元，根据试用期薪资基数计算，离职前应发平均工资为 2776.25 元，故某公司应当支付王某解除劳动关系经济补偿金的差额部分。

【关键法条】

《中华人民共和国社会保险法》

第五十七条 用人单位应当自成立之日起三十日内凭营业执照、登记证书或者单位印章，向当地社会保险经办机构申请办理社会保险登记。社会保险经办机构应当自收到申请之日起十五日内予以审核，发给社会保险登记证件。

用人单位的社会保险登记事项发生变更或者用人单位依法终止的，应当自变更或者终止之日起三十日内，到社会保险经办机构办理变更或者注销社会保险登记。

市场监督管理部门、民政部门和机构编制管理机关应当及时向社会保险经办机构通报用人单位的成立、终止情况，公安机关应当及时向社会保险经办机构通报个人的出生、死亡以及户口登记、迁移、注销等情况。

第五十八条　用人单位应当自用工之日起三十日内为其职工向社会保险经办机构申请办理社会保险登记。未办理社会保险登记的，由社会保险经办机构核定其应当缴纳的社会保险费。

自愿参加社会保险的无雇工的个体工商户、未在用人单位参加社会保险的非全日制从业人员以及其他灵活就业人员，应当向社会保险经办机构申请办理社会保险登记。

国家建立全国统一的个人社会保障号码。个人社会保障号码为公民身份号码。

66 公司按照最低社保缴纳基数给员工缴纳社保合法吗？

【问题导引】

实践中，经常会碰到公司为了降低人力成本、直接按照最低基数给员工缴纳社保的情况。这样的做法是符合法律规定的吗？

【律师解析】

首先，要明确一个概念，最低社保缴费基数不等于最低工资标准。比如，2023 年北京的最低工资标准是 2420 元，但是社保缴纳基数下限是 6326 元。其次，按照目前的规定，员工的社保缴纳基数不是随意确定的，而是要按上一年度月平均工资来确定，如果是新入职的员工，就要按照起薪当月的工资来确定。如果工资低于缴纳基数下限，就按照基数下限缴纳社保；如果工资高于基数下限，原则上就要按照工资金额缴纳；当然，如果工资非常高，甚至超出了当地的缴费基数上限的话，那就以基数上限缴纳。所以，公司按照最低社保缴纳基数给员工交社保是否合法也需要根据实际情况来判断，不能一概而论。

【典型案例】

某公司与某社保中心行政诉讼案[1]

基本案情

2020年4月26日，王某向某社保中心投诉某公司，要求某公司为其补缴2010年1月至2019年5月的社会保险基数差。同年4月29日，社保向某公司作出《某社会保险基金管理中心社会保险稽核通知书》，并于同年5月7日向某公司直接送达，决定对某公司王某2010年1月至2019年5月的社保缴纳情况实施稽核检查。某社保中心经审批决定责令某公司限期整改。同日，某社保中心作出《稽核整改意见书》，责令某公司在收到该整改意见后的5个工作日内，为王某补缴2010年4月至2016年5月的社会保险基数差，并于同年10月12日向某公司直接送达。某公司逾期未整改，故某社保中心于同年12月2日作出《某社会保险基金管理中心社会保险费限期补缴通知书》。某公司不服，诉至法院，请求法院撤销被诉限期补缴通知书。本案经一审、二审，均未支持某公司的诉讼请求。

裁判观点

一审法院认为，关于补缴社会保险费的基数问题。《社会保险法》第十二条规定，用人单位应当按照国家规定的本单位职工工资总额的比例缴纳基本养老保险费，记入基本养老保险统筹基金。上述法律规定了社会保险费的缴纳基数为工资总额。某公司与王某均在《少缴、漏缴社会保险费问题明细表》

---

[1] 案号：（2021）京01行终917号。

中签字，均表示同意按明细表中的基数为王某补缴 2010 年 4 月至 2016 年 5 月的社会保险基数差额。因此，某社保中心按照双方的确认结果要求某公司为王某补缴社会保险费，并无不当。

　　二审法院认为，根据《劳动法》第七十二条之规定，用人单位和劳动者必须依法参加社会保险，缴纳社会保险费。《社会保险法》第六十条规定，用人单位应当自行申报、按时足额缴纳社会保险费，非因不可抗力等法定事由不得缓缴、减免。《社会保险法》第十二条规定，用人单位应当按照国家规定的本单位职工工资总额的比例缴纳基本养老保险费，记入基本养老保险统筹基金。因此，为劳动者按时足额缴纳社会保险费系用人单位的法定义务。本案中，在案证据能够证明，某公司存在未按王某的工资总额足额为其缴纳社会保险费的情形，且该公司与王某均在《少缴、漏缴社会保险费问题明细表》中签字确认，按照明细表中的基数为王某补缴 2010 年 4 月至 2016 年 5 月的社会保险基数差额。故，某社保中心在被诉限期补缴通知书认定某公司为王某补缴社会保险费的数额，并无不当。

【关键法条】

《中华人民共和国社会保险法》

　　第十二条　用人单位应当按照国家规定的本单位职工工资总额的比例缴纳基本养老保险费，记入基本养老保险统筹基金。

　　职工应当按照国家规定的本人工资的比例缴纳基本养老保险费，记入个人账户。

　　无雇工的个体工商户、未在用人单位参加基本养老保险的非全日制从业人员以及其他灵活就业人员参加基本养老保险的，应当按照国家规定缴纳基本养老保险费，分别记入基本养老保险统筹基金和个人账户。

　　第六十条　用人单位应当自行申报、按时足额缴纳社会保险费，非因不可抗力等法定事由不得缓缴、减免。职工应当缴纳的社会保险费由用人单位代扣代缴，用人单位应当按月将缴纳社会保险费的明细情况告知本人。

　　无雇工的个体工商户、未在用人单位参加社会保险的非全日制从业人员以及其他灵活就业人员，可以直接向社会保险费征收机构缴纳社会保险费。

67 公司未足额缴纳社保可以申请劳动仲裁吗?

前文讲过了公司不给交社保，以及按照最低基数缴纳社保是否合法的问题，有的朋友就会问，如果公司不给我交社保或者交社保的基数太低，我能不能申请劳动仲裁要求公司补缴呀?

【律师解析】

关于这个问题我们首先需要明确一个概念，就是并不是所有劳动相关的问题都属于劳动仲裁的受案范围，如果单纯地要求公司补缴社保，劳动仲裁委是不会受理的。这种情况下，可通过行政稽核程序，即向社保经办机构投诉申请稽核，社保经办机构调查无误后，会通过行政手段责令公司进行补缴。在此期间，由于公司未按规定缴纳社保，导致无法享受社会保险待遇的，比如没法享受生育津贴、没法申报工伤待遇等，可以要求公司赔偿损失，那此时关于赔偿损失的请求是可以去申请劳动仲裁的。

【典型案例】

刘某与某公司劳动争议案[1]

基本案情

刘某于 1984 年到某味精厂，从事销售工作，某味精厂自 1998 年 8 月起为刘某缴纳养老保险。后某味精厂更名为某公司。2003 年 9 月后，刘某未在某公司处从事劳动。2014 年 10 月双方解除劳动关系。2014 年 11 月 10 日，刘某办理了失业证。2014 年 9 月 9 日，刘某向某劳动仲裁委申请仲裁，提出某公

---

〔1〕 案号：（2017）最高法民申 1118 号。

司应为其：补缴 2003 年 1 月至 2014 年 6 月的养老、失业、工伤、生育保险；补缴 2003 年 1 月至 2014 年 6 月的住房公积金等 6 项请求。该委以刘某的第 1 项仲裁申请已超过仲裁申请期限，刘某的其他 5 项仲裁申请不属于劳动人事争议仲裁事项为由，作出不予受理通知书，刘某不服诉至法院。本案经一审、二审、再审，法院均驳回刘某要求某公司补缴自 2003 年 1 月起至 2014 年 6 月期间的养老保险、失业保险、工伤保险、生育保险和住房公积金的诉讼请求。

裁判观点

一审法院认为，关于刘某提出要求某公司为其补缴自 2003 年 1 月至 2014 年 6 月期间的养老保险、失业保险、工伤保险、生育保险及住房公积金的诉讼主张，2010 年《最高人民法院关于审理劳动争议案件适用法律若干问题的解释（三）》第一条规定：劳动者以用人单位未为其办理社会保险手续，且社会保险经办机构不能补办导致其无法享受社会保险待遇为由，要求用人单位赔偿损失而发生争议的，人民法院应予受理。依据上述规定，补缴社会保险问题不属于人民法院受理民事案件的受案范围。关于刘某主张的住房公积金补缴问题，亦不属于人民法院受案范围。

二审法院认为，关于刘某主张某公司应为其补缴社会保险及住房公积金一节，《劳动法》第一百条规定，"用人单位无故不缴纳社会保险费的，由劳动行政部门责令其限期缴纳；逾期不缴的，可以加收滞纳金"。《社会保险费征缴暂行条例》第二十六条规定，"缴费单位逾期拒不缴纳社会保险费、滞纳金的，由劳动保障行政部门或者税务机关申请人民法院依法强制征缴"。根据上述规定，社会保险费的征缴是劳动保障行政部门及税务机关的法定行政职责。劳动者认为用人单位没有依法足额为其缴纳社会保险费的，应当通过行政途径解决，不属于人民法院审理劳动争议案件的范围。住房公积金是我国住房制度改革、实行住房分配货币化的一项重要制度，国务院发布的《住房公积金管理条例》第三十七条规定："违反本条例的规定，单位不办理住房公积金缴存登记或者不为本单位职工办理住房公积金账户设立手续的，由住房公积金管理中心责令限期办理；逾期不办理的，处 1 万元以上 5 万元以下的罚款。"第三十八条规定："违反本条例的规定，单位逾期不缴或者少缴住房公积金的，由住房公积金管理中心责令限期缴存；逾期仍不缴存的，可以申请人民法院强制执行。"依据上述规定，劳动者与用人单位因住房公积金发生争议，应当由住房公积金管理中心负责处理，亦不属于人民法院审理劳动争议案件的范围。故一审法院对于刘某主张某公司应为其补缴社会保险及住房公积金的请求未予审查，并无不当，本院予以确认。

最高人民法院认为，关于刘某诉请补缴社会保险金及住房公积金是否属于人民法院受理劳动争议案件受案范围的问题。依据《劳动争议调解仲裁法》第二条第四项的规定，因社会保险发生的争议，属于劳动争议。但是，并非所有的社会保险争议都属于人民法院受理劳动争议案件的范围，主要区分两种情形：（1）对于已经由用人单位为劳动者办理了社会保险手续，但因用人单位欠缴、拒缴社会保险费或者劳动者对缴费年限、缴费基数有异议等发生的争议，因为《社会保险费征缴暂行条例》《劳动保障监察条例》等行政法规赋予了劳动行政部门对用人单位为劳动者办理社会保险的专属管理权、监察权和处罚权，用人单位、劳动者和社会保险机构就欠费发生争议，是征收与缴纳之间的纠纷，属于行政管理的范畴，带有社会管理的性质，不是单一的劳动者与用人单位之间的社会保险争议。因此，此类纠纷应由社会保险管理部门解决处理，不属于人民法院受理劳动争议案件受案范围。（2）对于用人单位没有为劳动者办理社会保险手续，且社会保险经办机构不能补办导致劳动者不能享受社会保险待遇，要求用人单位赔偿损失发生的争议，人民法院应予以受理。《最高人民法院关于审理劳动争议案件适用法律若干问题的解释（三）》第一条所规定的人民法院应予受理的社会保险争议即是上述第二种情形，该条规定："劳动者以用人单位未为其办理社会保险手续，且社会保险经办机构不能补办导致其无法享受社会保险待遇为由，要求用人单位赔偿损失而发生争议的，人民法院应予受理。"本案中，刘某诉请某公司补缴除医疗保险以外的养老、失业、工伤、生育等四种社会保险。用人单位为刘某办理了医疗、养老、失业、工伤、生育保险的社会保险手续，其享有以上社会保险账户。据此，刘某关于补缴社会保险金的诉讼请求应属于上述第一种情形即已经由用人单位办理了社会保险手续，但因用人单位欠缴保险费引发的争议，不属于司法解释所规定的人民法院应予受理的情形，本案一审、二审法院认定刘某的该项诉讼请求不属于人民法院受理劳动争议案件的范围，适用法律并无不当。

【关键法条】

《中华人民共和国劳动法》

第一百条　用人单位无故不缴纳社会保险费的，由劳动行政部门责令其限期缴纳；逾期不缴的，可以加收滞纳金。

《社会保险费征缴暂行条例》

第二十六条　缴费单位逾期拒不缴纳社会保险费、滞纳金的，由劳动保障行政部门或者税务机关申请人民法院依法强制征缴。

《最高人民法院关于审理劳动争议案件适用法律问题的解释（一）》

第一条　劳动者与用人单位之间发生的下列纠纷，属于劳动争议，当事人不服劳动争议仲裁机构作出的裁决，依法提起诉讼的，人民法院应予受理：

（一）劳动者与用人单位在履行劳动合同过程中发生的纠纷；

（二）劳动者与用人单位之间没有订立书面劳动合同，但已形成劳动关系后发生的纠纷；

（三）劳动者与用人单位因劳动关系是否已经解除或者终止，以及应否支付解除或者终止劳动关系经济补偿金发生的纠纷；

（四）劳动者与用人单位解除或者终止劳动关系后，请求用人单位返还其收取的劳动合同定金、保证金、抵押金、抵押物发生的纠纷，或者办理劳动者的人事档案、社会保险关系等移转手续发生的纠纷；

（五）劳动者以用人单位未为其办理社会保险手续，且社会保险经办机构不能补办导致其无法享受社会保险待遇为由，要求用人单位赔偿损失发生的纠纷；

（六）劳动者退休后，与尚未参加社会保险统筹的原用人单位因追索养老金、医疗费、工伤保险待遇和其他社会保险待遇而发生的纠纷；

（七）劳动者因为工伤、职业病，请求用人单位依法给予工伤保险待遇发生的纠纷；

（八）劳动者依据劳动合同法第八十五条规定，要求用人单位支付加付赔偿金发生的纠纷；

（九）因企业自主进行改制发生的纠纷。

第二条　下列纠纷不属于劳动争议：

（一）劳动者请求社会保险经办机构发放社会保险金的纠纷；

（二）劳动者与用人单位因住房制度改革产生的公有住房转让纠纷；

（三）劳动者对劳动能力鉴定委员会的伤残等级鉴定结论或者对职业病诊断鉴定委员会的职业病诊断鉴定结论的异议纠纷；

（四）家庭或者个人与家政服务人员之间的纠纷；

（五）个体工匠与帮工、学徒之间的纠纷；

（六）农村承包经营户与受雇人之间的纠纷。

《中华人民共和国劳动争议调解仲裁法》

第二条　中华人民共和国境内的用人单位与劳动者发生的下列劳动争议，适用本法：

（一）因确认劳动关系发生的争议；

（二）因订立、履行、变更、解除和终止劳动合同发生的争议；

（三）因除名、辞退和辞职、离职发生的争议；

（四）因工作时间、休息休假、社会保险、福利、培训以及劳动保护发生的争议；

（五）因劳动报酬、工伤医疗费、经济补偿或者赔偿金等发生的争议；

（六）法律、法规规定的其他劳动争议。

68 公司未足额缴纳社保，员工离职能否索要补偿金？

【问题导引】

可能很多人都知道，如果公司存在《劳动合同法》第三十八条的规定的几种严重过错，员工可以提被迫离职并且要求公司支付经济补偿金，其中有一条过错就是"未依法为劳动者缴纳社会保险费的"。毋庸置疑，如果公司没交社保，员工就完全有权提出被迫离职、要求支付经济补偿；但如果公司给交了社保，只是缴费基数比较低，是否还能适用这条规定呢？

【律师解析】

　　关于这个问题，目前各地的司法实践是不一致的，比如北京、浙江就有明文规定，如果公司只是没有足额缴纳社保的话，劳动者要求支付经济补偿金的，不予支持；但在天津、上海、深圳等地也有不同规定，认为公司应当支付经济补偿。所以究竟能否获得补偿需要根据当地相关规定来判断，不能一概而论。

【典型案例】

典型案例一：陈某与北京某公司劳动争议案[1]

基本案情

　　陈某于 2010 年 1 月入职某公司，2015 年 9 月应某公司的要求，与某公司、北京某公司签订《劳动合同变更协议》，约定用人单位由某公司变更为北京某公司。2020 年 7 月 21 日，陈某作出《解除劳动合同通知书》，以公司并未按照法律规定及时向陈某支付加班工资报酬，以及没有依据法律规定缴纳相关社会保险费为由主张被迫解除劳动关系，要求公司支付经济补偿。陈某提交的社会保险记录显示，北京某公司为其缴纳了社会保险。陈某认可在职期间社会保险均已缴纳，但主张缴费基数与其实际工资数额不符。2021 年 7 月，陈某向某劳动仲裁委申请仲裁，请求北京某公司支付休息日加班费、未休年假工资、工资差额以及被迫解除劳动关系的经济补偿。2021 年 10 月，该委裁决北京某公司支付陈某 2020 年 7 月 1 日至 2020 年 7 月 21 日工资差额 6910.32 元、2019 年度未休年休假工资 23 591 元，驳回陈某的其他仲裁请求。陈某与北京某公司均不服该裁决，均于法定期限内起诉至法院。本案经一审、二审，一审法院判决北京某公司支付陈某未休年休假工资以及工资差额，驳

---

　　〔1〕　案号：（2023）京 02 民终 8555 号。

回陈某的其他诉讼请求。二审维持原判。

裁判观点

一审法院认为，2020 年 7 月 21 日，陈某以北京某公司未依法及时支付加班工资报酬、未依法缴纳社会保险为由提出解除劳动合同通知，依据其所提交的证据法院难以认定存在加班情形，有关社会保险一节，陈某提交的社会保险权益记录显示 2015 年 12 月至 2020 年 7 月期间北京某公司已为其缴纳了社会保险，陈某主张的因社保缴费基数与实际工资数额不符导致北京某公司未足额缴纳社会保险的问题，不属于《劳动合同法》第三十八条规定的劳动者可以解除劳动合同的法定情形，故其主张的解除劳动合同的理由法院无法采信，陈某以此为由要求支付解除劳动合同经济补偿的请求缺乏法律依据，法院对此不予支持。

关于解除劳动合同经济补偿金，二审法院认为，根据上述认定，北京某公司不存在拖欠陈某加班工资的事实，且根据陈某提交的社会保险记录，陈某在职期间社会保险均已缴纳，其主张缴费基数不足可通过用人单位补缴或社保部门强制征缴的方式解决，故陈某以北京某公司未依法及时支付加班工资报酬，以及未依法缴纳社会保险为由通知北京某公司解除劳动合同，要求北京某公司支付其解除劳动合同经济补偿金，无事实和法律依据，一审法院未予支持正确。

典型案例二：孙某与某公司劳动争议案[1]

基本案情

孙某于 2008 年 3 月 26 日入职某公司，工作岗位为驾驶员，双方签订了书面无固定期限的劳动合同，最后一份合同期限为自 2014 年 4 月 1 日起。2019 年 10 月 11 日，孙某分别向某公司及其下属的某分公司邮寄《未足额缴纳社会养老保险金及拖欠工资、加班工资、被迫解除劳动合同通知书》，以某公司

---

〔1〕 案号：（2021）粤 03 民终 19565 号。

及某分公司未足额缴纳社会养老保险金及拖欠工资、加班工资被迫解除双方劳动关系为由被迫解除劳动合同，公司方确认于2019年10月12日收到该快递。2019年11月13日，孙某向某劳动仲裁委申请仲裁，请求某公司、某分公司补缴2016年9月至2019年9月份期间未足额缴纳社保养老保险的保险费差额、2019年10月1日至14日期间的工资9284元、2016年9月至2019年9月期间的加班工资27 648元、2016年9月至2019年9月期间休年假时未足额发放的工资差额10 620元、解除经济补偿金105 579.66元、律师代理费5000元。该委裁决：某分公司于裁决书生效之日起五日内一次性支付孙某解除劳动关系的经济补偿金103 934.28元及律师代理费3393.63元；某公司对于上述支付义务承担补充清偿责任；驳回孙某的其他仲裁请求。某公司不服，诉至法院，本案经一审、二审，均确认了仲裁裁决结果。

裁判观点

一审法院认为，某公司在明知其实际为孙某所缴纳的社保数额低于其应缴纳的社保数额的情况下，在孙某向其提出补缴通知后，某公司在一个月内仍拒不补缴，其行为已违反了用人单位应按员工的应发工资购买社保的情形，因此，孙某有权提出解除劳动合同，因此，认定双方的劳动关系于2019年10月14日解除，某公司应向孙某支付经济补偿金。经法院核算，某公司应支付的经济补偿金为103 934.28元（8661.19元/月×12月）。

二审法院认为，《深圳经济特区和谐劳动关系促进条例》第十五条规定，用人单位和劳动者应当依法参加社会保险。用人单位未依法为劳动者缴纳社会保险费的，劳动者应当依法要求用人单位缴纳；用人单位未在一个月内按规定缴纳的，劳动者可以解除劳动合同，用人单位应当依法支付经济补偿。根据某公司在一审中确认其为孙某缴纳社保的基数低于孙某实际工资数额，本院认定某公司存在未依法为孙某缴纳社会保险费事实。某公司确认其下属公司某分公司于2019年9月3日收到孙某寄出的《要求足额缴纳社保的通知书》，至今未进行补缴，并主张孙某应向行政部门投诉，由行政部门核查后通知其补缴。故某公司在收到孙某的《要求足额缴纳社保的通知书》后，并未在一个月内按规定缴纳社保，孙某据此提出解除劳动合同并要求支付经济补偿，于法有据。综上，一审认定某公司应支付孙某经济补偿，有事实和法律依据，应予维持。

【关键法条】

《中华人民共和国劳动合同法》

第三十八条　用人单位有下列情形之一的，劳动者可以解除劳动合同：

（一）未按照劳动合同约定提供劳动保护或者劳动条件的；

（二）未及时足额支付劳动报酬的；

（三）未依法为劳动者缴纳社会保险费的；

（四）用人单位的规章制度违反法律、法规的规定，损害劳动者权益的；

（五）因本法第二十六条第一款规定的情形致使劳动合同无效的；

（六）法律、行政法规规定劳动者可以解除劳动合同的其他情形。

用人单位以暴力、威胁或者非法限制人身自由的手段强迫劳动者劳动的，或者用人单位违章指挥、强令冒险作业危及劳动者人身安全的，劳动者可以立即解除劳动合同，不需事先告知用人单位。

《中华人民共和国劳动法》

第一百条　用人单位无故不缴纳社会保险费的，由劳动行政部门责令其限期缴纳；逾期不缴的，可以加收滞纳金。

《社会保险费征缴暂行条例》

第二十六条　缴费单位逾期拒不缴纳社会保险费、滞纳金的，由劳动保障行政部门或者税务机关申请人民法院依法强制征缴。

69 员工自愿放弃社保，和公司约定以现金形式发放，有效吗？

【问题导引】

实践中，有的用人单位会以现金补贴的方式代替缴纳社保。当然也有员工为了少缴社保、多拿工资，主动签署承诺书、放弃社保，要求公司将社保转成工资支付给自己，这种自愿放弃社保的约定有效吗？

【律师解析】

这看起来好像是件好事，毕竟拿到手里的钱多了！但在此提醒各位，千万别算小账、贪小利！这种承诺或约定在法律上是无效的。按照规定，缴纳社保不仅是用人单位和劳动者的合法权利，同样也是用人单位和劳动者应尽的义务，不能根据任何一方的意愿而免除。这种把社保换成工资的行为一旦被查实，不仅公司会受到处分，员工个人也会承担相应的责任，千万不要因小失大！

【典型案例】

周某与某公司劳动争议案[1]

基本案情

2021年6月1日，周某与某公司签订劳动合同书，合同期限自2021年6月1日至2022年5月31日，后又续订至2023年5月31日，周某担任主管岗位，每月20日前支付工资，月基本工资2320元。周某分别于2021年6月、2022年5月签署《自愿放弃缴纳社保声明书》。内容均为："本人由于个人原因，自愿放弃在公司参加国家规定的各项社会劳动保险（含养老、医疗、失业、工伤、生育保险等），并要求公司不要在本人工资中扣除社保费用……本人同时保证不在任何时候、以任何理由就未购买社保事宜向公司提出任何主张。"2022年8月，周某以公司拖欠工资、未缴纳社会保险为由向公司发送解除通知。并于2023年1月向某劳动仲裁委提出仲裁申请，请求确认双方存在劳动关系，补缴社会保险费并且支付被迫解除劳动合同的经济补偿等，该委裁决：（1）确认某公司与周某于2021年6月1日至2022年8月8日期间存在

―――――――――――

〔1〕　案号：（2024）京01民终2944号。

劳动关系；（2）驳回周某要求补缴社会保险费的仲裁申请；（3）驳回周某的其他仲裁请求。周某不服，诉至法院，本案经一审、二审，均支持了周某的诉讼主张，认为公司应当支付经济补偿金。

裁判观点

一审法院认为，关于周某主张的解除劳动合同经济补偿金问题，根据《劳动合同法》第三十八条之规定，未依法为劳动者缴纳社会保险费的，劳动者可以解除劳动合同。第四十六条规定，劳动者依照第三十八条规定解除劳动合同的，用人单位应向劳动者支付经济补偿。本案中，周某解除劳动关系的理由为某公司未为其缴纳社会保险且未足额支付劳动报酬，某公司确未为周某缴纳社会保险费，应支付经济补偿金。某公司辩称周某自愿放弃公司为其缴纳社会保险，但为员工缴纳社会保险是法定义务，不可约定免除。故某公司应支付周某经济补偿金。

二审法院认为，关于解除劳动合同经济补偿。依据法院查明事实，某公司确未为周某缴纳社会保险费，某公司关于系周某自愿放弃的主张不能免除公司的法定义务，现周某以此为由与某公司解除劳动关系，某公司应当按照法律规定向周某支付经济补偿金。

【关键法条】

《中华人民共和国劳动法》

第一百条　用人单位无故不缴纳社会保险费的，由劳动行政部门责令其限期缴纳；逾期不缴的，可以加收滞纳金。

《社会保险费征缴暂行条例》

第二十六条　缴费单位逾期拒不缴纳社会保险费、滞纳金的，由劳动保障行政部门或者税务机关申请人民法院依法强制征缴。

70 员工入职、离职当月，公司需要缴纳社保吗？

【问题导引】

可能有很多朋友在办理入、离职手续的时候会注意到，大部分公司都会有这样的规定：员工在当月 15 日之后入职，或者 15 日之前离职的，公司不为其缴纳当月社保。这种规定是合法的吗？

【律师解析】

这种做法是不合法的。如果严格按照法律规定，只要员工当月在职，不管哪天办理的入职或离职，哪怕当月在职只有 1 天，公司都应当为员工缴纳社保，并且公司依法应该缴纳的部分不能转嫁给员工。如果公司拒不缴纳，可以直接向当地社保部门投诉、要求公司补缴。当然，实践中可能确实存在前后两家单位社保缴纳的衔接问题，一般通常采取的做法是让上家公司交离职当月的社保，新公司从下月开始交，但事无绝对，这种情况下员工也可以综合考虑自身情况、根据实际需求主张。

【典型案例】

王某与某公司劳动争议案〔1〕

基本案情

2018 年 11 月 30 日，某公司与王某签订《劳动合同书》《承包运营合同书（适用于出租汽车驾驶员）》及《承包营运合同书（适用于出租汽车驾驶员）补充细则》。合同期限均自 2018 年 12 月 1 日起至 2021 年 11 月 14 日止。王某于 2021 年 3 月 15 日自行交车后离职。某公司主张按《劳动合同书》第

---

〔1〕 案号：（2023）京 03 民终 7731 号。

二十一条"6. 由于社会保险费用是按整月缴纳，因此在乙方入职与离职当月，如未满整月的，根据社保统筹机构的单位应负担的标准、比例，甲方按乙方实际在职天数承担相应的社会统筹费用。未在职期间的单位应承担的社会统筹费用由乙方按日承担"。因此，王某须支付某公司2021年3月16日至2021年3月31日单位代垫部分的费用590.23元。2022年1月，某公司向某劳动仲裁委申请仲裁，该委作出不予受理通知书，决定不予受理。某公司不服，诉至法院。本案一审、二审均驳回某公司要求王某支付离职当月公司承担的社会保险费用的诉讼请求。

裁判观点

一审法院认为，用人单位应当依法为职工缴纳社会保险。某公司按照国家规定为职工缴纳社会保险费系其法定义务，该公司要求王某支付单位应承担的社会保险费用部分，于法无据，一审法院不予支持。

二审法院认为，《社会保险法》第六十条第一款规定："用人单位应当自行申报、按时足额缴纳社会保险费，非因不可抗力等法定事由不得缓缴、减免。职工应当缴纳的社会保险费由用人单位代扣代缴，用人单位应当按月将缴纳社会保险费的明细情况告知本人。"《社会保险费征缴暂行条例》第十条规定，缴费单位必须按月向社会保险经办机构申报应缴纳的社会保险费数额，经社会保险经办机构核定后，在规定的期限内缴纳社会保险费。由此可见，用人单位应当按月为劳动者缴纳社保，这也是我国社保缴纳的通行实践做法。劳动者离职当月已经提供劳动，在未办理社保减员即便不足月工作的情形下，用人单位系按照现行社保的征缴政策按整月为劳动者缴纳社保费用。本案中，某公司足月缴纳社保中的单位缴纳部分系依照社会保险的规定履行用人单位的法定义务，并非代垫费用，该部分费用多为社会统筹使用，亦不曾划入劳动者的社保个人账户，某公司要求王某支付缺乏法律依据，某公司主张双方合同对此进行了约定，但该约定的实质效果系某公司通过约定变相免除了其作为用人单位依照法律和政策承担的入职和离职当月的单位缴费义务，法院对此约定效力不予认可，某公司的上诉理由缺乏事实和法律依据，法院不予采纳。

【关键法条】

《中华人民共和国社会保险法》

第六十条　用人单位应当自行申报、按时足额缴纳社会保险费，非因不可抗力等法定事由不得缓缴、减免。职工应当缴纳的社会保险费由用人单位代扣代缴，用人单位应当按月将缴纳社会保险费的明细情况告知本人。

无雇工的个体工商户、未在用人单位参加社会保险的非全日制从业人员以及其他灵活就业人员，可以直接向社会保险费征收机构缴纳社会保险费。

《社会保险费征缴暂行条例》

第十条　缴费单位必须按月向社会保险经办机构申报应缴纳的社会保险费数额，经社会保险经办机构核定后，在规定的期限内缴纳社会保险费。

缴费单位不按规定申报应缴纳的社会保险费数额的，由社会保险经办机构暂按该单位上月缴费数额的110%确定应缴数额；没有上月缴费数额的，由社会保险经办机构暂按该单位的经营状况、职工人数等有关情况确定应缴数额。缴费单位补办申报手续并按核定数额缴纳社会保险费后，由社会保险经办机构按照规定结算。

71 员工打卡时摔伤能否认定为工伤？

【问题导引】

今天跟大家分享一个关于工伤认定的真实案例：王某是某公司员工，该公司要求员工上下班必须在二楼楼梯口的打卡机上打卡，某天王某在打卡的过程中，不慎从楼梯上摔下受伤。王某向公司提出工伤认定，公司却说王某受伤时还没打卡，不能算已经进入了工作场所，不符合工伤认定条件。那王某这种情况究竟算不算工伤呢？

【律师解析】

根据我国《工伤保险条例》第十四条第二项规定，员工于工作时间前后、在工作场所内，从事与工作有关的预备性或者收尾性工作受到事故伤害的，应当认定为工伤。此处的工作场所不仅包括员工实际的工作岗位，也包括员工为了完成某项特定工作所涉及的单位以外的相关区域。在上述案件中，王某上班打卡是为了完成单位规定的日常考勤工作所从事的活动，属于在工作时间前后所从事的与工作有关的预备性工作。因此，当地社保行政部门最终认定了王某为工伤。

【典型案例】

某公司与某人社局行政诉讼案[1]

基本案情

2020年9月15日17时30分许，某公司职工刘某，从单位下班后行至办公楼门口台阶处摔倒，造成其足部受伤，经医院诊断为：踝关节骨折（右）（44B3.2），踝部擦伤（右），踝关节损伤；右侧胫骨骨折。2020年11月16日，刘某向某人社局提出工伤认定申请，并提交仲裁调解书、医疗诊断证明以及2020年9月27日刘某同事出具的显示刘某于2020年9月15日17：35在公司楼门口摔伤的证明等证据材料。同年11月20日，某人社局作出《人力资源和社会保障局工伤认定申请受理决定书》，对刘某提交的工伤认定申请予以受理。同年12月14日，某人社局作出被诉认定工伤决定，认定刘某受到的事故伤害，符合《工伤保险条例》第十四条第二项之规定，属于工伤认定范围，予以认定为工伤。同年12月23日，某人社局分别向某公司及刘某直接送达认定工伤决定。某公司不服，向法院提起行政诉讼，请求撤销认定

---

[1] 案号：（2022）京行申1256号。

工伤决定。本案经一审、二审、再审，均裁定驳回某公司的诉讼请求。

裁判观点

一审、二审、再审法院均认为，首先，就"工作时间前后"一节，行政程序中某公司提交的打卡记录显示，事发当日刘某下班打卡时间为17：30，而刘某发生事故伤害的时间为2020年9月15日17时30分许。故刘某受伤时间与下班时间几乎不存在时间间隔，符合在"工作时间前后"这一时间要求。其次，就"工作场所"一节，法院认为，"工作场所"一般是指工作所涉及的区域及其自然延伸的合理区域。根据某公司在行政程序中提供的相关视频资料及地形图，以及该公司在本案庭审中的陈述可知，某公司承租的办公场地位于进入该办公楼一层，且系第一家办公室，办公楼外设有停车场且外有围墙将该区域与社会公共区域隔开。事故发生地为某公司承租的办公楼大门外的台阶处，系刘某下班离开办公场所的必经区域，且仍位于公司所在办公楼的院内，符合工作场所的合理延伸区域。最后，对于"收尾性工作"一节，某公司主张，刘某作为财务人员下班离开公司后通常不存在收尾性工作，事发当天监控视频中显示，刘某下班后径直走出办公楼并未体现出其在从事任何与工作相关的收尾性工作。法院认为，《工伤保险条例》《北京市实施〈工伤保险条例〉若干规定》等相关工伤认定的法律法规对于"收尾性工作"并没有明确规定，一般指正常工作结束之后的合理时间内，职工从事的与工作有关的结束性事务。因此，在实践中判断是否满足"收尾性工作"条件时，应结合"工作时间前后"及"工作场所"两项因素综合考量。在本案中，刘某下班经过公司所在写字楼门口的台阶，属于工作完成后的后续日常行为，且其"打卡下班离开"与"在办公楼门口摔伤"属于连贯动作，不宜对此进行片面割裂区分。因此，某人社局根据《工伤保险条例》的前述规定，并综合工伤保险立法对于劳动者权益保护的基本原则和价值理念，认定刘某所受伤害为工伤，并无不当。某人社局在工伤认定过程中，履行了受案、调查取证、送达等行政程序，符合法律规定。

《工伤保险条例》

第十四条　职工有下列情形之一的，应当认定为工伤：

（一）在工作时间和工作场所内，因工作原因受到事故伤害的；

（二）工作时间前后在工作场所内，从事与工作有关的预备性或者收尾性工作受到事故伤害的；

（三）在工作时间和工作场所内，因履行工作职责受到暴力等意外伤害的；

（四）患职业病的；

（五）因工外出期间，由于工作原因受到伤害或者发生事故下落不明的；

（六）在上下班途中，受到非本人主要责任的交通事故或者城市轨道交通、客运轮渡、火车事故伤害的；

（七）法律、行政法规规定应当认定为工伤的其他情形。

72 上下班途中在地铁站摔伤能否认定为工伤？

【问题导引】

相信很多朋友听说过员工上下班途中受伤、最终被认定为工伤的事情。上下班途中受伤一定构成工伤吗？举个例子，比如说，乘坐地铁上班，因雨天路滑在地铁站摔伤了，这算工伤吗？

【律师解析】

关于这个问题，我们首先要了解目前的法律规定。根据《工伤保险条例》规定，上下班途中受伤被认定为工伤，需要同时满足三个条件：一是要在合理时间、合理路线的上下班途中受伤；二是伤害要由"交通事故或者城市轨道交通、客运轮渡、火车事故"所造成；三是事故产生必须是"非本人主要责任"。如果不能同时满足以上三个条件，就不能构成工伤。所以，出现地铁脱轨等事故导致受伤的，可以申报工伤，但在地铁站摔伤一般是不构成工伤的。

【典型案例】

周某与某人社局行政诉讼案[1]

基本案情

2014年1月2日，周某和某公司签订《劳动合同书》，从事会计工作，合同期限自2014年1月2日至2016年1月1日。2015年7月10日7时许，周某在地铁2号线某站准备乘坐地铁上班过程中，当其沿地铁站入口楼梯步行下到地铁站时，不慎摔倒，致头部、腰部受伤。2015年9月24日，周某向某人社局提出工伤认定申请。2015年10月8日，某人社局向某公司送达《伤亡事故举证通知书》，要求某公司在10个工作日内举证。经调查后，某人社局于2015年10月23日作出《不予认定工伤决定书》，认为2015年7月10日7时54分，周某在地铁2号线某站准备乘坐地铁上班过程中，当其沿地铁站入口楼梯步行下到地铁站时，由于地面有积水湿滑，不慎摔倒，致头部、腰部受伤。周某所受伤害不符合《工伤保险条例》第十四条、第十五条认定工伤或者视同工伤的情形，或者根据《工伤保险条例》第十四条第六项之规定，属于不得认定工伤的情形，不认定为工伤。周某不服，向一审法院提起诉讼。本案经一审、二审，法院均驳回周某的诉讼请求。

裁判观点

一审法院认为，《工伤保险条例》第十四条第六项对应当认定为工伤的情形规定的非常明确，即符合本项规定构成工伤的，必须同时具备以下几个条

---

[1] 案号：（2016）辽02行终394号。

件：（1）必须是在上下班途中；（2）受伤职工对事故负非主要责任；（3）客观上存在交通事故或城市轨道交通、客运轮渡、火车事故；（4）职工受到了伤害；（5）交通事故与职工受到的伤害之间存在因果关系，即职工受到的伤害来源于交通事故。具体到本案，根据原、被告双方提供的证据可以证明，周某虽系在上班途中受伤，符合上述第1项和第4项条件，但其受伤系自身不慎摔倒所致，不符合法律规定的第二项、第三项、第五项条件，不构成工伤，某人社局作出的不予认定工伤的决定事实清楚、证据充分。关于周某提出的某人社局适用《工伤保险条例》第十四条第六项规定作出不予工伤认定决定属于适用法律错误，因该条款系认定工伤的规定而非不予工伤认定的规定一节，该院认为，周某在适用第十四条第六项的同时，还在决定书适用法律中明确了"周某所受伤害不符合《工伤保险条例》第十四条、第十五条认定工伤或者视同工伤的情形"，某人社局据此作出不予认定工伤的决定于法有据，故某人社局并不存在适用法律错误的问题。综上所述，某人社局作出《不予认定工伤决定书》的行政行为认定事实清楚、证据确凿，适用法律法规正确，符合法定程序。

二审法院认为，周某受伤是在上班途中发生的。按照《工伤保险条例》第十四条第六项的规定，职工在上下班途中只有受到非本人主要责任的交通事故或者城市轨道交通、客运轮渡、火车事故伤害的才可以认定为工伤。本案周某因地面湿滑摔倒受伤属于上下班途中发生的意外事件，不符合认定工伤的法定条件。

【关键法条】

《工伤保险条例》

第十四条　职工有下列情形之一的，应当认定为工伤：

......

（六）在上下班途中，受到非本人主要责任的交通事故或者城市轨道交通、客运轮渡、火车事故伤害的；

（七）法律、行政法规规定应当认定为工伤的其他情形。

第十五条　职工有下列情形之一的，视同工伤：

（一）在工作时间和工作岗位，突发疾病死亡或者在 48 小时之内经抢救无效死亡的；

（二）在抢险救灾等维护国家利益、公共利益活动中受到伤害的；

（三）职工原在军队服役，因战、因公负伤致残，已取得革命伤残军人证，到用人单位后旧伤复发的。

职工有前款第（一）项、第（二）项情形的，按照本条例的有关规定享受工伤保险待遇；职工有前款第（三）项情形的，按照本条例的有关规定享受除一次性伤残补助金以外的工伤保险待遇。

73 工伤停工留薪期的工资如何发放？

【问题导引】

前两天跟大家分享了关于工伤认定的一些特殊情形，那今天主要是想分享一下工伤期间的工资发放问题。对于有些受工伤比较严重的员工，可能需要暂停工作接受工伤医疗，也就是我们常说的停工留薪期，在这个期间内，有的公司会认为员工没有正常工作，所以只发放基本工资，甚至只按照当地的最低工资标准发放，这种发放方式合法吗？

【律师解析】

我们首先来看一下法律规定，根据我国《工伤保险条例》第三十三条第一款规定：职工因工作遭受事故伤害或者患职业病需要暂停工作接受工伤医疗的，在停工留薪期内，原工资福利待遇不变，由所在单位按月支付。实践中，一般情况下，法院在认定"原工资福利待遇"的时候会按照员工受伤前 12 个月的月平均工资来计算，但也有部分法院会认为"原工资福利待遇"仅包括员工的基本工资和岗位工资，不包括绩效工资、提成及其他福利补贴部分。

黄某与某公司劳动争议案[1]

基本案情

黄某于 1996 年 6 月 20 日入职某公司处，系生产车间员工。2018 年 10 月 20 日，黄某在工作过程中受伤，2019 年 1 月 17 日，某人力资源和社会保障局向黄某发放工伤证，2019 年 6 月 27 日，某劳动能力鉴定委员会鉴定黄某的伤情为工伤与职业病致残登记标准拾级。黄某于 2019 年 5 月 26 日复工。此期间某公司主张已按照原核定薪资 2500 元扣除社会保险个人负担部分和住宿费向黄某发放了工资。2019 年 7 月 15 日，黄某向某劳动仲裁委申请仲裁，请求支付 2018 年 11 月至 2017 年 5 月停工留薪期工资差额 28 000 元。该委裁决：某公司支付黄某 2018 年 11 月至 2019 年 4 月 19 日期间停工留薪期工资差额 568.82 元。黄某不服，诉至法院。本案经一审、二审、再审，均驳回了黄某的诉讼请求。

裁判观点

一审法院认为，根据黄某伤情、复工时间、双方陈述和原北京市劳动和社会保障局《关于印发〈北京市工伤职工停工留薪期管理办法〉的通知》附件《停工留薪期目录》的规定，本院认定黄某自 2018 年 10 月 20 日起至 2019 年 5 月 25 日期间享受停工留薪期。自职工因工作遭受事故伤害或者患职业病需要暂停工作接受工伤医疗的，在停工留薪期内，原工资福利待遇不变，由所在单位按月支付。本案中，原工资福利待遇是指黄某受伤前，正常出勤情况下应享受的工资福利待遇，其延长工作时间所取得的工资报酬不应计算在原工资福利待遇的范围内。

二审法院认为，双方对黄某于 2018 年 10 月 20 日起至 2019 年 5 月 25 日

---

[1] 案号：（2020）京民申 2515 号。

期间享受停工留薪期没有异议，但对于停工留薪期的工资标准存在分歧。黄某主张应以其受工伤之前12个月平均工资为标准计算停工留薪期工资，应包含薪资、奖金、补贴或津贴三部分。但根据《北京市实施〈工伤保险条例〉若干规定》第二十一条之规定，工伤职工需要暂停工作接受工伤医疗的，在停工留薪期内，原工资福利待遇不变，由所在单位按月支付。此处的原工资福利待遇应指黄某受伤前，正常出勤情况下应享受的工资福利待遇，其延长工作时间所取得的工资报酬及不确定的工资报酬不应计算在原工资福利待遇的范围内，故其主张按受工伤之前12个月平均工资发放停工留薪期工资，依据不足，法院对此不予采信。

再审法院认为，本院经审查认为，根据《北京市实施〈工伤保险条例〉若干规定》第二十一条之规定，工伤职工需要暂停工作接受工伤医疗的，在停工留薪期内，原工资福利待遇不变，由所在单位按月支付。此处的原工资福利待遇应指劳动者受伤前，正常出勤情况下应享受的工资福利待遇，其延长工作时间所取得的工资报酬及不确定的工资报酬不应计算在原工资福利待遇的范围内。本案中，双方对黄某于2018年10月20日起至2019年5月25日期间享受停工留薪期没有异议，但对于停工留薪期的工资标准存在分歧。黄某主张应以其受工伤之前12个月平均工资为标准计算停工留薪期工资，应包含薪资、奖金、补贴或津贴三部分。但根据上述规定，其主张按受工伤之前12个月平均工资发放停工留薪期工资，依据不足。

【关键法条】

《工伤保险条例》

第三十三条　职工因工作遭受事故伤害或者患职业病需要暂停工作接受工伤医疗的，在停工留薪期内，原工资福利待遇不变，由所在单位按月支付。

停工留薪期一般不超过12个月。伤情严重或者情况特殊，经设区的市级劳动能力鉴定委员会确认，可以适当延长，但延长不得超过12个月。工伤职工评定伤残等级后，停发原待遇，按照本章的有关规定享受伤残待遇。工伤职工在停工留薪期满后仍需治疗的，继续享受工伤医疗待遇。

生活不能自理的工伤职工在停工留薪期需要护理的，由所在单位负责。

《北京市实施〈工伤保险条例〉若干规定》

第二十一条　工伤职工需要暂停工作接受工伤医疗的，在停工留薪期内，原工资福利待遇不变，由所在单位按月支付。工伤职工停工留薪期一般不超过 12 个月，按照《条例》规定有正当理由的可以适当延长，但延长不得超过 12 个月。停工留薪期具体时限按照本市有关规定执行。

74 因第三人侵权构成工伤的，误工费和停工留薪期工资能否兼得？

【问题导引】

因第三人侵权构成工伤的，误工费和停工留薪期的工资可以兼得吗？比如某员工在上班途中因对方全责发生了车祸导致受伤，需要暂停工作接受治疗，员工提起诉讼要求对方承担侵权损害赔偿责任，支付医疗费、误工费、护理费等。员工在获得对方赔偿的误工费之后，还能要求公司支付停工留薪期的工资吗？

【律师解析】

对于这个问题，目前各地的司法实践也有不同的观点。主流观点认为，误工费和停工留薪期工资是基于不同的请求权基础产生的，不能互相替代，所以即使员工获得了误工费赔偿，公司也应支付停工留薪期工资；但也有部分法院认为，停工留薪期工资和误工费都是为了赔偿劳动者因伤停工期间所产生的收入损失，两者性质相同，不能重复计算。所以大家在遇到这个问题的时候还是需要留意当地的规定以及司法案例，以此来确定能否主张相应款项。

【典型案例】

典型案例一：孔某与某公司工伤保险待遇纠纷案[1]

基本案情

2019 年 10 月 9 日，孔某与案外人王某发生机动车交通事故受伤，被送医治疗。2019 年 11 月 4 日，某人社局作出《认定工伤决定书》，认定孔某为工伤。2021 年，孔某以机动车交通事故责任纠纷为由将王某、某保险公司诉至法院。由某保险公司在交强险死亡伤残赔偿限额内赔偿伤残赔偿金 11 万元、医疗费 1 万元，剩余护理费用、部分医疗费用、住院伙食补助费、营养费、误工费、交通费、鉴定费等合计 3 451 307.28 元由王某赔偿。2022 年 10 月 19 日，孔某以某公司为被申请人向某劳动仲裁委申请仲裁，要求某公司支付 2019 年 10 月 9 日至 2021 年 10 月 9 日的停工留薪期期间护理费 184 279 元。同日，该委作出不予受理通知书。孔某不服，诉至法院。本案经一审、二审，法院均认为误工费与停工留薪期工资应就高抵扣，劳动者不能获得重复赔偿，对于孔某超出部分主张不予支持。

裁判观点

一审法院认为，劳动者因第三人侵权造成人身损害并被认定为工伤的，除向第三人主张人身损害赔偿外，劳动者还有权要求用人单位承担工伤保险责任。其中，误工费（停工留薪期工资）、医疗费、康复费、护理费、辅助器具费（残疾辅助器具费）、住院伙食补助费、交通费、外省市就医食宿费等实际支出费用或损失应就高抵扣，劳动者不能获得重复赔偿。

二审法院认为，劳动者因第三人侵权造成人身损害并被认定为工伤的，除向第三人主张人身损害赔偿外，劳动者还有权要求用人单位承担工伤保险责任。其中，护理费等实际支出费用或损失应就高抵扣，劳动者不能获得重

---

〔1〕　案号：（2023）京 02 民终 8742 号。

复赔偿。本案中，对于 2021 年 7 月 14 日前的护理费，按就高原则，已经判令由侵权人承担，故本案中不再重复赔偿，一审法院未支持孔某关于要求某公司支付 2021 年 7 月 14 日前的护理费的诉讼请求并无不当。

典型案例二：倪某与某公司劳动争议案[1]

基本案情

倪某于 2009 年 3 月 11 日入职某公司，2019 年 1 月 20 日发生工伤，被认定为"已达到职工工伤与职业病致残等级标准九级"，停工留薪期自 2019 年 1 月 20 日至 2019 年 7 月 19 日，其于 2019 年 7 月 20 日正常出勤，正常工作至 2020 年春节前，之后也出车，但受疫情影响，出车较少。倪某于 2020 年 4 月 7 日提出解除劳动关系，并向某公司邮寄了《解除劳动关系通知书》，载明因公司未全额支付停工留薪期工资，提出解除劳动关系。2020 年，倪某就停工留薪期事项申请劳动仲裁，该委裁决：某公司支付倪某 2019 年 1 月 20 日至 2019 年 7 月 19 日期间停工留薪期工资 47 880 元。某公司不服，诉至法院。一审法院确认了某劳动仲裁委此项仲裁结果。某公司在一审判决后发现倪某已经就涉案交通事故给其造成的各项损失（另案），起诉于法院，法院于 2020 年 9 月判决何某、韩某、某保险公司赔偿本案倪某误工费 19 000 元及其他各项损失，某公司认为倪某因交通事故造成的损失已经由肇事者及保险公司赔付，但倪某隐瞒该事实，在已经得到赔付的情况下，就该项交通事故造成的损失重复向汽车出租公司主张赔付违法，提出上诉，二审法院经审理，驳回某公司的上诉请求。

裁判观点

一审法院认为，职工因工作遭受事故伤害或者患职业病需要暂停工作接受工伤医疗的，在停工留薪期内，原工资福利待遇不变，由所在单位按月支付。某公司未支付倪某停工留薪期工资，倪某以拖欠工资为由提出解除劳动关系，符合要求支付经济补偿金的法定条件，一审法院予以支持。

---

[1] 案号：(2022) 京 03 民终 2358 号。

　　二审法院认为，关于某公司称倪某因在另案中已获得赔付误工费 19 000 元，本案再主张停工留薪期工资系重复主张的上诉意见，法院认为，即使是第三人原因造成人身损害并构成工伤，侵权人已经赔偿的，劳动者有权请求用人单位支付除医疗费之外的工伤保险待遇。停工留薪工资不属于工伤医疗费用，即使工伤职工在获得第三人支付的误工费之后，用人单位也应当支付停工留薪工资。并结合双方签订的《劳动合同书（适用于出租汽车驾驶员）（固定期限）》约定："六、社会保险及其他保险福利待遇。第十一条：甲乙双方按国家和北京市的规定参加社会保险。甲方为乙方办理有关社会保险手续，并承担相应社会保险义务。……第十三条：乙方患职业病或因工负伤的待遇按国家和北京市的有关规定执行。"故，对于某公司该项上诉意见，法院不予采信。

【关键法条】

《工伤保险条例》

　　第三十三条　职工因工作遭受事故伤害或者患职业病需要暂停工作接受工伤医疗的，在停工留薪期内，原工资福利待遇不变，由所在单位按月支付。

　　停工留薪期一般不超过 12 个月。伤情严重或者情况特殊，经设区的市级劳动能力鉴定委员会确认，可以适当延长，但延长不得超过 12 个月。工伤职工评定伤残等级后，停发原待遇，按照本章的有关规定享受伤残待遇。工伤职工在停工留薪期满后仍需治疗的，继续享受工伤医疗待遇。

　　生活不能自理的工伤职工在停工留薪期需要护理的，由所在单位负责。

75 公司拒绝申报工伤怎么办？

【问题导引】

　　某员工因为工作原因遭受工伤，向公司申请工伤认定时，公司却拒绝为员工申报工伤，应该怎么办？

　　根据《工伤保险条例》规定，员工遭受工伤后，用人单位有义务自事故伤害发生之日起 30 日内，向社会保险行政部门提出工伤认定申请，为员工申报工伤。但如果单位没有按时申报，工伤员工或者直系亲属、工会组织有权在事故伤害发生之日起 1 年内直接提出申请。员工自行申请工伤认定，需要准备以下材料：一是《工伤认定申请表》及身份证复印件等身份证明材料；二是劳动合同复印件或者与用人单位存在劳动关系的其他证明材料；三是医疗机构出具的相关诊断证明。不过各地具体要求材料可能略有出入，建议在申报时提前咨询当地社保部门。

【典型案例】

某公司等与某区人社局行政诉讼案[1]

基本案情

　　范某 2 之子范某 1 系案外人葛某雇佣的货车司机。2018 年 6 月 25 日，葛某与某公司签订《挂靠协议》，双方约定：葛某自有的一辆重型普通货车挂靠某公司从事运营，车辆所有权和经营权属于葛某；某公司实行有偿服务，对葛某每月收取 300 元服务费。2018 年 12 月 27 日，范某 1 驾驶重型普通货车到某市某区某镇某路与某 1 路交叉口向西 100 余米院内拉水槽，范某 1 下车卸箱板，被案外人朱某驾驶吊车倒车时撞倒，致范某 1 当场死亡。2019 年 12 月 19 日，范某 2 向某区人社局提出工伤认定申请，某区人社局于 2019 年 12 月 25 日予以受理。同年 12 月 30 日，某区人社局向某公司送达举证通知书，并制作调查笔录。2020 年 7 月 9 日，某公司向某区人社局提交答辩意见，认为范某 1 与某公司不存在任何形式的劳动关系，也不是在为某公司提供劳动或

---

〔1〕 案号：（2021）京 02 行终 1138 号。

执行工作任务期间死亡，不应认定为工伤。2020 年 7 月 30 日，某区人社局根据上述证据材料，依据《工伤保险条例》第十四条第一项的规定，作出范某 1 受到的事故伤害属于工伤认定范围，予以认定工伤。并分别送达范某 2 及某公司。某公司不服，诉至法院。本案经过一审、二审，均未支持某公司的诉讼请求。

裁判观点

一审法院认为，依据《工伤保险条例》第十七条第二款规定，用人单位未在职工发生事故伤害之日起 30 日内提出工伤认定申请的，工伤职工或者其近亲属、工会组织在事故发生之日起 1 年内，可以直接向用人单位所在地统筹地区社会保险行政部门提出工伤认定申请。第二十条第三款规定，作出工伤认定决定需要以司法机关或者有关行政主管部门的结论为依据的，在司法机关或者有关行政主管部门尚未作出结论期间，作出工伤认定决定的时限中止。本案中，范某 1 于 2018 年 12 月 27 日发生事故身亡，而范某 1 之父范某 2 已于 2019 年 12 月 19 日提起工伤认定申请，且根据上述规定，某公司与范某 2 就工伤认定责任及解决其他劳动争议提起的仲裁和诉讼期间，不计算在工伤申请时限内。故某公司关于范某 2 提出工伤认定申请已经超过申请时效的意见，不予采信。某公司要求撤销某区人社局作出的被诉认定工伤决定的诉讼请求，因缺乏事实和法律依据，不予支持。

二审法院认为，各方当事人对某区人社局具有对辖区内企业或个人提出的工伤认定申请是否成立作出认定的法定职责均不持异议，本院经审查亦予以认可，不再赘述。一审法院对本案争议焦点的归纳及认定结论并无不当，本院予以认可，鉴于一审法院对其认定已予充分论述，本院亦不再赘述。本案中，范某 1 在工作过程中受伤，符合《最高人民法院关于审理工伤保险行政案件若干问题的规定》第三条第一款第五项规定的情形。某人社局作出的被诉认定工伤决定认定事实清楚、证据充分，适用依据正确，程序合法。一审法院判决驳回某公司的诉讼请求正确，本院依法应予维持。某公司的上诉理由不能成立，其上诉请求无事实根据及法律依据，法院不予支持。

【关键法条】

《工伤保险条例》

第十七条　职工发生事故伤害或者按照职业病防治法规定被诊断、鉴定为职业病，所在单位应当自事故伤害发生之日或者被诊断、鉴定为职业病之日起 30 日内，向统筹地区社会保险行政部门提出工伤认定申请。遇有特殊情况，经报社会保险行政部门同意，申请时限可以适当延长。

用人单位未按前款规定提出工伤认定申请的，工伤职工或者其近亲属、工会组织在事故伤害发生之日或者被诊断、鉴定为职业病之日起 1 年内，可以直接向用人单位所在地统筹地区社会保险行政部门提出工伤认定申请。

按照本条第一款规定应当由省级社会保险行政部门进行工伤认定的事项，根据属地原则由用人单位所在地的设区的市级社会保险行政部门办理。

用人单位未在本条第一款规定的时限内提交工伤认定申请，在此期间发生符合本条例规定的工伤待遇等有关费用由该用人单位负担。

第十八条　提出工伤认定申请应当提交下列材料：

（一）工伤认定申请表；

（二）与用人单位存在劳动关系（包括事实劳动关系）的证明材料；

（三）医疗诊断证明或者职业病诊断证明书（或者职业病诊断鉴定书）。

工伤认定申请表应当包括事故发生的时间、地点、原因以及职工伤害程度等基本情况。

工伤认定申请人提供材料不完整的，社会保险行政部门应当一次性书面告知工伤认定申请人需要补正的全部材料。申请人按照书面告知要求补正材料后，社会保险行政部门应当受理。

76 用人单位拒绝举证时如何认定工伤?

【问题导引】

在工伤认定时,往往能够确认员工系因公受伤的确切证据大部分都掌握在单位手中,比如考勤记录、或者安排员工外出的记录等。在公司不配合申报工伤、也不提供相关证据的情况下,如何认定员工是否为工伤呢?

【律师解析】

上文提到了公司如果拒绝为员工申报工伤的话,员工可以自行申报。在员工提交申请后,社保部门通常会通知单位提供材料协助核实相关事实,如果单位认为员工不属于工伤的,根据规定单位需要承担举证责任,举证证明员工受伤与工作无关。如果单位拒不举证的,社保部门会根据受伤害的员工提供的证据或者自行调查取得的证据,依法作出工伤认定决定。此时员工需要尽可能地将手里的相关证据,比如聊天记录、证人证言、急救记录、医疗记录等都提交给社保部门,如果结合社保部门自行调查的事实能够基本证明是在工作过程中受伤的,一般会认定为工伤。

【典型案例】

某工艺品厂与某人力资源和社会保障局行政诉讼案[1]

基本案情

2017 年 9 月 22 日 16 时 30 分,某工艺品厂职工鲁某在该厂车间切割木料时被飞起的木料砸中头部致伤。2018 年 5 月 28 日,鲁某向某区人社局提出工伤认定申请并提交工伤认定申请表、协议等材料。2019 年 6 月 21 日,鲁某补

---

[1] 案号:(2021)鲁 10 行终 8 号。

充提交仲裁裁决书、民事判决书证明劳动关系。某区人社局于同日向鲁某出具《工伤认定受理通知书》，后根据调查作出认定鲁某系因工负伤的《工伤认定决定书》并送达当事人。某工艺品厂对该工伤认定决定书不服，向某区政府申请行政复议，某区政府作出行政复议决定书，维持该工伤认定决定书。某工艺品厂不服，诉至法院，本案经一审、二审，认为某区人社局程序合法，驳回某工艺品厂的诉讼请求。

裁判观点

一审法院认为，本案事故发生于 16 时 30 分，结合鲁某、李某陈述及某工艺品厂性质等，能够认定鲁某受伤时间属于工作时间。本案证据及一审庭审查明的事实，能够证明鲁某系在某工艺品厂车间切割木料时受伤。虽某工艺品厂主张鲁某工作地点为打砂车间并非下料车间，但并未提供有效证据证明其单位有严格的岗位职责划分及鲁某具体工作地点，且即使鲁某在下料车间受伤亦不能否定其在工作场所受伤的事实。本案协议载明"鲁某为本厂职工，因工作负伤住院，住院期间产生的一切费用皆由法定代表人李某承担"，某工艺品厂认可该协议的真实性，视为其对鲁某系因工负伤的自认，结合其他证据可以认定鲁某系因工作原因受到事故伤害。某工艺品厂主张鲁某系干私活，但并未提供充分的证据予以证实，应当承担举证不能的法律后果。综上，被诉工伤认定决定书认定事实清楚、证据充分，适用法律正确。

二审法院认为，工伤认定行政程序中用人单位认为不是工伤的，应承担举证责任，用人单位拒绝举证或者举证不能否定工伤事实的，将承担不利法律后果。本案中，某区人社局受理鲁某的工伤认定申请后，向某工艺厂发出《限期举证通知书》，某工艺品厂仅回复称鲁某不属于因工负伤，但未提交证据予以证实其主张。在此情况下，某区人社局依据工伤认定申请人鲁某提供的证据以及其调查取得的对鲁某、李某的询问笔录，作出被诉工伤认定决定书，在举证责任分配与证据的采纳方面，符合上述规定。

《工伤保险条例》

第十八条　提出工伤认定申请应当提交下列材料：

（一）工伤认定申请表；

（二）与用人单位存在劳动关系（包括事实劳动关系）的证明材料；

（三）医疗诊断证明或者职业病诊断证明书（或者职业病诊断鉴定书）。

工伤认定申请表应当包括事故发生的时间、地点、原因以及职工伤害程度等基本情况。

工伤认定申请人提供材料不完整的，社会保险行政部门应当一次性书面告知工伤认定申请人需要补正的全部材料。申请人按照书面告知要求补正材料后，社会保险行政部门应当受理。

第十九条　社会保险行政部门受理工伤认定申请后，根据审核需要可以对事故伤害进行调查核实，用人单位、职工、工会组织、医疗机构以及有关部门应当予以协助。职业病诊断和诊断争议的鉴定，依照职业病防治法的有关规定执行。对依法取得职业病诊断证明书或者职业病诊断鉴定书的，社会保险行政部门不再进行调查核实。

职工或者其近亲属认为是工伤，用人单位不认为是工伤的，由用人单位承担举证责任。

77 用人单位注册地和工作地不一致，发生工伤应该在哪里申请工伤认定？

【问题导引】

实践中，有些用人单位的注册地与劳动者的实际工作地点往往不一致，这时候有朋友就会问了，如果发生了工伤，到底应该在工作地还是公司注册地申请工伤认定呢？工伤待遇要按照哪里的标准享受呢？

【律师解析】

这个原则上需要看员工的具体参保地在哪儿，员工一旦受到事故伤害或者患职业病后，要在参保地进行工伤认定、劳动能力鉴定，并按照参保地的规定享受工伤保险待遇。而根据规定，用人单位的注册地与生产经营地不在同一统筹地区的，原则上要在注册地为员工参加工伤保险；但未在注册地参加工伤保险的，也可由用人单位在生产经营地为其参加工伤保险。如果员工无论是在公司的注册地还是生产经营地都没有参加工伤保险的，就应当在生产经营地进行工伤认定、劳动能力鉴定，并按照生产经营地的规定依法由用人单位支付工伤保险待遇。

【典型案例】

某公司与某区人社局行政诉讼案[1]

基本案情

某公司成立于 2015 年 3 月 16 日，公司注册地在北京市朝阳区。崔某自 2015 年 8 月 1 日起入职某公司，双方签订有劳动合同。崔某自 2014 年 12 月至 2015 年 7 月期间社会保险的缴费单位为某某公司，自 2015 年 8 月至 2016 年 1 月期间社会保险的缴费单位为某某外服公司。2016 年 1 月 19 日上午，崔某在某公司位于深圳的办公区内搬资料时受伤，后经深圳市中医院诊断为急性腰扭伤致腰椎关节错位。2017 年 4 月 24 日，崔某向某区人社局提交《工伤认定申请书》《广东省医疗机构门（急）诊通用病历》《深圳市中医院疾病证明书》等材料，2017 年 7 月 27 日，某区人社局作出被诉《认定工伤决定书》，对崔某受到的事故伤害认定为工伤。某公司不服，诉至法院，请求法院判决撤销某区人社局于 2017 年 7 月 27 日作出的被诉《认定工伤决定书》。本

---

〔1〕 案号：（2019）京 03 行终 630 号。

案经一审、二审，均认定某公司要求撤销某区人社局作出的被诉《认定工伤决定书》的诉讼请求依据不足，驳回某公司的起诉。

裁判观点

一审法院认为，《人力资源社会保障部关于执行〈工伤保险条例〉若干问题的意见（二）》第七条第一款规定，用人单位注册地与生产经营地不在同一统筹地区的，原则上应在注册地为职工参加工伤保险；未在注册地参加工伤保险的职工，可由用人单位在生产经营地为其参加工伤保险。该条第三款规定，职工受到事故伤害或者患职业病后，在参保地进行工伤认定、劳动能力鉴定，并按照参保地的规定依法享受工伤保险待遇；未参加工伤保险的职工，应当在生产经营地进行工伤认定、劳动能力鉴定，并按照生产经营地的规定，依法由用人单位支付工伤保险待遇。根据上述规定，为职工参加工伤保险的义务主体应为用人单位，本案中，崔某在与某公司劳动关系存续期间受伤，故某公司应为崔某缴纳工伤保险。某公司虽主张已为崔某在深圳市缴纳了工伤保险，但崔某在此期间社会保险的缴费单位并非某公司，《劳动合同书》或其他证据中也均未反映出某公司和崔某曾明确约定崔某的社会保险由其他第三方公司缴纳，而某公司的注册地和生产经营地均在本市朝阳区，故某公司的此项诉讼主张不能成立。因某公司的住所地在本市朝阳区，故某区人社局对崔某提出的工伤认定申请具有审查并作出相应行政处理的法定职权。

二审法院认为，《工伤保险条例》第五条第二款规定，县级以上地方各级人民政府社会保险行政部门负责本行政区域内的工伤保险工作。《北京市实施〈工伤保险条例〉若干规定》第三条第一款规定，市和区、县社会保险行政部门负责本行政区域内的工伤保险工作。《人力资源社会保障部关于执行〈工伤保险条例〉若干问题的意见（二）》第七条第一款规定，用人单位注册地与生产经营地不在同一统筹地区的，原则上应在注册地为职工参加工伤保险；未在注册地参加工伤保险的职工，可由用人单位在生产经营地为其参加工伤保险。该条第三款规定，职工受到事故伤害或者患职业病后，在参保地进行工伤认定、劳动能力鉴定，并按照参保地的规定依法享受工伤保险待遇；未参加工伤保险的职工，应当在生产经营地进行工伤认定、劳动能力鉴定，并按照生产经营地的规定依法由用人单位支付工伤保险待遇。本案中，某公司认可其与崔某存在劳动关系，其应为崔某缴纳工伤保险。现某公司主张其为崔某在深圳市缴纳了工伤保险，但根据已查明的事实，崔某在其与某公司劳动关系存续期间社会保险的缴费单位并非某公司，某公司提供的现有证据亦不能证明某公司和崔某明确约定崔某的社会保险由其他单位代为缴纳。故根据前述规定，某公司的住所地在本市朝阳区，某区人社局作为某公司所在地的社会保险行政部门，有权对其辖区内职工工伤认定申请进行处理。

【关键法条】

《人力资源社会保障部关于执行〈工伤保险条例〉若干问题的意见（二）》

七、用人单位注册地与生产经营地不在同一统筹地区的，原则上应在注册地为职工参加工伤保险；未在注册地参加工伤保险的职工，可由用人单位在生产经营地为其参加工伤保险。

劳务派遣单位跨地区派遣劳动者，应根据《劳务派遣暂行规定》参加工伤保险。建筑施工企业按项目参保的，应在施工项目所在地参加工伤保险。

职工受到事故伤害或者患职业病后，在参保地进行工伤认定、劳动能力鉴定，并按照参保地的规定依法享受工伤保险待遇；未参加工伤保险的职工，应当在生产经营地进行工伤认定、劳动能力鉴定，并按照生产经营地的规定依法由用人单位支付工伤保险待遇。

78 产假期间，女职工社保如何缴纳？

【问题导引】

员工休产假之前，公司跟其谈话说，按照公司规定休产假期间产假工资正常发放，但是公司不再缴纳产假期间的社保，公司的这种规定合法吗？

【律师解析】

当然不合法，缴纳社保是用人单位的法定义务，只要双方存在劳动关系，用人单位就应当及时为员工申报并按时足额缴纳社会保险费，并且非因不可抗力等法定事由不得缓缴、减免。女职工产假期间，其与单位的劳动关系仍在存续期间，单位当然应该按规定继续及时、足额缴纳社保，当然，员工个人也要按规定及时缴纳个人部分的社保费用，不过一般个人部分单位会从工资中代扣代缴。

【典型案例】

任某与某公司劳动争议案[1]

基本案情

任某于 2020 年 12 月 1 日入职某公司，当日，双方签订期限为 2020 年 12 月 1 日至 2023 年 11 月 30 日的《劳动合同》。后双方因 2020 年 12 月 28 日解除劳动合同一事发生争议，生效判决认定某公司系违法解除劳动关系，双方继续履行劳动合同。2022 年 10 月 8 日，某公司向任某送达返岗通知，内容为依据某民事判决书，某公司与任某继续履行劳动合同，但因原来约定的项目经理岗位已于 2021 年 2 月份撤销，所以需要接受调岗调薪。某公司为任某缴纳 2020 年 12 月、2022 年 12 月的社会保险。任某称 2021 年 1 月至 2022 年 11 月社会保险挂靠于案外公司，但处于欠费状态。某公司称因任某社会保险已在其他单位增员，该公司无法为其缴纳社会保险。2022 年 12 月 21 日，任某向某公司送达《辞职信》，2022 年 12 月 22 日，某公司向任某送达《解除劳动关系确认书》。后任某向某劳动仲裁委申请仲裁，要求某公司支付 2020 年 12 月 1 日至 2022 年 12 月 21 日工资差额 211 931.66 元；孕期、产期、哺乳期

---

[1]　案号：（2023）京 0102 民初 19583 号。

应由社保基金承担的产检费用及生育费用 30 336.85 元；解除劳动合同经济补偿 22 500 元。2023 年 7 月 7 日，该委裁决某公司支付任某 2020 年 12 月 1 日至 2022 年 12 月 21 日工资 187 272.55 元、解除劳动关系经济补偿金 22 500 元、支付产检费用及生育费用（具体金额由生育保险经办部门核算），驳回任某的其他仲裁请求。任某不服，诉至法院。本案经审理，对于任某要求支付产假期间的工资差额部分予以支持。

裁判观点

法院认为，任某于 2021 年 8 月 4 日自然顺产，2021 年 8 月 4 日至 2021 年 12 月 9 日期间休产假，上述期间某公司未为任某缴纳社会保险，根据《社会保险法》的相关规定，应按照任某正常出勤工资标准支付上述期间的工资，任某认可仲裁裁决结果，就该部分工资差额，法院不持异议。

【关键法条】

《中华人民共和国社会保险法》

第八十四条　用人单位不办理社会保险登记的，由社会保险行政部门责令限期改正；逾期不改正的，对用人单位处应缴社会保险费数额一倍以上三倍以下的罚款，对其直接负责的主管人员和其他直接责任人员处五百元以上三千元以下的罚款。

第八十六条　用人单位未按时足额缴纳社会保险费的，由社会保险费征收机构责令限期缴纳或者补足，并自欠缴之日起，按日加收万分之五的滞纳金；逾期仍不缴纳的，由有关行政部门处欠缴数额一倍以上三倍以下的罚款。

第五章

劳动争议

79 员工能否拒绝出差？

【问题导引】

　　很多公司会在劳动合同中约定"公司根据业务需要有权安排员工出差"，在实践中，公司安排员工出差也是十分常见的情况。是否只要公司安排出差，员工都必须接受、不能拒绝呢？如果员工拒绝，公司能否以员工不服从工作安排、违反劳动纪律为由解除劳动合同呢？

【律师解析】

　　这个需要结合实际情况来判断公司安排出差是否具有合理性。首先，对于公司安排的与员工的岗位职责有关联的短期性、临时性出差，一般法院会认为这种安排是合理的，无正当理由员工一般不能拒绝，否则可能会因为违反公司规章制度或者违反劳动纪律等被公司辞退。当然，员工因为身体健康等合理理由拒绝出差并且提供相关证据证明的，公司也不能强行安排员工出差。其次，如果公司安排明显与员工的岗位职责无关的频繁、长期性出差，通常会被认为公司在变相变更劳动合同约定的工作地点，此时在未跟员工协商一致的情况下，员工有权拒绝。

【典型案例】

苏某与某公司劳动争议案[1]

基本案情

2016 年 11 月 7 日苏某入职某公司，任职前端工程师，双方签订了期限自 2016 年 11 月 7 日至 2019 年 11 月 6 日的劳动合同。后双方签订了期限自 2019 年 11 月 6 日至 2022 年 11 月 6 日的劳动合同。2020 年 5 月 11 日至 2020 年 5 月 24 日期间，苏某因流产而请休假。2020 年 5 月 25 日苏某返岗上班。某公司曾先后三次要求苏某分别到西宁、江西、北京某地出差，苏某以身体原因、家庭原因拒绝出差，但苏某并未提供相关诊断证明等证据。2020 年 6 月 29 日，某公司向苏某作出《解除劳动合同通知书》，载明"……因您在任职期间严重违反公司规章制度，依据《劳动合同法》第 39 条规定，公司决定于 2020 年 6 月 30 日起，依法解除与您的劳动关系"。双方均确认劳动关系于 2020 年 6 月 30 日解除。苏某曾以要求某公司支付违法解除劳动合同赔偿金为由，向某劳动仲裁委提出申请。该委作出裁决书，驳回苏某的仲裁请求。苏某不服该裁决，诉至法院。本案一审法院未支持苏某的诉讼请求，二审最终支持苏某的诉讼请求。

裁判观点

一审法院认为，首先，某公司与苏某签订的末次劳动合同中，关于工作地点的约定内容明确，并不违反法律行政法规的强制性规定。在明确约定了苏某同意接受某公司安排的短期或长期出差工作情况下，苏某作为完全民事行为能力人，对此理应知悉。进而，苏某返岗工作后，对某公司前两次的异地出差安排，苏某均予以拒绝，某公司在听取了苏某的反馈后，表示安排其他人员出差并将苏某调整至北京的项目工作 2 周，并告知了其不服从工作安

---

[1] 案号：（2021）京 01 民终 8826 号。

排的法律后果。此后，在某公司第三次安排苏某异地出差时，苏某仍表示拒绝。综合考虑到以下情形：其一，在项目上从事前端工程师工作，属于苏某的工作职责范围。其二，某公司安排苏某出差的情形，并不在《女职工劳动保护特别规定》中规定的女职工在孕期或常规期间禁忌从事的劳动范围之列。其三，某公司所安排的出差地点为省会城市，并未阻却苏某有可能的就诊需求。其四，2020 年 5 月 25 日苏某流产休假结束后返岗上班，此后并无遵医嘱休息的病休证明。综上，某公司第三次安排苏某异地出差并无不当，属于正当履行用人单位管理权的范畴，苏某在被告知相应后果的情况下，仍拒绝服从工作安排，违反了基本劳动纪律。在此情形下，某公司据此将苏某辞退，符合法律规定及双方劳动合同的约定，苏某主张违法解除劳动合同赔偿金的请求缺乏依据，法院不予支持。

二审法院认为，劳动合同中虽然约定苏某同意接受某公司安排的短期或长期出差，但是也明确苏某的基本工作地点在北京。因此，从 2020 年 5 月 28 日至 6 月 24 日短短不到 1 个月期间里（如剔除 2020 年 6 月 9 日开始的为期 2 周的驻场项目则时间更短），频繁安排苏某去外地进行较长时间的出差，安排本身难说严格符合劳动合同的约定。其二，某公司安排的第一次出差，是在苏某刚过医院建议的 2 周全休期间之后，安排其去西宁出差 2 个月，考虑到苏某的身体状况以及出差时间较长，该安排欠妥当。某公司安排的第二次出差，是安排苏某于 2020 年 6 月 9 日去江西项目出差，但是对于此次出差的结束时间却并未明确，这也不尽合理；并且苏某也及时向公司提交了病历，证明医生有让其 2020 年 6 月 10 日复诊的医嘱，因此苏某拒绝此次出差亦有合理理由，故某公司在收到苏某提交的复诊医嘱之后，撤回了此次出差的安排。其三，苏某第三次拒绝某公司安排其去南宁出差 2 个月的行为确实有违劳动合同的约定，属于不服从工作安排、违反劳动纪律的行为。但是考虑到苏某术后身体的实际恢复和治疗状况，法院认为苏某在整个事件里并无主观上的重大恶意，其行为也谈不上造成多严重的影响，尚难以达到在规章制度外，严重违反劳动纪律或职业道德、足以解除劳动合同的程度；而某公司前两次出差安排本身欠缺一定的妥当性，并且其提交的证据尚不足以充分证明其在苏某流产手术后短期内频繁安排较为长期的异地出差具有必要性。综上，某公司解除劳动合同的行为依据不足，有违法律规定，故法院认定该解除行为属违法解除，其应当依法向苏某支付违法解除劳动合同赔偿金 120 000 元。

【关键法条】

《中华人民共和国劳动合同法》

第三十五条　用人单位与劳动者协商一致，可以变更劳动合同约定的内容。变更劳动合同，应当采用书面形式。

变更后的劳动合同文本由用人单位和劳动者各执一份。

第三十九条　劳动者有下列情形之一的，用人单位可以解除劳动合同：

（一）在试用期间被证明不符合录用条件的；

（二）严重违反用人单位的规章制度的；

（三）严重失职，营私舞弊，给用人单位造成重大损害的；

（四）劳动者同时与其他用人单位建立劳动关系，对完成本单位的工作任务造成严重影响，或者经用人单位提出，拒不改正的；

（五）因本法第二十六条第一款第一项规定的情形致使劳动合同无效的；

（六）被依法追究刑事责任的。

80 公司在劳动者工作岗位之外增加工作内容，员工能否拒绝？

【问题导引】

劳动合同中约定某员工岗位是"档案管理"，根据《劳动合同》《员工手册》中记载的内容显示，该岗位的工作内容主要是负责档案的出入审核、编号、整理等工作，后来公司要求给该员工增加库房统计的工作内容，员工能否拒绝呢？

【律师解析】

实践中，在判断公司给员工增加工作内容是否合法时，主要以增加的工作内容是否明显超出员工岗位职责范围以及增加部分的工作性质为判断标准。

一般情况下，如果公司在员工的岗位职责内增加员工的工作内容、安排员工从事与其岗位职责具有密切关联性的其他工作、或者安排职责范围外的临时性工作，在没有明显不合理的情形时，通常认为不构成对劳动合同的变更，员工一般不能拒绝。但如果新增的工作内容明显超出岗位职责范围，并且该项工作不是临时性工作、需要长期从事，就属于对劳动合同内容的变更，必须跟员工协商一致，否则员工可以拒绝。

【典型案例】

曹某与某公司劳动争议案〔1〕

基本案情

曹某于 2011 年 7 月 11 日入职某公司，双方签订了期限为 2011 年 7 月 11 日至 2012 年 7 月 11 日的劳动合同，约定曹某任前台岗位。后双方多次签订固定期限劳动合同。2018 年 7 月 12 日，双方签订无固定期限劳动合同，约定曹某担任档案管理工作。2019 年 5 月 24 日的《岗位工作调整通知书及员工本人意见反馈单》，内容为：某公司通知曹某，根据曹某目前岗位的工作量、饱和度以及相关工作安排，自 2019 年 6 月起在曹某原有工作基础上，增加库房统计工作。要求曹某认真填写意见并将纸质版本返回到人力资源部，曹某的意见为不同意，不同意的原因为不接受岗位职责之外的工作内容，本人签订的是档案管理工作，请公司遵守合同执行。2019 年 6 月 5 日，某公司作出《关于给予总经理办公室曹某记过处分的决定》及《岗位工作安排通知书及员工本人意见反馈单》，其中载明"曹某不服从公司正常合理安排的工作等行为属于记过处分行为，对曹某给予记过处分，两次记过视同严重违纪，公司有权与曹某解除劳动合同并不给予任何补偿"。2019 年 6 月 14 日，某公司以曹某不服从公司正常合理的工作等作出《关于给予总经理办公室曹某 2019 年度第二次记过处分的决定》。2019 年 6 月 19 日，某公司以曹某违反公司规章制度为

---

〔1〕 案号：（2020）京 02 民终 1692 号。

由，向曹某作出《解除劳动合同通知书》。后曹某以要求某公司支付违法解除劳动合同赔偿金为由向某劳动仲裁委申请仲裁，该委裁决某公司支付曹某违法解除劳动合同的赔偿金 132 466.67 元。某公司不服，诉至法院，要求不支付违法解除劳动合同赔偿金。本案经一审、二审，均未支持某公司的诉讼请求。

裁判观点

一审法院认为，劳动者的合法权益应当依法保护。用人单位与劳动者协商一致，可以变更劳动合同约定的内容。变更劳动合同，应当采用书面形式。本案中，双方解除劳动关系系增加工作内容所致，双方签订的劳动合同中约定曹某的岗位为档案管理，根据双方均认可的部门平时考核记录表记载曹某的日常工作内容，不包含库房统计工作，故库房统计工作并非曹某的工作内容和岗位职责。现某公司在曹某原有的工作内容基础上，增加库房统计工作属于变更劳动合同，应与劳动者协商一致。从处罚的依据来看，某公司的依据有二，对部门经理（含副经理）以上管理人员分配任务拖延不办的；不服从公司正常合理安排的工作或岗位调动、无故不按工作调动文件规定日期到达调入部门报到并按岗位要求正常开始工作的（同时其超过期间按旷工论处）。对部门经理（含副经理）以上管理人员分配任务拖延不办的适用的前提是劳动者对于其本职工作内容和任务拖延不办，本案涉及的是用人单位新增工作内容并非调岗。在曹某明确表示不同意新增加的工作内容，且双方未协商一致的情况下，某公司就同一事实给予曹某两次记过处分，并视为曹某严重违纪给予解除劳动合同的做法缺乏事实及法律依据，系违法解除，鉴于曹某不要求恢复劳动关系，某公司应支付曹某违法解除劳动合同经济赔偿金。双方对仲裁计算的违法解除劳动合同赔偿金的数额予以认可，对此，法院不持异议。

二审法院认为，劳动者的合法权益受法律保护。建立劳动关系，应当依法签订劳动合同，用人单位与劳动者均应按照劳动合同约定履行各自的合同义务。用人单位与劳动者协商一致，方可变更劳动合同。本案中，某公司与曹某多次签订固定期限劳动合同后，于 2018 年签订无固定期限劳动合同，该合同约定曹某的岗位为档案管理，同时亦约定了某公司可以根据经营需要和员工能力表现调整工作岗位。而某公司于 2019 年 5 月 24 日作出的调整通知书的实际内容是自 2019 年 6 月起在曹某原有工作基础上增加库房统计工作，上述行为属于变更劳动合同，应当与劳动者协商一致，方可进行。用人单位在日常经营中如遇需要调整员工岗位或工作内容的情形，可以根据实际情况选择依法与劳动者协商变更劳动合同或依照合同约定合理调整劳动者的工作岗位，但某公司却在单方提出增加工作内容这一实际变更劳动合同的意见且劳动者明确表示不同意变更劳动合同的情况下，径直对劳动者作出二次记过处分进而单方解除劳动合同，某公司的上述行为既不符合相关法律规定，亦与劳动合同的约定相悖，一审法院认定某公司构成违法解除劳动合同，并无不当。因劳动者提出不再恢复履行无固定期限劳动合同，一审法院判决某公司支付违法解除劳动合同赔偿金，正确合理。

【关键法条】

《中华人民共和国劳动合同法》

第三十五条　用人单位与劳动者协商一致，可以变更劳动合同约定的内容。变更劳动合同，应当采用书面形式。

变更后的劳动合同文本由用人单位和劳动者各执一份。

81 员工工作失误给公司造成损失需要赔偿吗？

【问题导引】

在日常工作中，员工有时候难免会因为一些失误给用人单位造成或多或少的损失，那是不是只要员工给用人单位造成损失的，都需要赔偿呢？

【律师解析】

实践中，通常认为，劳动者在履行劳动合同过程中给用人单位造成的损害，在一定程度和范围内属于用人单位的经营风险，应由用人单位自行承担。至于如何判断是否超出用人单位应自行承担的范围，司法实践中一般以劳动者是否存在故意或者重大过失作为判断标准。如果员工严格按照公司规章制度和工作流程履职，没有过失或者仅有轻微过失的话，是不需要承担赔偿责任的。但员工存在故意或重大过失、给公司造成经济损失的，就应当承担赔偿责任，但这也并不意味着员工需要全额赔偿。实践中法院通常会根据劳动者与用人单位的地位，以及在损失中的责任大小等，酌定员工承担一定比例的赔偿责任。

【典型案例】

张某与某公司劳动争议案[1]

基本案情

2013 年 2 月 6 日，张某入职某公司，岗位为教练员。2015 年 2 月 6 日，张某和某公司签订期限为 2015 年 2 月 6 日至 2018 年 2 月 5 日的固定期限劳动合同，载明张某在某公司的起始工作时间为 2013 年 2 月 6 日，合同约定某公司安排张某执行综合工时制度。2018 年 2 月 6 日，张某和某公司签订劳动合同续订书，约定本次劳动合同期限类型为无固定期限合同。2016 年 9 月 28 日，张某与某公司签订驾驶员安全责任书，其中第三条事故责任处理中第 2 条、第 3 条、第 4 条约定，发生交通事故，经有关部门认定属驾驶员责任，由驾驶员赔偿全部经济损失，第 5 条约定，以上赔偿款额驾驶员同意从本人工资中直接扣除。2018 年 4 月 17 日 7 时 20 分，在某驾校院内，张某驾驶小客车由北向南行驶时，与由东向西步行的赵某相撞，该事故造成赵某受伤。经法院判决，某保险公司在交强险限额内赔偿赵某精神损害抚慰金等各项损失共计 11 8198.10 元，某公司在交强险限额外赔偿赵某残疾赔偿金、误工费、护理费等各项费用共计 139 842.2 元。2018 年 12 月 28 日，某公司向张某邮寄解除劳动关系通知书，与张某解除劳动关系。2019 年 1 月，某公司向某劳动仲裁委申请仲裁，要求张某支付因交通事故给某公司造成的经济损失共计

---

[1] 案号：（2020）京 02 民终 2968 号。

196 095.84元。2019年3月，某劳动仲裁委作出裁决书，结合双方约定、北京市工资支付规定及张某的收入情况，酌定张某赔偿某公司经济损失30 000元。张某不服，诉至法院。本案经一审、二审，均确认了仲裁裁决结果。

裁判观点

一审法院认为，一方面，为了督促劳动者在履职过程中尽到合理谨慎义务，避免其因故意或重大过失造成用人单位损失，法律赋予了用人单位依据合同约定或规章制度规定要求劳动者赔偿损失的权利；另一方面，为了保障劳动者获取劳动报酬的权利和维持基本生活不受影响，前述规定对用人单位通过扣工资方式获得赔偿的工资扣款数额进行了限定，即法律在赋予用人单位向劳动者主张赔偿其经济损失权利的前提下，也要兼顾考虑劳动者的基本权益保护。首先，从程序上来看，安全责任书所涉的内容应属于涉及劳动者切身利益的重大事项，根据《劳动合同法》第四条之规定，应当经职工代表大会或全体职工讨论，提出方案和意见，与工会或者职工代表平等协商确定。某公司虽提交了第一届第二次职工代表大会决议，但是上面仅加盖了某公司工会的公章，某公司未能提供参加职工代表大会的会议记录或有职工代表签名的表决记录等文件材料，即某公司未能提供充分证据证明前述驾驶员安全责任书系经民主程序制定；其次，从安全责任书约定的内容来看，因劳动者在履职过程中造成的损失也属于企业的经营风险之一，用人单位可以通过约定赔偿责任来督促劳动者尽到合理审慎义务，但是赔偿责任的承担应充分考虑劳动者的过错程度及实际偿付能力，某公司在安全责任书中约定不论是交通事故还是意外事故，只要相关部门认定劳动者有责任，劳动者即需要承担全部赔偿责任（有保险的，承担保险以外的全部赔偿责任），前述约定没有考虑劳动者的具体过错和责任大小，径行将用人单位的该项经营风险全部转嫁给劳动者，显然不符合前述法律规定的立法原意。

二审法院认为，张某在2018年4月17日在某公司驾校院内发生交通事故致使学员受伤，被认定为负全部责任。张某与某公司签订有《驾驶员安全责任书》，表明其同意在对事故负有责任且造成某公司损失的情况下，承担赔偿责任。但该责任书中的约定完全排除了用人单位的义务，转移用人单位的经营风险，侵害劳动者利益，有悖公平。考虑到张某作为驾校教练，理应比普通司机更为谨慎地驾驶车辆。其在驾校院内发生交通事故导致学员受伤，被认定为负全部责任，在此次交通事故中确实存在过错。因张某的行为导致某公司支付赵某13万余元，给某公司造成了损失。故一审法院根据《驾驶员安全责任书》，综合某公司的风险分担及经济损失数额，张某的过错、从事的工作性质及其收入情况，酌定张某支付某公司经济损失30 000元，并无不当，法院予以维持。

【关键法条】

《工资支付暂行规定》

第十六条　因劳动者本人原因给用人单位造成经济损失的，用人单位可按照劳动合同的约定要求其赔偿经济损失。经济损失的赔偿，可从劳动者本人的工资中扣除。但每月扣除的部分不得超过劳动者当月工资的20%。若扣除后的剩余工资部分低于当地月最低工资标准，则按最低工资标准支付。

82 用人单位约定迟到罚款是合法的吗？

【问题导引】

实践中，很多单位为了规范员工的出勤问题，会在规章制度中针对迟到、旷工等行为，规定罚款或者扣工资等处罚方式，比如迟到十分钟扣半天工资、旷工一天扣两天工资等，这种处罚方式是合法的吗？

【律师解析】

这种处罚方式是不合法的。虽然在劳动合同履行过程中，用人单位对劳动者具有管理的权利，对劳动者违反劳动纪律和规章制度的行为也有权进行一定惩戒，但单位采取的惩戒措施必须遵循合法、合理和善意的原则。如果单位在规章制度中明显扩大劳动者违纪结果、加重劳动者的违纪责任，一般不能作为用人单位处罚的依据。所以原则上如果员工迟到或旷工，公司可以按员工的日工资标准扣发相应缺勤时间的工资，而不能采取前面所说的迟到十分钟扣半天工资这种方式，惩戒力度明显超出了合理范围。当然，如果公司制度中规定迟到或旷工达到一定次数或时长视为严重违反公司规章制度，公司有权解除劳动合同。这样的制度内容一般是符合规定的，所以建议大家在日常工作中遵守劳动纪律、按时出勤。

【典型案例】

傅某与某公司劳动争议案[1]

基本案情

傅某与某公司签订劳动合同，有效期为 2022 年 3 月 22 日至 2025 年 3 月 21 日，傅某担任售前总监岗位。2023 年 4 月 4 日，某公司以傅某 2023 年 3 月累计旷工 5.5 天、迟到共 10 次，违反劳动纪律和规章制度为由解除劳动合同。2023 年 5 月 30 日，某公司以要求傅某支付多次迟到和不打卡导致的约定处罚金额等事项向某劳动仲裁委提出仲裁请求，该委裁决驳回某公司的全部仲裁请求。某公司不服，诉至法院，本案经过一审、二审。一审法院判决驳回某公司的全部诉讼请求，二审维持原判。

裁判观点

一审法院认为，就某公司主张罚款一节，某公司虽主张依据《员工手册》中关于迟到、未打卡以及《工作日报周报及外出外勤工作通报管理制度》关于未提交日报、周报的规定对傅某进行罚款，但根据《行政处罚法》相关规定，罚款属于行政处罚种类，须由具有行政处罚权的行政机关在法定职权范围内行使。故某公司《员工手册》和《工作日报周报及外出外勤工作通报管理制度》中关于罚款的规定违反法律、行政法规规定，应属无效。同时，傅

---

〔1〕　案号：（2024）京 01 民终 2344 号。

某不认可某公司主张的考勤及相应扣款，某公司认可其已按正常出勤发放了工资，但未提交傅某认可的考勤记录，某公司就该项诉讼请求亦未提交充分证据。综上，对某公司要求支付按照公司考勤管理制度的规定多次迟到和不打卡导致的约定处罚金额 3672.22 元以及要求支付按照公司日报填写制度规定多次拒不写工作日报、周报的约定处罚金额 550 元的请求，法院不予支持。

二审法院认为，就某公司主张傅某向其支付罚款一节。一方面，傅某不认可某公司主张的缺勤，某公司也已按正常出勤支付了工资，法院认为，就缺勤事实，某公司尚未提供充分的证据予以佐证。另一方面，罚款一般是指行政机关依法对违反行政管理秩序的公民、法人或者其他组织，以承担一定金钱给付义务的方式予以惩戒的行为。根据《行政处罚法》的相关规定，罚款作为行政处罚种类之一，只能由法律、法规、规章设定。虽然 1982 年《企业职工奖惩条例》第四条规定，全民所有制企业和城镇集体所有制企业对其职工可以罚款，但是该条例已于 2008 年 1 月 15 日被废止。现行法律、法规未再赋予企业对其员工罚款的权利。而从劳动关系角度考察，如果用人单位与劳动者约定或是在规章制度中规定，当出现某些情形时可以对劳动者罚款，这实际上是用人单位与单个劳动者或者与劳动者集体预先就违约责任约定惩戒、赔偿的金额或者计算方法，其实质与违约金无异，属变相约定违约金。但是根据《劳动合同法》第二十五条的规定，只有两种法定情形下，用人单位可以与劳动者约定由劳动者承担违约金，用人单位不得与劳动者约定由劳动者承担其他的违约金。而本案中，某公司在规章制度中规定可以对员工进行罚款，不属于前述法律条文规定的可约定由劳动者承担违约金的情形，故该规定违反《劳动合同法》第二十五条的法律强制性规定，当属无效。基于上述理由，本院对某公司要求傅某向其支付罚款的请求不予支持。

【关键法条】

《中华人民共和国劳动合同法》

第二十二条　用人单位为劳动者提供专项培训费用，对其进行专业技术培训的，可以与该劳动者订立协议，约定服务期。

劳动者违反服务期约定的，应当按照约定向用人单位支付违约金。违约金的数额不得超过用人单位提供的培训费用。用人单位要求劳动者支付的违约金不得超过服务期尚未履行部分所应分摊的培训费用。

用人单位与劳动者约定服务期的，不影响按照正常的工资调整机制提高劳动者在服务期期间的劳动报酬。

第二十三条　用人单位与劳动者可以在劳动合同中约定保守用人单位的商业秘密和与知识产权相关的保密事项。

对负有保密义务的劳动者，用人单位可以在劳动合同或者保密协议中与劳动者约定竞业限制条款，并约定在解除或者终止劳动合同后，在竞业限制期限内按月给予劳动者经济补偿。劳动者违反竞业限制约定的，应当按照约定向用人单位支付违约金。

第二十五条　除本法第二十二条和第二十三条规定的情形外，用人单位不得与劳动者约定由劳动者承担违约金。

83 公司对不胜任工作的员工进行调岗，员工可以拒绝吗？

【问题导引】

前文提到公司合法降薪时公司依法可以单方调岗的情形，其中大家接触较多的可能是公司以"不胜任工作"为由安排调岗的情况。那对于不胜任工作的员工，公司可以随意安排调岗吗？

【律师解析】

当然不可以。首先，公司以"不胜任工作"为由安排调岗的前提是公司要有充分证据证明员工确实不能胜任现有工作，比如公司对其岗位设置了客观合理的考核标准，但其未能达成相关标准等。其次，公司有权单方调岗也不意味着可以随意调岗，其调岗必须有充分的合理性，比如，调整后的岗位应与调整前的岗位有一定的关联，并与劳动者的劳动能力、专业和技能相适应；调整后的岗位不会对劳动者的工资待遇、工作生活产生重大影响等。如果公司调岗不合理，即使员工不胜任现有工作，员工仍然可以拒绝公司的不合理调岗行为。

【典型案例】

纪某与某公司劳动争议案[1]

基本案情

纪某于 2019 年 9 月 8 日入职某公司担任洗衣店店员。某公司主张因发现纪某在工作期间存在大量职务侵占行为，因此于 2022 年 6 月 2 日将其调往广外店工作，纪某主张家人都住在朝阳区，因此不同意到广外店工作。2022 年 6 月 11 日，某公司以纪某未按照公司规定到广外店报到上班、连续旷工三天为由通知其解除劳动合同。后纪某以违法解除劳动合同等向某劳动仲裁委申请仲裁，该委裁决某公司支付纪某违法解除劳动关系赔偿金 36 404.84 元等事项。双方不服，诉至法院。本案经过一审、二审。一审法院判决：某公司于判决生效后七日内支付纪某违法解除劳动合同赔偿金 54 000 元等事项。二审维持原判。

裁判观点

一审法院认为，关于劳动合同的解除，因某公司调动纪某工作岗位，两岗位距离过远，虽某公司为其安排了住宿，但其认为不便于生活，有权不同意调动。关于某公司提出系因纪某违纪侵占工作岗位而调动其工作岗位一节，因某公司并未提出调动工作岗位为处罚措施，且此种处罚缺乏依据，纪某明确表示不同意调店，仍到原工作地点出勤，因此某公司认定其旷工不妥，不能认定其因此与纪某解除劳动合同符合法律规定，一审法院对某公司要求不支付违法解除劳动合同赔偿金的请求不予支持。纪某要求以 9000 元为工资基数，不高于某公司认可的工资水平，一审法院予以支持。根据纪某的在职年限，某公司应支付其赔偿金 54 000 元（9000×3×2 = 54 000）。

---

〔1〕 案号：（2024）京 03 民终 4738 号。

二审法院认为，本案二审的争议焦点为某公司解除与纪某的劳动合同是否合法。某公司给纪某调店的理由为纪某在工作期间存在大量职务侵占行为，但其提交的明细及微信转账截图并不能显示相关款项与纪某有直接关联，纪某对此亦不予认可。故法院对某公司关于纪某存在大量职务侵占行为的主张不予采纳。某公司以纪某未到广外店报到上班、连续旷工三天为由解除劳动合同，应当对其解除行为的合法性承担举证责任。某公司在未与纪某协商一致的情况下，调动纪某工作岗位距离过远，纪某明确表示不同意调店，仍到原工作地点出勤。在此情形下，某公司认定纪某旷工并以此为由解除劳动合同不妥，属于违法解除，应当支付纪某违法解除劳动合同赔偿金。一审法院对此判决正确，本院予以维持。

【关键法条】

《中华人民共和国劳动合同法》

第四十条 有下列情形之一的，用人单位提前三十日以书面形式通知劳动者本人或者额外支付劳动者一个月工资后，可以解除劳动合同：

（一）劳动者患病或者非因工负伤，在规定的医疗期满后不能从事原工作，也不能从事由用人单位另行安排的工作的；

（二）劳动者不能胜任工作，经过培训或者调整工作岗位，仍不能胜任工作的；

（三）劳动合同订立时所依据的客观情况发生重大变化，致使劳动合同无法履行，经用人单位与劳动者协商，未能就变更劳动合同内容达成协议的。

84 公司部门裁撤、项目取消是否属于客观情况发生重大变化？

【问题导引】

前文提到过，劳动合同订立时所依据的客观情况发生重大变化、致使劳动合同无法履行是法律规定适用 N+1 的三种情形之一。实践中，有部分公司在部门裁撤或者项目取消的情况下，会依据该条规定辞退员工。那么，这种情况究竟是否属于法律规定的"客观情况发生重大变化"呢？

【律师解析】

答案是不属于。劳动合同法中所谓的客观情况发生重大变化一般是指发生双方签订劳动合同时无法预见的一些不可抗力或者出现其他致使劳动合同全部或部分条款无法履行的情况，比如遭受自然灾害或者受法律法规、政策变化导致企业迁移、资产转移或者停产、转产、转制，以及特许经营性质的用人单位经营范围等发生变化等，此时公司可以跟员工协商变更劳动合同。如果不能协商达成一致的，公司可以解除劳动合同。而对于公司部门裁撤、项目取消等情况，司法实践一般认为这种公司根据经营状况进行的组织结构调整、经营业务调整属于可以预见的公司经营风险，不构成客观情况发生重大变化，所以公司不能以此为由解除劳动关系，否则属于违法解除。

【典型案例】

刘某与某公司劳动争议案[1]

基本案情

2019 年 11 月 14 日，刘某入职某公司工作，岗位为高级开发工程师，双方签订了期限自 2019 年 11 月 14 日至 2022 年 11 月 13 日止的劳动合同。2022 年 5 月 7 日，某公司向刘某送达《解除劳动合同通知书》，载明："……在劳动合同履行过程中，因疫情影响，公司组织架构调整，您所在部门裁撤，导致劳动合同订立时所依据的客观情况发生重大变化，致使劳动合同无法履行，我公司经与您协商未能就变更劳动合同内容达成一致，因此不得不解除与您之间的劳动合同。"刘某向某劳动仲裁委申请劳动仲裁，要求某公司支付：

---

〔1〕 案号：（2024）京 01 民终 212 号。

（1）2021年1月1日至2022年5月7日未休年假工资26 773.68元；（2）违法解除劳动合同赔偿金135 425元；（3）2022年4月1日至2022年5月7日奖金6000元；（4）未开具离职证明造成的经济损失200 000元。2022年9月23日，某劳动仲裁委出具裁决书，裁决某公司支付刘某：（1）2022年4月1日至2022年5月7日奖金6000元；（2）2021年1月1日至2022年5月7日未休年休假工资14 874.48元；（3）违法解除劳动合同赔偿金134 800元；（4）驳回刘某其他仲裁请求。刘某认可仲裁裁决结果第1项、第3项，不服其他项；某公司认可仲裁裁决结果第2项，不服其他项。双方均在法定期间内诉至一审法院。本案经一审、二审，均支持刘某要求支付违法解除劳动合同赔偿金的诉讼请求。

裁判观点

一审法院认为，关于违法解除劳动合同赔偿金一节。某公司组织架构调整、部门裁撤等属于公司经营风险，不属于双方劳动合同订立所依据的客观情况发生重大变化，公司以此为由解除劳动合同不当，应支付刘某违法解除劳动合同赔偿金134 800元。

二审法院认为，"劳动合同订立时所依据的客观情况发生重大变化"是指劳动合同订立后发生了用人单位和劳动者订立合同时无法预见的变化，致使双方订立的劳动合同全部或者主要条款无法履行，或者若继续履行将出现成本过高等显失公平的状况，致使劳动合同目的难以实现。但某公司所称"客观情况发生重大变化"系其公司根据经营状况进行的组织结构调整，属于可以预见的公司经营风险，不属于《劳动合同法》第四十条第三项规定的"劳动合同订立时所依据的客观情况发生重大变化"。故某公司主张的解除理由不能成立，某公司解除与刘某的劳动合同缺乏依据，属于违法解除，应当向刘某支付违法解除赔偿金。一审法院此项判决数额未超法定标准，法院对此予以确认。

【关键法条】

《中华人民共和国劳动合同法》

第四十条　有下列情形之一的，用人单位提前三十日以书面形式通知劳动者本人或者额外支付劳动者一个月工资后，可以解除劳动合同：

（一）劳动者患病或者非因工负伤，在规定的医疗期满后不能从事原工作，也不能从事由用人单位另行安排的工作的；

（二）劳动者不能胜任工作，经过培训或者调整工作岗位，仍不能胜任工作的；

（三）劳动合同订立时所依据的客观情况发生重大变化，致使劳动合同无法履行，经用人单位与劳动者协商，未能就变更劳动合同内容达成协议的。

85 部门裁撤公司安排调岗，员工可以拒绝吗？

【问题导引】

很多公司在跟员工签署劳动合同时，往往会在合同中设置这样一个条款：公司可以根据生产经营的需要调整乙方的工作岗位。如果公司后续单方安排调岗，员工可以拒绝吗？

【律师解析】

司法实践一般认为用人单位作为市场主体，根据自身生产经营需要而对劳动者的工作岗位、工作地点进行适当调整，是行使用工自主权的行为，但用人单位也不能滥用用工自主权损害劳动者合法权益，调岗必须具有"合理性"。在判断调岗是否具有合理性时，法院一般会考虑以下几方面因素，包括是否对劳动者有歧视性、侮辱性；是否确实属于客观经营所需而采用的必要方式；是否会对劳动者的工资待遇、工作生活产生重大影响；劳动者是否能够胜任调整的岗位；等等。如果公司安排调岗明显不合理，员工可以拒绝，继续在原岗位出勤上班。

【典型案例】

国某与某公司劳动争议案[1]

基本案情

国某于 2012 年 4 月 23 日入职某公司，双方签订了自 2012 年 4 月 23 日至 2016 年 4 月 30 日的劳动合同、自 2016 年 5 月 1 日至 2019 年 6 月 30 日的劳动合同续订书以及自 2019 年 7 月 1 日起的无固定期限劳动合同续订书，上述劳动合同约定"国某的初始工作岗位为项目经理……某公司可根据其业务需要以及国某的专业技能和工作表现等调整国某的工作岗位或工作职责范围，国某同意服从某公司的调整决定"。某公司主张国某原任 CMMB 精确定位项目部负责人，该项目部近几年一直没有业务，处于待裁撤的状态，后于 2020 年 10 月 15 日被裁撤，2020 年 10 月 30 日，某公司通知国某调岗至技术业务部，任职普通员工，薪资待遇不变，但国某不同意调岗，仍正常出勤，处理项目的善后事务，整理部门内部的业务交接资料，公司未再安排其他工作，国某正常出勤至 2021 年 1 月 11 日，当日某公司提出解除劳动合同，并向国某送达了《关于与国某解除劳动关系的通知书》。因国某未从事其他工作，无业绩，某公司扣发国某 2020 年 12 月 1 日至 2021 年 1 月 11 日期间全部绩效工资。国某以要求某公司支付违法解除劳动合同赔偿金、工资差额、未休年假工资、未续签劳动合同二倍工资差额为由向某劳动仲裁委提起仲裁，该委裁决：（1）某公司支付国某违法解除劳动合同赔偿金 184 500 元；（2）某公司支付国某 2020 年 12 月 1 日至 2021 年 1 月 11 日工资差额 3965 元；（3）某公司支付国某 2020 年 1 月 1 日至 2020 年 12 月 31 日未休年假工资 11 310.34 元；（4）驳回国某的其他仲裁请求。某公司不服，诉至法院。本案经一审、二审，均未支持某公司的诉讼请求，判决结果同仲裁裁决结果。

---

[1] 案号：（2022）京 01 民终 10176 号。

裁判观点

一审法院、二审法院认为，用人单位有权根据生产经营的需要，依据双方签订的劳动合同调整劳动者的工作岗位，这属于用人单位自主用工范围，但调岗应具备必要性、合理性。现双方均认可国某原所在部门于 2020 年 10 月被裁撤，故某公司调整国某的工作岗位具有必要性。但，国某原任部门负责人，调岗后仅为普通员工，调岗前后级别差距超出合理范畴，故法院对国某所持调岗不具有合理性之主张予以采信，进而认定国某要求某公司按照每月 3000 元的标准补发 2020 年 12 月 15 日至 2021 年 1 月 11 日（通知待岗后）期间绩效工资并无不当。

《劳动合同法》第四十条第三项规定的"劳动合同订立时所依据的客观情况发生重大变化"，是指劳动合同订立后发生了用人单位和劳动者订立合同时无法预见的变化，致使双方订立的劳动合同全部或者主要条款无法履行，或者若继续履行将出现成本过高等显失公平的状况，致使劳动合同目的难以实现，一般包括以下情形：地震、火灾、水灾等自然灾害形成的不可抗力；受法律、法规、政策变化导致用人单位迁移、资产转移或者停产、转产、转（改）制等重大变化；特许经营性质的用人单位经营范围等发生变化。用人单位内部的项目部裁撤不属于"劳动合同订立时所依据的客观情况发生重大变化"，故某公司以国某拒绝调岗为由提出解除劳动合同没有法律依据。综上，某公司作出的解除劳动合同决定法律依据不足，构成违法解除。某公司应向国某支付违法解除劳动合同赔偿金。

【关键法条】

《中华人民共和国劳动合同法》

第三十五条 用人单位与劳动者协商一致，可以变更劳动合同约定的内容。变更劳动合同，应当采用书面形式。

变更后的劳动合同文本由用人单位和劳动者各执一份。

第八十七条 用人单位违反本法规定解除或者终止劳动合同的，应当依照本法第四十七条规定的经济补偿标准的二倍向劳动者支付赔偿金。

86 公司经营状况不佳，解散团队，这种情况算经济性裁员吗？

【问题导引】

公司非因法律规定违法解除劳动合同的需要赔偿 2N，所以很多公司在经营状况不好、准备裁员时，会以经济性裁员为由裁撤整个部门、只给员工赔偿 N。这种做法是合法的吗？

【律师解析】

首先，劳动法上的经济性裁员是有严格的适用条件和适用程序的。在适用条件上，公司必须出现生产经营达到濒临破产或者达到当地政府规定的严重困难企业标准等严重困难情形时，才能适用经济性裁员。在满足这些条件的同时，经济性裁员还有严格的程序要求，用人单位必须提前三十天向工会或者全体职工说明情况、提出裁减人员方案，听取工会或者职工的意见后，再向劳动行政部门报告、听取劳动行政部门的意见，最终公布相关方案、办理相关手续。如果公司不符合经济性裁员的适用条件或者没有按照法定程序办理裁员，就属于违法解除。

【典型案例】

典型案例一：赵某与某公司劳动争议案[1]

基本案情

赵某于 2017 年 4 月 19 日入职某公司并担任测试工程师，双方签订了期限为 2017 年 4 月 19 日至 2023 年 4 月 30 日的劳动合同，赵某最后工作至 2022 年 5 月 31 日。2022 年 4 月 1 日至 2022 年 5 月 31 日，因疫情原因某公司通知

---

〔1〕 案号：（2023）京 03 民终 18835 号。

赵某在家待岗，其余时间赵某正常出勤，工资支付至 2022 年 5 月 31 日。2022 年 5 月 31 日，某公司以邮件形式向赵某提出解除劳动合同，理由为经营困难，已支付赵某经济补偿金 18 000 元。公司主张与赵某解除劳动合同符合法律规定，系因疫情原因导致经营不善，不得已进行经济性裁员，赵某不予认可。离职后赵某向某劳动仲裁委申请仲裁，该委裁决某公司支付赵某 2022 年 4 月 1 日至 5 月 31 日工资差额 6743 元；违法解除经济赔偿金 174 500 元；2017 年 4 月 19 日至 2022 年 5 月 31 日延迟加班及休息日加班费 104 563.03 元；4. 2021 年 1 月 1 日至 2022 年 5 月 31 日未休年假工资 12 313.7 元。某公司不服，诉至法院。本案经一审、二审，均确认了仲裁裁决结果。

裁判观点

一审法院认为，某公司主张因经营不善裁员，与赵某解除劳动合同，要求不支付赵某违法解除劳动合同赔偿金，缺乏事实及法律依据，一审法院不予支持。

二审法院认为，某公司虽主张因经营困难、企业为调整经营战略而进行经济性裁员，但赵某对于该事实不予认可，某公司亦未就其解除行为符合经济性裁员的事实条件及法定程序提交任何有效证据。在此基础上，某公司主张其解除行为符合法律规定，不应向赵某支付违法解除赔偿金，缺乏事实和法律依据，法院不予采信。

典型案例二：许某与某公司劳动争议案[1]

基本案情

许某于 2004 年入职某公司，双方自 2015 年 7 月 1 日起签订了无固定期限劳动合同，约定许某劳动报酬标准包括月基本工资税前 7541 元、根据业绩考核结果以每月 649 元为计算基数的绩效（提成）奖金。2018 年 3 月 26 日，某公司向许某发出《解除劳动合同通知书》，写明："由于目前国内家电行业竞

---

〔1〕 案号：（2020）京民申 2691 号。

争愈发激烈，人力及原材料成本不断上涨等因素，近三年均处于严重亏损状态，公司生产经营发生了严重困难，受此状况影响，依据《中华人民共和国劳动合同法》第四十一条规定，决定自 2018 年 3 月 26 日解除与您的劳动合同……"，并告知许某将在其办结工作交接后，按照 N+1 标准支付经济补偿金。2018 年 3 月 27 日，某公司向许某支付了解除劳动合同经济补偿金 159 557 元。许某主张某公司违法解除劳动合同，主张某公司生产经营不存在困难，亏损系因某公司以高于市场价的价格向关联的某企业购入零件所致，某公司年终向职工发了高额的年终奖，并在裁员的同时招聘新职工，可证明其并不存在经营困难。离职后，许某向某劳动仲裁委申请仲裁，要求某公司支付违法解除劳动关系赔偿金、克扣的绩效奖金及加班费。该委裁决某公司支付许某违法解除劳动关系赔偿金差额 123 060.1 元，驳回了许某的其他仲裁请求。某公司不服，诉至法院。本案经一审、二审、再审，均支持某公司无须支付违法解除劳动关系赔偿金的诉讼请求。

裁判观点

一审法院、二审法院认为，2008 年《最高人民法院关于民事诉讼证据的若干规定》第九条规定："下列事实，当事人无需举证证明：……（四）已为人民法院发生法律效力的裁判所确认的事实。"另案民事判决认定某公司 2018 年 3 月 26 日的经济性裁员符合法律规定，判决驳回了该案原告黄某要求支付违法解除劳动合同赔偿金的诉讼请求，该判决现已发生法律效力。而黄某亦与本案某公司签订有无固定期限劳动合同，与许某的情况相同。其次，《劳动合同法》第四十一条第一款规定："有下列情形之一，需要裁减人员二十人以上或者裁减不足二十人但占企业职工总数百分之十以上的，用人单位提前三十日向工会或者全体职工说明情况，听取工会或者职工的意见后，裁减人员方案经向劳动行政部门报告，可以裁减人员：（一）依照企业破产法规定进行重整的；（二）生产经营发生严重困难的；（三）企业转产、重大技术革新或者经营方式调整，经变更劳动合同后，仍需裁减人员的；（四）其他因劳动合同订立时所依据的客观经济情况发生重大变化，致使劳动合同无法履行的。"某公司提交的《某公司财务审计报告》（2014—2017 年）《董事会决议》《对公司经济性裁员通报会的反馈意见》《关于工会反馈意见的回复》以及某市某区人力资源和社会保障局出具的《收悉证明》等证据可以证明某公司存在经营困难，已就经济性裁员向工会说明情况并听取了工会意见，并已将裁减人员方案向劳动行政部门报告，符合上述第四十一条第一款的规定。许某主张某公司不存在经营困难，但所提交的证据不足以推翻《某公司财务审计报告》的效力，其提出的某公司在裁员期间雇佣新员工、为在职职工发放高额年终奖等，因现有证据证明某公司自 2017 年 12 月至 2018 年 3 月期间仅新雇佣员工数人，亦不足以证明某公司不存在经营困难。另依据《劳动合同法》第四十一条第二款规定："裁减人员时，应当优先留用下列人员：（一）与本单位订立较长期限的固定期限劳动合同的；（二）与本单位订立无固定期限劳动合同的；（三）家庭无其他就业人员，有需要扶养的老人或者未成年人的。"故用人单位在经济性裁员时应当优先留用与本单位订立较长期限固定劳动合同及无固定期限劳动合同的职工。根据本案中查明的事实，某公司自 2017 年 12 月至 2018 年 3 月期间，因经营困难决定裁员，对于需裁减的员工，首先通过协商方式与其中 109 人解除了劳动关系，对于其余 23 名协商不成的需裁减员工才列入《被裁减职工花名册》，并向劳动行政部门报告，其中最终以经济性裁员为由单方面解除劳动合同的员工共计为 15 人。虽然《被裁减职工花名册》显示的裁减员工绝大部分为无固定期限劳动合同员工，但从某公司此次裁减的全部人员考量，并非针对无固定期限劳动合同员工，而从 2018 年 4 月某公司的职工名册可以看出，某公司留用的员工大部分为无固定期限劳动合同员工。因此该院认为，许某所提交的证据不足以证明某公司违反了《劳动合同法》第四十一条的规定，某公司与许某解除劳动合同符合法律规定，其要求不支付许某违法解除劳动合同赔偿金差额的请求应予支持。

再审法院认为，本案中，某公司提交的《某公司财务审计报告》（2014—2017 年)《董事会决议》《对公司经济性裁员通报会的反馈意见》《关于工会反馈意见的回复》以及某市某区人力资源和社会保障局出具的《收悉证明》等证据，可以证明某公司确实存在经营困难，且已就经济性裁员向工会说明情况，听取了工会意见，并已将裁减人员方案向劳动行政部门报告，符合上述第四十一条第一款的规定。对于许某提出的某公司不存在经营困难、某公司在裁员期间雇用新员工等主张，因许某未提交充分有效证据否定上述证据的效力，其提交的证据尚不足以证明某公司不存在经营困难、在裁员的同时大量招录新员工不符合经济性裁员的标准以及未就经济性裁员履行工会程序，故其主张不能成立。两审法院结合某公司另案已经发生法律效力的民事判决书，认定某公司对于许某进行经济性裁员符合法律规定，并无不妥。

【关键法条】

《中华人民共和国劳动合同法》

第四十一条　有下列情形之一，需要裁减人员二十人以上或者裁减不足二十人但占企业职工总数百分之十以上的，用人单位提前三十日向工会或者全体职工说明情况，听取工会或者职工的意见后，裁减人员方案经向劳动行政部门报告，可以裁减人员：

（一）依照企业破产法规定进行重整的；

（二）生产经营发生严重困难的；

（三）企业转产、重大技术革新或者经营方式调整，经变更劳动合同后，仍需裁减人员的；

（四）其他因劳动合同订立时所依据的客观经济情况发生重大变化，致使劳动合同无法履行的。

裁减人员时，应当优先留用下列人员：

（一）与本单位订立较长期限的固定期限劳动合同的；

（二）与本单位订立无固定期限劳动合同的；

（三）家庭无其他就业人员，有需要扶养的老人或者未成年人的。

用人单位依照本条第一款规定裁减人员，在六个月内重新招用人员的，应当通知被裁减的人员，并在同等条件下优先招用被裁减的人员。

87 公司搬迁，员工不愿意去，要给经济补偿吗？

【问题导引】

公司搬迁，要求全部员工随迁，员工可以拒绝去新的办公地点上班吗？

【律师解析】

这种情况下，需要判断公司的搬迁是否构成《劳动合同法》所谓的"客观情况发生重大变化、致使劳动合同无法履行"的情况。首先要看工作地点变更的距离是否超出合理范围，比如北京部分法院的司法观点认为，在北京市城六区范围内整体搬迁，一般属于企业自主经营权的范围，不属于重大变化；其次，如果公司跨越行政区域搬迁，没有给员工的通勤造成较大影响，或虽然造成较大影响但是采取了比如提供班车、宿舍、支付交通补贴或者调整上下班时间等方式消除或降低影响的，一般也不属于重大变化。这种情况下，建议大家按时到新办公地点出勤打卡，避免公司以旷工为由解除劳动合同。如果公司的搬迁构成了劳动合同的重大变更，员工就可以解除合同、要求公司支付经济补偿金。

【典型案例】

李某与某公司劳动争议案[1]

基本案情

李某于 2013 年 7 月 9 日入职某公司，从事人力资源主管，双方签有期限为 2013 年 7 月 9 日至 2015 年 7 月 8 日的劳动合同，后双方将劳动合同续签至 2020 年 7 月 8 日。2017 年 6 月 2 日，某公司变更工作地点，由西城区宣武门搬至朝阳区，某公司以微信、短信及面谈形式告知李某，李某亦知晓某公司搬家事宜，李某自 2017 年 6 月 5 日起未到岗，某公司于 2017 年 6 月 22 日向李某发送《限期返岗通知书》，要求李某在规定时间内返岗工作，但李某未到岗履行工作职责，旷工 16 小时以上，属于严重违反公司规章制度行为，某公司根据《考勤管理制度》规定及《劳动合同书》约定，与李某解除劳动关

---

〔1〕 案号：（2021）京民申 4556 号。

系。李某就违法解除劳动合同、未休年休假工资、加班工资等争议向某劳动仲裁委提起仲裁，该委裁决：某公司支付李某 2016 年度及 2017 年度未休年假工资 5254.02 元、2017 年 3 月 1 日至 5 月 31 日延时加班费 1000 元；驳回李某的其他仲裁请求。李某不服，诉至法院。本案经一审、二审、再审，法院均驳回了李某关于支付违法解除劳动合同赔偿金的诉讼请求。

裁判观点

一审法院认为，关于劳动关系解除，用人单位因经营需要变更办公地址或注册地，属企业经营自主之权利。某公司办公地址在北京市城六区内进行变更，由西城区宣武门搬迁至朝阳区霄云路，并未实质影响到劳动合同的继续履行。根据李某认可的公司搬迁通知记录，某公司已于 2017 年 6 月 2 日告知其具体变更地址，并告知其在未办理请假手续的情况下，不到岗行为按旷工处理，该公司又于 2017 年 6 月 22 日向其发送《限期返岗通知书》，亦告知其具体变更地址，李某于 2017 年 6 月 23 日收到该通知书，但仍未到岗。某公司已履行了告知义务，李某未再出勤行为已构成旷工行为，某公司依据《考勤管理制度》相关规定与李某解除劳动关系，符合法律规定。因此，李某要求支付违法解除劳动关系赔偿金的请求于法无据，法院难以支持。

二审法院认为，用人单位因经营需要变更办公地址或注册地，属企业经营自主之权利。本案中，某公司的办公地址由西城区宣武门搬迁至朝阳区霄云路，其系在北京市城六区范围内进行搬迁，虽搬迁到新址后导致李某通勤时间变长，但并未显著影响劳动合同的继续履行，且此次搬迁为公司整体搬迁，并非调整个别员工的工作地点。李某在 2017 年 6 月 2 日收到搬迁通知的情形下，未在规定时间到岗、亦未办理请假手续，在 2017 年 6 月 23 日收到《限期返岗通知书》后仍未到岗，其行为构成旷工，某公司依据《考勤管理制度》相关规定与李某解除劳动关系符合法律规定，无须支付李某违法解除劳动关系赔偿金。

再审法院认为，本案中，某公司因经营需要将办公地址在北京市城六区范围内整体搬迁，属企业经营自主之权利，并未实质影响到劳动合同的继续履行。某公司已履行告知义务，李某在未办理请假手续的情况下，不到岗行为已构成旷工，某公司依据《考勤管理制度》相关规定与李某解除劳动关系符合法律规定。

《中华人民共和国劳动合同法》

第三十五条　用人单位与劳动者协商一致，可以变更劳动合同约定的内容。变更劳动合同，应当采用书面形式。

变更后的劳动合同文本由用人单位和劳动者各执一份。

第三十九条　劳动者有下列情形之一的，用人单位可以解除劳动合同：

（一）在试用期间被证明不符合录用条件的；

（二）严重违反用人单位的规章制度的；

（三）严重失职，营私舞弊，给用人单位造成重大损害的；

（四）劳动者同时与其他用人单位建立劳动关系，对完成本单位的工作任务造成严重影响，或者经用人单位提出，拒不改正的；

（五）因本法第二十六条第一款第一项规定的情形致使劳动合同无效的；

（六）被依法追究刑事责任的。

88 公司约定服务期违约金，违约金数额应当如何计算？

【问题导引】

公司为员工出资 5 万元提供专业技术培训并签订服务期协议，约定培训结束后员工必须在公司工作满 5 年才能离职，否则要向公司支付 50 万元违约金。这种约定是合法的吗？

【律师解析】

首先，根据法律规定，用人单位为劳动者提供专项培训费用、对其进行专业技术培训的，可以与劳动者订立协议，约定服务期以及违反服务期的违约金。但法律对于这种服务期违约金的上限是有明确规定的，违约金的数额不得超过用人单位提供的培训费用金额；劳动者接受培训之后已经在单位工作了一段时间提出离职的，此时用人单位要求劳动者支付的违约金不得超过服务期尚未履行部分所应分摊的培训费用。以以上问题为例，公司提供了 5 万元的培训费用，那员工应支付的违约金的上限就是 5 万元，超出部分是无效的；员工培训后工作了 2 年才离职的，那公司能主张的违约金只有剩余 3 年服务期所对应的 3 万元。

【典型案例】

王某与某医院劳动争议案[1]

基本案情

王某系某医院的事业编制人员。2010 年 9 月 29 日，王某与某医院签订《培训协议书》，约定培训期间为 2010 年 10 月至 2013 年 10 月，同时约定王某参加本次培训后，同意为某医院服务 10 年，服务期自王某结束本次培训之日起计算；服务期满前，双方签订的劳动合同期限提前届满，则原劳动合同期限应当续延至服务期满（王某出现违法、违纪的除外）。《培训协议书》同时约定王某在培训期间和服务期满前提出辞职，或因王某其他原因解除、终止劳动合同的，王某应按照服务期约定支付违约金；具体违约金计算方法，以某医院为王某培训期间支付的全部费用为基数，扣除服务年限后，未服务年限按三倍计算。2011 年 4 月 1 日，某医院与王某签订《接收毕业生协议书》与《聘用合同书》。《聘用合同书》约定合同期限自 2011 年 4 月 1 日至 2019 年 3 月 30 日。2013 年 10 月 9 日，王某培训结束之后，王某在某医院工作至 2014 年 9 月 22 日，后未再继续工作。2019 年 6 月 24 日，某医院就王某支付服务期违约金等事项向某劳动仲裁委申请仲裁，该委驳回此项仲裁请求，某医院不服，诉至法院。本案经过一审、二审程序，一审法院判决王某于判决

---

〔1〕　案号：（2020）京 02 民终 5907 号。

生效之日起10日内支付某医院未履行《培训协议书》中约定的服务期违约金75 000元。二审维持原判。

裁判观点

一审法院认为，关于某医院要求王某支付未履行与某医院签订的《培训协议书》中约定的服务期违约金117 000元的请求。根据《培训协议书》的约定，王某的服务期应至2023年10月，王某当庭亦认可合同现在未到期，现法院认定某医院与王某聘用合同于2014年9月24日解除，故争议焦点在于王某是否符合应支付违约金的情形。《培训协议书》中约定，因王某其他原因解除、终止劳动合同的，王某应按照服务期约定支付违约金，现法院认定系双方长期两不找导致聘用合同解除，但该聘用合同的解除应系王某作为工作人员擅自离岗在先所致，且王某的过错程度较重，故不应将该种情形排除在"因王某其他原因解除、终止劳动合同"之外，因此王某应支付某医院违约金。考虑到王某的过错程度，法院酌定王某支付未履行与某医院签订的《培训协议书》中约定的服务期违约金75 000元。

二审法院认为，关于双方聘用合同的解除原因，系王某作为事业编工作人员，未经单位的允许和批准自行离岗所致，故一审法院综合双方《培训协议书》的签订内容以及王某的过错程度等，酌情认定王某应向某医院支付违约金75 000元，亦无不妥。

【关键法条】

《中华人民共和国劳动合同法》

第二十二条　用人单位为劳动者提供专项培训费用，对其进行专业技术培训的，可以与该劳动者订立协议，约定服务期。

劳动者违反服务期约定的，应当按照约定向用人单位支付违约金。违约金的数额不得超过用人单位提供的培训费用。用人单位要求劳动者支付的违约金不得超过服务期尚未履行部分所应分摊的培训费用。

用人单位与劳动者约定服务期的，不影响按照正常的工资调整机制提高劳动者在服务期期间的劳动报酬。

89 违反户口服务期的约定需要支付违约金吗？

【问题导引】

在北京、上海等一线城市，户口属于稀缺资源，因此有落户指标的公司通常会在劳动合同中与员工约定户口服务期，如果劳动者提前离职，则需要向用人单位支付违约金。这种关于户口违约金的约定是有效的吗？

【律师解析】

无效的。因为我国《劳动合同法》规定，劳动者仅在两种法定情形下需要向用人单位支付违约金：一是在用人单位为劳动者提供专项培训时约定服务期，劳动者违反该服务期约定的；二是劳动者违反竞业限制约定的。除此之外，任何关于违约金的约定都是无效的。但是实践中，很多法院会认为员工提前离职确实违反了诚实信用原则，并且会造成公司户籍指标的流失，以及时间、人力、资金等成本损失，所以会酌定员工赔偿部分金额。

【典型案例】

杨某与某公司劳动争议案[1]

基本案情

2020 年 7 月 29 日，杨某入职某公司。2021 年 11 月 11 日，杨某与某公司签订《协议书》，该协议约定："乙方应自正式获批政府落户指标之日起为甲方服务满三年（以某人力资源社会保障局下发'接收函'之日为准）。……乙方自签订本协议起，在政府受理材料过程中离职，或在双方约定的服务期内提出离职，或因……甲方有权按照违背诚实信用原则处理，乙方需向甲方

---

〔1〕　案号：（2024）京 01 民终 1395 号。

支付赔偿金，赔偿金标准为：人民币叁拾万元。"2021年11月30日，某人力资源和社会保障局出具《接收函》，同意接收办理有关就业手续。2023年7月19日，杨某因个人原因主动离职。某公司以要求杨某赔偿损失等为由向某劳动仲裁委提起仲裁。该委作出不予受理通知书。某公司不服，诉至法院。本案经一审、二审，法院均认为违反户口服务期不属于法定需要支付违约金的情形，但基于诚实信用原则，劳动者应当赔偿损失。

裁判观点

一审法院认为，《劳动合同法》第二十五条规定："除本法第二十二条和第二十三条规定的情形外，用人单位不得与劳动者约定由劳动者承担违约金。"劳动争议案件中，用人单位为其招用的劳动者办理了本市户口，双方据此约定了服务期和违约金，用人单位以双方约定为依据要求劳动者支付违约金的，不应予以支持。确因劳动者违反了诚实信用原则，给用人单位造成损失的，劳动者应当予以赔偿。本案中，杨某与某公司已签署落户协议，双方约定3年服务期，并约定了杨某提前离职的损失赔偿金数额。鉴于上述协议，某公司有理由相信杨某将在该公司服务满3年，并基于该预期为杨某办理落户手续，杨某亦应当按照约定在某公司服务满3年，双方均应按照约定行使权利、履行义务。现某公司已为杨某办理申请落户手续，某人力资源和社会保障局已出具《接收函》，依据某公司为杨某办理户籍进京手续之时的社会现状，户籍进京指标具备稀缺性，杨某明知其签署的协议中约定了3年的服务期，在履行服务期尚未届满即离职，其离职行为给某公司在人才引进及招用同岗位人员等方面带来一定损失，基于诚实信用原则的考量，法院酌情判定杨某赔偿某公司经济损失40 000元。

二审法院认为，用人单位为其招用的劳动者办理了北京户口，双方据此约定服务期，确因劳动者违反了诚实信用原则，给用人单位造成损失的，劳动者应当予以赔偿。

【关键法条】

《中华人民共和国劳动合同法》

第二十二条　用人单位为劳动者提供专项培训费用，对其进行专业技术培训的，可以与该劳动者订立协议，约定服务期。

劳动者违反服务期约定的，应当按照约定向用人单位支付违约金。违约金的数额不得超过用人单位提供的培训费用。用人单位要求劳动者支付的违约金不得超过服务期尚未履行部分所应分摊的培训费用。

用人单位与劳动者约定服务期的，不影响按照正常的工资调整机制提高劳动者在服务期期间的劳动报酬。

第二十五条　除本法第二十二条和第二十三条规定的情形外，用人单位不得与劳动者约定由劳动者承担违约金。

90 劳动合同约定入职后两年内不得离职，是否合法？

【问题导引】

现在有些企业为了留住员工，会在劳动合同里面约定诸如"员工入职后2年内不得离职，否则须支付公司10万元的违约金"这类的条款来限制员工离职，这种约定是否有效呢？

【律师解析】

这个问题需要结合具体情况进行分析。原则上，劳动合同的单方解除权是劳动者享有的法定权利，单位不得以任何理由限制员工离职。但上文也提到了，劳动法上有一种单位可以约定服务期的特殊情形，即为员工提供了专项培训费用、对其进行专业技术培训的。在这种情况下，单位可以跟员工订立协议，约定如果员工违反服务期约定，需要支付相应违约金，但违约金的数额不得超过单位提供的培训费用。除此之外，限制员工离职的约定一般都是无效的。

【典型案例】

吴某与某公司劳动争议案〔1〕

基本案情

吴某于2019年2月13日入职某公司，岗位为神经外科主治医师。双方于2019年2月13日签订期限自2019年2月13日至2024年2月12日的劳动合同。吴某于2022年3月31日因个人原因离职。某公司为吴某办理了2019年2月13日至2022年3月31日的招退工备案手续。双方在2019年1月9日签订一份保密协议。2019年2月26日，双方签订补充协议，其上载明："乙方（吴某）于2019年1月9日入职甲方（某公司），甲方一次性支付给乙方160 592元（大写壹拾陆万零伍佰玖拾贰元）。双方约定乙方为甲方服务10年。服务期未满，乙方离开甲方的，乙方须将160 592元（大写壹拾陆万零伍佰玖拾贰元）全额归还给甲方。本协议自甲方向乙方支付时生效……"2022年7月4日，某公司向某劳动仲裁委申请仲裁，要求吴某返还2019年2月13日至2022年3月31日的工资837 826.65元。2022年8月11日，该委裁决吴某应返还某公司论文奖34 284.87元及违约金160 592元。双方均不服，诉至法院。法院认为双方约定的服务期无效。

裁判观点

法院认为，关于保密协议中工作期限以及违约金的约定。根据法律规定，"用人单位为劳动者提供专项培训费用，对其进行专业技术培训的，可以与该劳动者订立协议，约定服务期；劳动者违反服务期约定的，应当按照约定向用人单位支付违约金"。但本案中，某公司并未为吴某提供专项培训费用对其进行技术培训，因此双方有关服务期的约定应属无效，某公司亦不能以吴某

---

〔1〕 案号：（2022）沪0112民初34465号。

违反服务期约定而要求其承担违约责任。吴某获取的基本工资、绩效奖金、论文奖等均由其付出了相应的劳动，属于吴某合法所得，符合双方有关工资报酬的约定。因此某公司要求吴某返还 2019 年 2 月 13 日至 2022 年 3 月 31 日期间的薪资、年终奖以及论文奖，法院不予支持。

【关键法条】

《中华人民共和国劳动合同法》

第二十二条　用人单位为劳动者提供专项培训费用，对其进行专业技术培训的，可以与该劳动者订立协议，约定服务期。

劳动者违反服务期约定的，应当按照约定向用人单位支付违约金。违约金的数额不得超过用人单位提供的培训费用。用人单位要求劳动者支付的违约金不得超过服务期尚未履行部分所应分摊的培训费用。

用人单位与劳动者约定服务期的，不影响按照正常的工资调整机制提高劳动者在服务期期间的劳动报酬。

第二十五条　除本法第二十二条和第二十三条规定的情形外，用人单位不得与劳动者约定由劳动者承担违约金。

91 公司强制"放假"，劳动者可以辞职吗？

【问题导引】

公司口头强制放假，没有明确说放假到哪一天，放假期间也没有工资，问公司什么时候能去上班，公司也回复说不确定。这种情况下员工可以提出被迫离职要求经济补偿吗？

【律师解析】

答案是可以的。只要在劳动关系存续期间，用人单位就有义务按照劳动合同的约定提供相关劳动保护或者劳动条件，如果用人单位随意强行给员工"放假"或"停工"，无疑剥夺了劳动者的工作权利，让劳动者失去赖以工作的基本条件，此时可以视为用人单位不提供劳动条件。对此，劳动者可以通知用人单位要求按照劳动合同的约定提供相关劳动条件，并注意保存好相关证据，如果单位仍然不安排上班，劳动者就可以以单位未按照劳动合同约定提供劳动条件为由提出被迫离职，并要求公司支付经济补偿。

【典型案例】

朱某与某公司劳动争议案〔1〕

基本案情

朱某与某公司于 2015 年 12 月 31 日签订无固定期限劳动合同，劳动合同载明"朱某在某公司工作起始时间为 2006 年 3 月 6 日"。2021 年 2 月 1 日，某公司出具免职决定，免去朱某财务管理部经理职务。2021 年 2 月 2 日，朱某向某公司邮寄解除劳动合同通知书，载明"本人朱某，2006 年入职贵公司，2012 年开始任公司财务经理，自认兢兢业业、认真负责。但贵公司突然于 2020 年 11 月 16 日以本人身体原因强制我休病假，但医院并未出具本人需要休长期病假的医嘱，且本人亦未同意该决定，遂正常到岗。但贵公司单方剥夺本人打卡考勤权限，且将本人工作必须用的电脑、财务软件账号等所有权限均剥夺，致使本人没有正常的劳动条件，且 2020 年 11 月及 12 月均未足额发放本人工资。本人与贵公司多次沟通无果。贵公司总经理姬某于 2021 年 2 月 1 日单方通知免除本人财务经理职位。贵公司的种种行为实为变相解除与本人的劳动合同，本人亦无法接受贵公司不给本人提供财务经理的劳动条件及未及时足额支付劳动报酬的不公平待遇，现要求解除与贵公司的劳动关系并要求支付相应的赔偿金"。后朱某以支付工资差额、违法解除劳动关系经济补偿金等事项向某劳动仲裁委申请仲裁。该委裁决某公司向朱某支付违法解除劳动关系经济补偿金及工资差额

---

〔1〕　案号：（2022）京 02 民终 4838 号。

等事项。双方对仲裁裁决全额不服，诉至法院。本案经过一审、二审，均判决某公司向朱某支付违法解除劳动合同补偿金等事项。

裁判观点

一审法院认为，关于解除劳动合同经济补偿。综合本案的事实，朱某明确主张自己可以上班并要求上班，且即使在考勤状态被设置为休假、无法打卡的情形下仍到某公司，可见朱某未能正常提供劳动系某公司未提供劳动条件所致，朱某以此为由主张解除劳动合同具有事实和法律依据，某公司应支付其解除劳动合同经济补偿金。

二审法院认为，劳动者依法享有提供劳动的权利。用人单位应当按照劳动合同约定和国家规定，向劳动者及时足额支付劳动报酬。结合双方陈述和现有证据可知，在朱某明确表示可以正常上班并到公司办公地点的情况下，某公司仍长时间将朱某的考勤状态设置为休假致使其无法考勤和办公，并减发及不发朱某的绩效工资，朱某以公司不提供劳动条件、未及时足额支付劳动报酬等为由提出解除劳动合同，符合法律规定应获得经济补偿金的情形。某公司关于朱某构成旷工而无须支付解除劳动合同经济补偿金的上诉请求，缺乏事实依据，法院不予支持。

【关键法条】

《中华人民共和国劳动合同法》

第三十八条　用人单位有下列情形之一的，劳动者可以解除劳动合同：

（一）未按照劳动合同约定提供劳动保护或者劳动条件的；

（二）未及时足额支付劳动报酬的；

（三）未依法为劳动者缴纳社会保险费的；

（四）用人单位的规章制度违反法律、法规的规定，损害劳动者权益的；

（五）因本法第二十六条第一款规定的情形致使劳动合同无效的；

（六）法律、行政法规规定劳动者可以解除劳动合同的其他情形。

用人单位以暴力、威胁或者非法限制人身自由的手段强迫劳动者劳动的，或者用人单位违章指挥、强令冒险作业危及劳动者人身安全的，劳动者可以立即解除劳动合同，不需事先告知用人单位。

92 试用期公司要求提前三十日提出离职，是否合法？

【问题导引】

有的公司在劳动合同中约定："员工离职需提前三十日书面形式向公司提交离职申请"，某员工刚入职不久、尚在试用期内，因为个人原因想离职时，却被公司告知试用期离职也需要提前三十日通知，这是合法的吗？

【律师解析】

当然不合法。上文提到，根据法律规定，正式员工提前三十日、试用期员工提前三日以书面形式通知公司，就可以解除劳动合同。法律赋予了劳动者在试用期内较为自由的就业选择权，以便于其对用人单位进行考察是否合适，提前三日通知即可离职是试用期员工享有的单方解除劳动合同的法定权利，任何人不得超出法律规定限制员工离职，否则是无效的。所以该员工要离职的话只需提前三日通知，到期后做好工作交接即可离职。

【典型案例】

方某与某公司劳动争议案[1]

基本案情

方某于 2021 年 3 月 4 日入职某公司，双方签订《劳动合同》，合同期限自 2021 年 3 月 4 日至 2024 年 3 月 4 日，约定试用期 3 个月，方某从事中教老师岗位工作，《劳动合同》第二十六条约定"乙方试用期须提前 30 日向甲方提出离职，转正后须提前 60 日提出离职，如未提前告知违法解除劳动合同，甲方有权扣除乙方一到两个月工资。给甲方造成严重损失的，应当承担赔偿

---

〔1〕 案号：（2021）鲁 0102 民初 10628 号。

责任"。2021 年 4 月 1 日，方某向某公司提交辞职申请书，离职原因为"个人职业规划和一些现实因素"，某公司法定代表人袁某于 2021 年 4 月 6 日在辞职申请书上署"同意，按劳动合同处理"。2021 年 6 月 7 日，某公司以要求方某支付违法解除劳动合同违约金等事项向某劳动仲裁委提起劳动仲裁。该委驳回某公司仲裁请求。某公司不服，诉至法院。法院判决：驳回某公司诉讼请求。

裁判观点

法院认为，《劳动合同法》第二十六条第一款第三项规定："下列劳动合同无效或者部分无效……（三）违反法律、行政法规强制性规定的。"经审查，双方签订的劳动合同中关于劳动者在试用期离职须提前三十日提出的内容违反了《劳动合同法》第二十五条、第三十七条关于劳动者承担违约金以及劳动者提前通知行使劳动合同解除权的相关规定，应为无效条款。方某2021 年 4 月 1 日提出申请，某公司法定代表人袁某于 4 月 6 日签字确认，方某行使解除权的行为合法。关于某公司主张方某违法解除劳动合同而产生的违约金 6000 元以及未按约定离职造成的经济损失 20 000 元的诉讼请求，均基于方某存在违法解除劳动合同为前提，由于方某系合法解除双方劳动关系，故某公司的上述诉讼请求，于法无据，法院不予支持。

【关键法条】

《中华人民共和国劳动合同法》

第二十六条　下列劳动合同无效或者部分无效：

（一）以欺诈、胁迫的手段或者乘人之危，使对方在违背真实意思的情况下订立或者变更劳动合同的；

（二）用人单位免除自己的法定责任、排除劳动者权利的；

（三）违反法律、行政法规强制性规定的。

对劳动合同的无效或者部分无效有争议的，由劳动争议仲裁机构或者人民法院确认。

第三十七条　劳动者提前三十日以书面形式通知用人单位，可以解除劳动合同。劳动者在试用期内提前三日通知用人单位，可以解除劳动合同。

93 劳动合同约定若员工未提前三十天通知单位离职需要扣除一个月工资，是否合法？

【问题导引】

劳动合同中约定员工离职需要提前三十天提交离职申请，否则需要扣除一个月工资。这种约定合法吗？

【律师解析】

根据我国法律规定，试用期员工提前三天、正式员工提前三十天，可以通知公司解除劳动合同。如果没有提前通知，实质上属于一种违法解除劳动合同行为。但员工违法解除劳动合同并不等于公司有权扣除员工工资。因为我国法律规定，公司不得克扣或者无故拖欠劳动者工资，同时，除两种法定情形外，不得约定由员工承担违约金。所以即使员工违法解除合同，用人单位也无权扣发员工工资。但是如果公司有证据证明员工突然离职给公司造成了损失，可以要求员工赔偿。当然，我国也有个别地区存在特殊规定，比如《安徽省劳动合同条例》中就明确规定，员工未提前三十日通知单位解除劳动合同的，应当按照一个月工资的标准向单位支付赔偿金。

【典型案例】

周某与某公司劳动争议案[1]

基本案情

周某于 2019 年 2 月 21 日入职某公司。2020 年 5 月 31 日，某公司收到周

---

〔1〕 案号：（2021）京 0108 民初 15890 号。

某发出的解除劳动合同通知书。某公司主张周某未提前通知公司即发出解除劳动合同通知，后某公司要求周某办理工作交接，但周某拒不配合，导致项目现场的人员不清楚工程施工节点及施工计划，造成工程部分停工，给其公司造成了巨大经济损失。某公司以要求周某赔偿损失为由向某劳动仲裁委提起仲裁，该委裁决：驳回某公司仲裁请求。某公司不服，诉至法院。法院驳回某公司的诉讼请求。

裁判观点

法院认为，某公司主张周某给其公司造成了经济损失，则应当就损失的客观存在、周某存在过错行为、以及周某的行为与损失之间的关联性提举证据。某公司未提交有效的证据证明周某给其公司造成了经济损失，由此，法院对于某公司要求周某赔偿损失的诉讼请求不予支持。

【关键法条】

《中华人民共和国劳动合同法》

第三十七条　劳动者提前三十日以书面形式通知用人单位，可以解除劳动合同。劳动者在试用期内提前三日通知用人单位，可以解除劳动合同。

第九十条　劳动者违反本法规定解除劳动合同，或者违反劳动合同中约定的保密义务或者竞业限制，给用人单位造成损失的，应当承担赔偿责任。

94 提了离职，公司不让走怎么办？

【问题导引】

有员工朋友问，这个月跟老板提了离职，打算干到月底就回老家，老板却说现在离开公司招不到人，需要员工自己招人，招到人接替工作之后才能离职，否则就不发工资，公司的这种做法是合法的吗？遇到这种情况员工应该如何解决？

【律师解析】

　　法律规定，正式员工提前三十日、试用期员工提前三日书面形式通知公司，就可以解除劳动合同，如果员工已经按照法律规定履行了提前告知的义务，时间到了之后做好工作交接，可以立即解除劳动合同走人，不需要用人单位同意。如果用人单位以此为理由故意拖欠工资，或者不给出具离职证明等，可以向劳动保障监察部门或者提起劳动仲裁，依法维护自己的合法权益。

【典型案例】

关某与某公司劳动争议案[1]

基本案情

　　2021 年 2 月 22 日，关某以个人原因提出解除劳动关系，并向某公司提交了《辞职及解除劳动合同申请》。关某主张其于 2021 年 2 月 22 日提出解除劳动关系，故要求某公司为其办理社保转移。某公司则主张其公司不同意关某的辞职申请，一是其公司安排关某待岗，并未解除劳动合同，关某没有卸任董事长的职务；二是关某还在继续担任其公司的法定代表人职务，只是其公司不再给关某安排新的工作了；三是关某的工作未交接完毕，故其公司认为双方劳动关系存续，没有解除，不同意办理社保转移。后关某以办理社保转移为由向某劳动仲裁委提起仲裁。该委裁决：某公司为关某办理社会保险转移。某公司不服，诉至法院。本案经过一审、二审程序。一审、二审法院均判决某公司为关某办理社会保险关系转移手续。

裁判观点

　　一审法院认为，《劳动合同法》第三十七条规定，劳动者提前三十日以书面形式通知用人单位，可以解除劳动合同。本案中，双方均认可 2021 年 2 月

---

　　〔1〕　案号：（2023）京 01 民终 1098 号。

22 日关某以个人原因提出解除劳动关系，现某公司虽主张双方劳动关系没有解除，但某公司的主张不符合《劳动合同法》第三十七条的规定，法院不予支持，进而支持关某的主张。《劳动合同法》第五十条第一款规定，用人单位应当在解除或者终止劳动合同时出具解除或者终止劳动合同的证明，并在十五日内为劳动者办理档案和社会保险关系转移手续。基于前述认定，现关某要求某公司办理社保转移具有法律依据，应予支持，进而对某公司的诉讼请求不予支持。

二审法院认为，双方均认可 2021 年 2 月 22 日关某以个人原因提出解除劳动关系。关某认可其在提出辞职后没有再向某公司提供劳动，主张双方劳动关系已解除。某公司上诉主张双方劳动关系还未解除，但某公司的主张不符合《劳动合同法》第三十七条的规定，法院不予支持。法院认可关某提出的双方劳动关系已解除的主张。《劳动合同法》第五十条第一款规定，用人单位应当在解除或者终止劳动合同时出具解除或者终止劳动合同的证明，并在十五日内为劳动者办理档案和社会保险关系转移手续。现关某要求某公司为其办理社会保险关系转移手续的请求，具有法律依据，法院应予支持。某公司应为关某办理社会保险关系转移手续。

【关键法条】

《中华人民共和国劳动合同法》

第三十七条　劳动者提前三十日以书面形式通知用人单位，可以解除劳动合同。劳动者在试用期内提前三日通知用人单位，可以解除劳动合同。

第五十条　用人单位应当在解除或者终止劳动合同时出具解除或者终止劳动合同的证明，并在十五日内为劳动者办理档案和社会保险关系转移手续。

劳动者应当按照双方约定，办理工作交接。用人单位依照本法有关规定应当向劳动者支付经济补偿的，在办结工作交接时支付。

用人单位对已经解除或者终止的劳动合同的文本，至少保存二年备查。

95 提前三十天通知公司离职，公司让明天就走可以吗？

【问题导引】

有朋友咨询，自己按照法律规定提前三十天向公司提出了离职申请，准备三十天后离开公司，结果公司却要求一周内办好交接手续就可以离职了，公司的这种做法合法吗？

【律师解析】

关于这个问题，目前司法实践中也存在一定争议，不过主流观点认为，该条规定是法律赋予劳动者在用人单位无法定过错情形下的合同解除权，但要求劳动者行使辞职权须履行提前三十日预告期主要是为了保障用人单位的利益而设置的，目的在于让用人单位事先知晓劳动者的意图，进行必要准备、做好交接工作。既然该条规定是为了保护单位的这种预告期利益，自然单位也可以自愿放弃这种利益。所以对于用人单位来说，劳动者提出离职后，如果单位需要，可以要求劳动者继续履行三十日的劳动义务；但如果单位不需要，也可以随时同意劳动者离职并要求劳动者做好工作交接手续。

【典型案例】

王某与某公司、某公司北京分公司劳动争议案[1]

基本案情

某公司北京分公司系某公司的分公司。王某于 2015 年 3 月 16 日入职某公司，并被派往某公司北京分公司担任经理。王某与某公司签订了书面劳动合同，合同期限为 2015 年 3 月 16 日至 2018 年 3 月 17 日。王某于 2016 年 6 月

---

[1] 案号：（2021）京 02 民再 127 号。

24 日向某公司提交辞职申请，某公司 6 月 27 日批准王某的离职申请。王某于
2016 年 7 月 2 日通过邮件向某公司撤回提交的辞职申请，某公司称未收到王
某关于撤销辞职申请的通知，因王某一直不配合办理交接手续，某公司于
2016 年 7 月 14 日向王某作出劳动合同终止的通知。2016 年 9 月 6 日，王某以
要求某公司支付 2016 年 6 月 1 日至 2016 年 7 月 15 日工资 6000 元、继续履行
劳动合同等事项向某劳动仲裁委申请仲裁，该委驳回王某仲裁请求。王某不
服，诉至法院，该案经过一审、二审、再审程序。一审判决：某公司于判决
生效后七日内支付王某 2016 年 6 月 1 日至 2016 年 6 月 27 日工资 3494 元，驳
回王某的其他诉讼请求。二审、再审维持原判。

裁判观点

一审法院认为，劳动者的劳动合同解除权属于形成权，根据辞职申请书
所载内容，王某于 2016 年 6 月 24 日已向某公司提交辞职申请，且某公司于
2016 年 6 月 27 日已批准其离职，故王某与某公司的劳动关系已于 2016 年 6
月 27 日解除。故对于王某主张的确认某公司于 2016 年 7 月 14 日作出的《劳
动合同终止通知书》系违法解除劳动合同，撤销该劳动合同终止通知书，并
判决恢复劳动关系的诉讼请求，缺乏事实依据，不予支持。

二审法院认为，劳动者的单方解除权，是指劳动者依法享有的，无须用
人单位同意而单方解除劳动合同的权利。王某主张某公司于 2016 年 7 月 15 日
以其坐支现金、严重违反公司规章制度为由违法解除劳动关系，但其已经于
2016 年 6 月 24 日向某公司作出了明确的离职的意思表示，该行为具有相关法
律效力，且某公司亦予以接受。王某虽称其随后撤销了辞职申请，但未就其
撤销行为早于辞职申请书上所载某公司的批准日期及某公司同意该撤销行为
提供相应证据。同时，王某作为完全民事行为能力人，理应具备一定的判断
自身职业风险、权衡利弊的能力。故在王某先行提出辞职的情况下，其要求
确认某公司违法与其解除劳动合同，缺乏依据，本院不予采纳。

再审法院认为，本案争议的焦点为王某 2016 年 6 月 24 日向某公司递交辞
职申请是否产生解除劳动合同的法律效果。《劳动合同法》第三十七条规定，
劳动者提前三十日以书面形式通知用人单位，可以解除劳动合同。劳动者在
试用期内提前三日通知用人单位，可以解除劳动合同。依据该法律规定，劳

动者享有单方解除劳动合同的权利。劳动者单方解除权属于形成权，劳动者单方解除劳动合同的意思表示送达用人单位即产生解除劳动合同的法律效果，不以用人单位同意为生效要件，亦不能在用人单位收到后撤销，除非用人单位接受其撤销的意思表示。《劳动合同法》规定的提前三十日或提前三日通知用人单位是劳动者行使单方解除权后继续履行职务的附随义务，亦即劳动合同经劳动者单方解除后，劳动者应当承担三十日或三日继续履职的附随义务，以满足用人单位正常生产经营需要，这一规定并不影响劳动者单方解除劳动合同的意思表示一经送达用人单位即产生法律效力，用人单位支付工资应到终止劳动之日止。本案中，王某于2016年6月24日向某公司递交辞职申请，作出单方解除劳动合同的真实意思表示，某公司接收了王某辞职申请，双方劳动合同即告解除。王某未就其辞职后仍按规定的工作时间正常出勤工作提供充分证据，原判根据王某辞职及审批情况判令某公司向王某支付工资至2016年6月27日，并无不当。

【关键法条】

《中华人民共和国劳动合同法》

第三十七条　劳动者提前三十日以书面形式通知用人单位，可以解除劳动合同。劳动者在试用期内提前三日通知用人单位，可以解除劳动合同。

96 公司拖欠工资多久才能提出被迫离职?

【问题导引】

公司原来每个月固定15号发工资，但是这个月突然通知说公司资金周转困难需要推迟几天再发，正好也不打算在公司待了，能不能以公司拖欠工资为由提出被迫离职呢?

【律师解析】

　　根据劳动合同法规定，用人单位未及时足额支付劳动报酬的，劳动者可以提出被迫解除劳动合同并要求支付经济补偿金。不过我国法律规定对于用人单位究竟迟延多久不支付劳动报酬才构成"未及时"支付，目前并没有明确的法律规定。在各地司法实践中，大多数法院观点认为公司无正当理由迟延发放工资的时间至少要达到"一个工资支付周期"（一般为一个月），才能构成劳动合同法中规定的"未及时足额支付劳动报酬"。如果只是推迟几天发放，员工是不能以此为由主张被迫离职并要求公司支付经济补偿金的。

【典型案例】

张某与某公司劳动争议案[1]

基本案情

　　张某于 2013 年 6 月 17 日入职某公司，任调试工程师。某公司与张某签订了四次劳动合同，最后一份劳动合同期限为 2019 年 6 月 17 日至 2022 年 6 月 16 日。劳动合同中均约定：某公司克扣或者无故拖欠张某工资的，以及拒不支付张某延长工作时间工资报酬的，除在规定时间内全额支付张某工资报酬外，还须加发相当于工资报酬百分之二十五的经济补偿金。张某的工资计算周期为自然月，某公司在每月 10 日左右向张某支付上个自然月的工资。2013 年 7 月至 2021 年 5 月，某公司每月均以转账方式向张某支付工资，某公司于每月 15 日左右，最迟不晚于 23 日向张某发放上个自然月的工资。2021 年 4 月 26 日，张某向某公司送达《被迫解除劳动合同通知书》，以"未及时足额支付劳动报酬"为由，通知某公司于 2021 年 5 月 26 日解除劳动合同。2021 年 5 月 27 日，张某以确认张某与某公司在 2013 年 6 月 17 日至 2021 年 5 月 26 日期间存在劳动关系、支付前述期间拖欠工资 25% 经济补偿、支付解除劳动

---

〔1〕　案号：（2022）京民申 5584 号。

合同经济补偿金等事项向某劳动仲裁委申请仲裁，该委裁决：（1）确认张某与某公司在 2013 年 6 月 17 日至 2021 年 5 月 26 日期间存在劳动关系；（2）驳回张某的其他申请请求。张某不服，诉至法院。本案经过一审、二审、再审。一审法院确认了仲裁结果。二审、再审维持原判。

裁判观点

一审法院认为，工资应当以货币形式按月支付给劳动者本人。不得克扣或者无故拖欠劳动者的工资。根据法院查明的事实，虽然某公司与张某在劳动合同中约定由前者于每月 10 日前向后者支付上个自然月的工资，但某公司在 2013 年 7 月至 2021 年 5 月期间实际在每月 15 日左右，最迟不晚于 23 日向张某支付上个自然月的工资，即上述迟延发放工资的时间，并未超过一个工资支付周期。故根据现有的证据情况，法院认定某公司的上述行为不构成无故拖欠工资。据此，张某关于要求某公司向其支付 2013 年 6 月 17 日至 2021 年 5 月 26 日期间拖欠工资 25% 经济补偿金的诉讼请求，没有事实依据，法院不予支持。

二审法院认为，双方在劳动合同中约定某公司每月 10 日前向张某支付上个自然月的工资，在 2013 年 7 月至 2021 年 5 月期间，某公司实际为每月 15 日左右、最迟不晚于 23 日向张某支付上个自然月的工资。某公司迟延发放工资的时间并未超过一个工资支付周期，张某亦未提出异议，一审法院根据现有证据情况认定某公司不构成无故拖欠工资，未支持张某要求支付在职期间拖欠工资 25% 经济补偿金的请求，并无不当。根据上述认定，张某以某公司未及时足额支付劳动报酬为由要求某公司支付解除劳动合同经济补偿金缺乏依据，一审法院未予支持亦无不当。

再审法院认为，双方在劳动合同中约定某公司每月 10 日前向张某支付上个自然月的工资，2013 年 7 月至 2021 年 5 月期间，某公司实际为每月 15 日左右、最迟不晚于 23 日向张某支付上个自然月的工资。某公司迟延发放工资时间并未超过一个工资支付周期，张某亦未提出异议。张某以某公司未及时向其足额支付劳动报酬为由，要求某公司支付解除劳动合同经济补偿金，缺乏依据。

《中华人民共和国劳动法》

第五十条　工资应当以货币形式按月支付给劳动者本人。不得克扣或者无故拖欠劳动者的工资。

97 公司恶意降薪调岗逼迫离职，如何维权？

【问题导引】

实践中，很多公司为了避免支付经济补偿，经常会通过恶意调岗降薪的方式逼迫员工离职。这种情况下，员工应该如何维护自己的权益呢？

【律师解析】

可以按照以下几个步骤处理：

首先，通过书面形式明确表明自己不同意调岗的立场，并注意保存好相关材料或沟通记录。其次，不要在公司的调岗审批文件上签字，不要去新岗位报到，继续在原岗位按时上下班，并保存相关考勤、履职的材料。最后，千万不要主动辞职，否则公司可能不用支付经济补偿金。如果公司阻挠员工继续在原岗位工作，或者直接撤销了原岗位不让上班，要注意保留相关证据，可以以公司"未按照劳动合同约定提供劳动保护或者劳动条件"为由提出被迫离职，并要求公司支付经济补偿金。

【典型案例】

王某与某公司劳动争议案[1]

基本案情

2015 年 11 月 24 日，王某入职某公司，岗位为前端开发工程师，月工资标准为 13 500 元，2020 年 7 月 17 日，某公司向王某发送《关于疫情期间公司转型薪酬核算调整的告知书》，主要内容为：公司于 2020 年 7 月 1 日起针对全体人员制定了两种业态转型下的薪资发放及政策支持意见，第一种方式系公司按照员工在职期间薪资标准的 50% 按月继续向其支付工资费用，员工同公司之间仍保持劳动关系，其余 50% 薪资数额公司将按照转型产品最低成本价格进行费用折算并向员工交付转型产品用于等额抵销上述薪资费用；第二种方式系员工同公司解除劳动关系，公司将按照员工在职期间 6 个月的工资标准数额进行转型产品折算。以上两种转型意见，公司将通过企业微信、QQ、电子邮件、短信等多种方式向您本人送达，您本人需要在收到本通知后 3 日内须向公司人力资源行政部门进行回复（从以上两种方式中须"二选一"），并按公司要求填写相关文件，逾期未进行回复或未就以上两种方式给予明确选择的，且继续前往公司办公地点上班从事相关工作内容的，公司将默认您认可公司向您下发的通知内容，并同意公司自 2020 年 7 月 1 日起按照本通知第一种方式就您本人薪资问题进行核算。王某收到通知后未予以回复，继续至公司办公地点工作。同年 7 月 24 日，某公司向王某发送《关于疫情期间公司转型薪酬核算调整的后续通知》，主要内容如下：公司默认王某同意自 2020 年 7 月 1 日起按照"转型薪酬调整通知"规定的第一种方式进行薪资核算……为避免因公司事务原因造成您额外的劳动力支出，公司将在本通知向您送达当日，暂时关停您本人在公司的全部系统管理权限及信息交流工具。7 月 27 日，王某的企业微信账户被删除、OA 系统显示其已离职，王某无法正

---

[1] 案号：（2022）京 03 民终 3046 号。

常办公。自 2020 年 7 月 28 日至 12 月 15 日，王某待岗在家。2020 年 12 月 9 日，某公司向王某发放《限期返岗通知》。12 月 16 日，王某按照通知要求返岗工作。12 月 30 日，某公司向王某发送《休假待岗通知》，以王某返岗后不能就新的工作岗位和薪资与某公司达成意见、公司暂时无法提供与王某要求的薪资对等的岗位为由，通知王某自 2020 年 12 月 31 日起休假待岗，等待公司另行通知。次日，王某就《休假待岗通知》向某公司提出异议，并在接到通知后至 2021 年 3 月 26 日期间的工作日到某公司办公场所。其间，某公司未为其提供办公条件、未安排其具体工作。2021 年 4 月 2 日，王某以某公司单方面强行降低薪资待遇，不支付足额工资，不提供劳动条件等为由向某公司邮寄《解除劳动关系通知书》。后王某向某劳动仲裁委提起仲裁，要求：确认 2021 年 3 月 1 日至 4 月 2 日期间某公司与王某之间存在劳动关系、支付工资差额、支付解除劳动合同经济补偿金、开具离职证明。2021 年 8 月，该委裁决：（1）确认某公司与王某于 2021 年 3 月 1 日至 4 月 2 日期间存在劳动关系；（2）某公司支付王某解除劳动合同经济补偿金 45 162.69 元；（3）驳回王某的其他仲裁请求。双方不服，诉至法院。本案经一审、二审，均判决某公司支付王某解除劳动合同经济补偿金 74 250 元。

裁判观点

一审法院认为，根据《劳动合同法》第三十八条规定，用人单位有下列情形之一的，劳动者可以解除劳动合同：（1）未按照劳动合同约定提供劳动保护或者劳动条件的；（2）未及时足额支付劳动报酬的；（3）未依法为劳动者缴纳社会保险费的；（4）用人单位的规章制度违反法律、法规的规定，损害劳动者权益的；（5）因本法第二十六条第一款规定的情形致使劳动合同无效的；（6）法律、行政法规规定劳动者可以解除劳动合同的其他情形。本案中，某公司未就工资标准调整与劳动者进行协商，而是通过下发《关于疫情期间公司转型薪酬核算调整的告知书》的形式调整王某薪酬，在王某未按某公司要求填写相关文件的情况下，某公司关停王某办公权限不提供劳动条件、安排王某待岗并按照北京市最低工资标准向其支付工资。在通知王某返岗后，双方未就新岗位和薪资达成一致，某公司再次安排王某待岗，并按北京市最低工资标准支付工资，其上述行为乃用人单位在未与劳动者就劳动合同重要内容变更协商一致的情况下，利用管理权强行安排劳动者待岗并单方对工资标准进行的调整，其实质是用人单位单方对劳动合同内容进行变更，该做法缺乏法律依据，也不具有正当性。《北京市工资支付规定》第二十七条规定："非因劳动者本人原因造成用人单位停工、停业的，在一个工资支付周期内，用人单位应当按照提供正常劳动支付劳动者工资；超过一个工资支付周期的，可以根据劳动者提供的劳动，按照双方新约定的标准支付工资，但不得低于本市最低工资标准；用人单位没有安排劳动者工作的，应当按照不低于本市最低工资标准的 70% 支付劳动者基本生活费。国家或者本市另有规定的从其规定。"本案中，某公司并不存在停工、停业的情形，2020 年 7 月 28 日至 2021 年 2 月 28 日期间王某未能正常提供劳动系某公司单方行为所致，故本案并不适用该规定，某公司理应按约定的标准支付王某相应期间的工资。某公司按照 2200 元/月的标准向王某支付 2020 年 7 月 28 日至 2021 年 4 月 2 日期间工资，属于未及时足额支付劳动报酬的情形。王某据此与某公司解除劳动关系并要求其支付解除劳动合同经济补偿金，理由正当、证据充分，一审法院予以支持，具体金额一审法院予以核算。

二审法院认为，根据《北京市工资支付规定》第二十七条规定："非因劳动者本人原因造成用人单位停工、停业的，在一个工资支付周期内，用人单位应当按照提供正常劳动支付劳动者工资；超过一个工资支付周期的，可以根据劳动者提供的劳动，按照双方新约定的标准支付工资，但不得低于本市最低工资标准；用人单位没有安排劳动者工作的，应当按照不低于本市最低工资标准的 70% 支付劳动者基本生活费。国家或者本市另有规定的从其规定。"本案中，某公司并不存在停工、停业的情形，故本案并不适用该规定。某公司以其受疫情影响经营困难为由，在未与劳动者进行协商的情况下，单方调整王某薪酬，并在王某未按要求填写相关文件的情况下，关停其办公权限不提供劳动条件、安排其待岗并按照北京市最低工资标准向其支付工资。在通知王某返岗后，双方未就新岗位和薪资达成一致，某公司再次安排王某待岗，并按北京市最低工资标准支付工资，其上述行为乃用人单位在未与劳动者就劳动合同重要内容变更协商一致的情况下，利用管理权强行安排劳动者待岗并单方对工资标准进行的调整，其实质是用人单位单方对劳动合同内容进行变更，该做法于法无据，缺乏正当性。故，由于王某未能正常提供劳动系某公司单方行为所致，某公司理应按约定的标准支付王某相应期间的工资。现某公司未能及时足额支付劳动报酬，王某据此与某公司解除劳动关系并要求其支付解除劳动合同经济补偿金，于法有据，一审法院予以支持，并无不当，法院对此不持异议。

【关键法条】

《中华人民共和国劳动合同法》

第三十八条　用人单位有下列情形之一的，劳动者可以解除劳动合同：

（一）未按照劳动合同约定提供劳动保护或者劳动条件的；

（二）未及时足额支付劳动报酬的；

（三）未依法为劳动者缴纳社会保险费的；

（四）用人单位的规章制度违反法律、法规的规定，损害劳动者权益的；

（五）因本法第二十六条第一款规定的情形致使劳动合同无效的；

（六）法律、行政法规规定劳动者可以解除劳动合同的其他情形。

用人单位以暴力、威胁或者非法限制人身自由的手段强迫劳动者劳动的，或者用人单位违章指挥、强令冒险作业危及劳动者人身安全的，劳动者可以立即解除劳动合同，不需事先告知用人单位。

98 不提供劳动条件的表现有哪些？

【问题导引】

前文提到过很多次员工可以提出被迫离职的情形，其中有一种情形就是公司不提供劳动条件，那么公司的哪些行为会构成不提供劳动条件呢？

【律师解析】

所谓劳动条件，主要是指用人单位为使劳动者顺利完成劳动合同约定的工作任务，为劳动者提供必要的物质和技术条件，如必要的劳动工具、机械设备、工作场地、劳动经费、辅助人员、技术资料、工具书以及其他一些必不可少的物质、技术条件和其他工作条件。公司不提供劳动条件的表现在实践中主要包括拒绝员工进入办公场所、取消员工办公位置、撤走或收回工作设备、关闭办公系统权限、将员工踢出工作群、无正当理由安排待岗，或者将员工排除在日常劳动管理之外、不为员工安排任何工作任务等。如果出现了以上情形，使得员工已经不具备正常提供劳动的条件，此时员工可以以公司不提供劳动条件为由提出被迫离职、要求公司支付经济补偿金。

【典型案例】

张某与某公司、某公司分公司劳动争议案[1]

基本案情

张某于 2012 年 12 月 31 日入职，与某公司签订《劳动合同》，最近一期劳动合同为自 2018 年 3 月 22 日起的无固定期限劳动合同，约定：张某在某公司分公司担任财务管理部经理，工作地点是苏州，同时合同中约定经双方协商一致，某公司可以根据工作需要调整张某的工作岗位及工作地点。2020 年 3 月 30 日，某分公司发出任免的通知，将张某的岗位由财务管理部经理调整为某支公司个险筹备负责人，薪资级别不变。2020 年 3 月 30 日，某分公司要求张某到新岗位报到，并收走张某电脑。2020 年 4 月 20 日，张某向某公司及某公司分公司发出律师函，以某公司分公司擅自强制调岗，根据《劳动合同法》第三十八条第一款规定单方解除与某公司分公司的劳动关系。后张某以要求支付违法解除劳动合同赔偿金为由向某劳动仲裁委申请仲裁。该委裁决不予支持张某的仲裁请求。张某不服，诉至法院。一审法院判决驳回张某的诉讼请求。二审改判支持了某公司分公司向张某支付经济补偿金的请求。

---

[1] 案号：（2021）苏 05 民终 4292 号。

裁判观点

一审法院认为，关于劳动合同的解除，首先，张某及某公司分公司均确认张某与某公司签订《劳动合同》、张某在某公司分公司工作、由某公司分公司发放工资、缴纳社保的事实，故一审认定张某与某公司分公司存在事实劳动关系的事实；其次，张某以某公司分公司违法强制调岗，用人单位未按劳动合同约定提供劳动保护或劳动条件为由发出书面解除通知，主张赔偿金，但张某系以用人单位存在过错提出解除劳动合同，依据劳动合同法张某仅能主张经济补偿金，张某主张赔偿金，缺乏法律依据，一审不予支持；再次，就张某的调岗，某公司分公司系因《中国银保监会关于银行保险机构员工履职回避工作的指导意见》的要求对关键人员和重要岗位员工进行轮岗，故对张某的岗位进行调整。此前，某公司分公司已将员工履职回避摸排通知邮件发送给张某，并将《中国银保监会关于银行保险机构员工履职回避工作的指导意见》作为附件送达。该指导意见明确应加强重要岗位管控，建立关键人员和重要岗位员工轮岗制度，对于在业务运营、内控管理和风险防范等方面具有重要影响力的各级管理层成员、内设部门负责人和重点业务岗位员工，应明确轮岗期限、轮岗方式等要求，严格实行轮岗；轮岗期限原则上不得超过7年。张某的岗位为分公司财务经理，属于重要关键岗位，其入职至2020年3月已7年余，某公司分公司通知张某轮岗，符合上述指导依据的规定。2020年3月30日，某公司分公司根据上述指导意见通知张某及另一名劳动者工作调整，张某的岗位由财务部经理调整至某支公司个险筹备负责人，薪资级别不变。某公司分公司调整张某的岗位有合理依据，且并非针对张某个人，同时明确告知张某调整后岗位及薪资待遇，并未损害张某的合法权益。此外，张某在仲裁庭审中明确对被告陈述调整后工作内容认可，调整后的工作内容亦包含财务工作，调整后的岗位职务内容有所扩大，除财务工作外，还负责业务管理，一审认定某公司分公司安排张某轮岗，并不构成未按照劳动合同约定提供劳动条件。张某与某公司及某公司分公司解除劳动合同，亦不符合劳动合同法规定的应当支付补偿金的情形。综上，一审对张某的主张不予支持。

二审法院认为，用人单位调动劳动者工作岗位应遵循合法、必要、合理、恰当原则。本案中，某公司及其分公司作为保险机构受银保监部门监管，《中国银保监会关于银行保险机构员工履职回避工作的指导意见》要求银行保险机构应结合自身行业、所处地域的特点，加强重要岗位管控，建立关键人员和重要岗位员工轮岗制度，对于在业务运营、内控管理和风险防范等方面具有重要影响力的各级管理层成员、内设部门负责人和重点业务岗位员工，应明确轮岗期限、轮岗方式等要求，严格实行轮岗。财务管理部经理系分公司内设部门负责人，张某在某公司分公司在该岗位任职已有 7 年，某公司分公司对包括张某在内的人员进行摸排、信息采集后对张某的岗位进行调整，具有合法性、必要性。按照《中国银保监会关于银行保险机构员工履职回避工作的指导意见》要求，推进履职回避工作要尊重员工意愿，注意方式方法，稳妥有序。某公司及其分公司提交的公司员工履职回避摸排通知邮件截屏与员工亲属关系及成长地信息申报表等证据尚不足以说明其将张某由某公司分公司财务管理部经理调整为某支公司个险筹备负责人已征求过张某个人意见。某公司分公司在 2020 年 3 月 30 日发出任免通知当天即通知张某到新岗位报到，并封锁张某办公账号、收走办公电脑，在调整岗位的方式方法上不够妥当。张某在被调岗后与某公司财务部领导用微信联系沟通，反映情况，该聊天记录形成于本案仲裁诉讼之前，故能够比较客观地反映案件事实。张某向总公司财务部领导反映的情况与银保监会某监管分局作出的行政处罚决定书记载事实一致。张某原为某公司分公司财务管理部经理，被调整后的职务是某支公司个险筹备负责人，依一般认知，有降职降级之评价与感受，且个险筹备负责人属综合管理岗位，张某 20 多年来一直从事财务相关的业务岗位，在未进行个险筹备相关知识、能力方面培训的情况下，难免影响其正常履职，故某公司分公司调整的具体岗位亦不尽合理。依上所述，某公司分公司对张某的工作岗位进行调整虽然合法、必要，但具体调整的岗位与原岗位相比不够合理、恰当，在张某亦不同意调动岗位的情况下，某公司分公司调动张某工作岗位并封锁张某办公账号、收走办公电脑等行为属于未按照劳动合同约定提供劳动条件。张某上诉提出的解除劳动合同经济补偿金于法有据，且该金额未超出其仲裁、一审主张的赔偿金范围，故某公司分公司应当向张某支付经济补偿。

【关键法条】

《中华人民共和国劳动合同法》

第四十六条　有下列情形之一的，用人单位应当向劳动者支付经济补偿：

（一）劳动者依照本法第三十八条规定解除劳动合同的；

（二）用人单位依照本法第三十六条规定向劳动者提出解除劳动合同并与劳动者协商一致解除劳动合同的；

（三）用人单位依照本法第四十条规定解除劳动合同的；

（四）用人单位依照本法第四十一条第一款规定解除劳动合同的；

（五）除用人单位维持或者提高劳动合同约定条件续订劳动合同，劳动者不同意续订的情形外，依照本法第四十四条第一项规定终止固定期限劳动合同的；

（六）依照本法第四十四条第四项、第五项规定终止劳动合同的；

（七）法律、行政法规规定的其他情形。

99 公司变更工资结构是否属于变相降低原合同约定的劳动条件？

【问题导引】

前文提到，如果公司降低劳动合同约定条件跟员工续约、员工拒绝的，公司需要支付经济补偿。但如果公司只是在工资总额不变的情况下变更工资结构，比如原工资结构是基本工资3000元+绩效工资2000元，公司在续签劳动合同时调整为基本工资2000元+绩效工资3000元，这算变相降低原劳动合同约定的劳动条件吗？

【律师解析】

当然算。这种情况实际上是把员工可以获得的固定工资部分减少、转变

277

为了浮动工资部分，即使公司可能一直没有制定绩效考核制度、每个月工资也都全额发放，但是一旦员工按调整后的工资结构签订劳动合同，就意味着公司对员工绩效工资数额确定的权力大大增加，员工只有在公司认为其绩效考核结果达标的情况下，才能获得跟之前同样的工资，实际上变相提高了员工的劳动义务标准、降低了原劳动合同约定的条件。在这种情况下，员工可以要求公司按照原劳动合同约定的条件续签劳动合同，也可以拒签劳动合同并要求公司支付经济补偿。

【典型案例】

齐某与某公司劳动争议案[1]

基本案情

2007年5月23日，齐某入职某公司，离职前担任救援工。2013年5月22日，双方签订了无固定期限劳动合同，2015年12月起某公司取消了齐某的基本工资，工资结构变更为计件工资及加班费。2016年1月28日，齐某以某公司未经协商一致强行取消岗位工资为由与某公司解除劳动合同。离职后，齐某以未经协商一致强行取消基本工资的行为违法并补发基本工资等事项向某劳动仲裁委申请仲裁。该委裁决某公司支付解除劳动合同经济补偿金19 027.44元。某公司不服，诉至法院。本案经过一审、二审程序。一审法院判决：某公司于判决生效后七日内支付齐某解除劳动合同经济补偿19 027.44元。二审维持原判。

裁判观点

一审法院认为，2015年12月起某公司在征得工会的同意后取消齐某基本工资改为全部计件，导致齐某2015年12月及2016年1月的工资降低。齐某因此离职。对此，一审法院认为，工资结构严重影响劳动者的权利，用人单

---

[1] 案号：（2018）京03民终5826号。

位在调整前应与劳动者协商一致。某公司工会在对某公司调整工资结构的决定表示同意之前未取得齐某的授权，之后亦未获得齐某的同意，因此其决定无论是否符合该公司多数职工的利益，均不能对齐某发生效力。齐某因工资降低与某公司解除劳动合同，某公司应当支付其解除劳动合同的经济补偿。某劳动仲裁委裁决某公司支付齐某解除劳动合同的经济补偿 19 027.44 元，未超过法律规定，某公司应予以支付。

二审法院认为，本案主要争议焦点为某公司对齐某的工资结构进行调整是否符合法律规定。某公司对齐某的工资结构进行调整，是对劳动合同约定的工资结构的调整，齐某在原劳动强度、劳动时间不变的情况下，齐某的工资发生了变化，故某公司对齐某的工资结构进行调整，是对齐某劳动报酬的调整，属于劳动合同内容的变更。根据《劳动合同法》第三十五条之规定"用人单位与劳动者协商一致，可以变更劳动合同约定的内容"，因此，某公司变更其与齐某签订的劳动合同，应当与齐某协商一致才能变更；而某公司未与齐某协商一致的情况下，变更劳动合同，属于违反《劳动合同法》的行为，一审法院据此认定某公司给付齐某解除劳动合同经济补偿金，符合法律规定。对于某公司主张其通过职工大会、工会讨论通过工资调整方案的问题，因某公司与齐某签订的《劳动合同》中未约定经职工大会、工会讨论通过可以变更工资结构，《劳动合同法》也未规定经职工大会、工会讨论通过可以变更劳动合同，故某公司主张其经职工大会、工会讨论通过可以变更劳动合同的意见，没有法律依据，法院不予采纳。

【关键法条】

《中华人民共和国劳动合同法》

第三十五条　用人单位与劳动者协商一致，可以变更劳动合同约定的内容。变更劳动合同，应当采用书面形式。

变更后的劳动合同文本由用人单位和劳动者各执一份。

第三十八条　用人单位有下列情形之一的，劳动者可以解除劳动合同：

（一）未按照劳动合同约定提供劳动保护或者劳动条件的；

（二）未及时足额支付劳动报酬的；

（三）未依法为劳动者缴纳社会保险费的；

（四）用人单位的规章制度违反法律、法规的规定，损害劳动者权益的；

（五）因本法第二十六条第一款规定的情形致使劳动合同无效的；

（六）法律、行政法规规定劳动者可以解除劳动合同的其他情形。

用人单位以暴力、威胁或者非法限制人身自由的手段强迫劳动者劳动的，或者用人单位违章指挥、强令冒险作业危及劳动者人身安全的，劳动者可以立即解除劳动合同，不需事先告知用人单位。

100 公司认为试用期员工不符合公司需求，可以直接辞退吗？

【问题导引】

试用期是用人单位对新招收员工的工作能力、工作态度等就职要素进行考察的时间期限。在试用期内，如果公司认为员工不符合公司需求，可以直接辞退吗？

【律师解析】

当然不可以。我们之前说过，公司单方辞退员工必须遵循"事由法定"原则，虽然法定事由中有一种情形叫作"在试用期间被证明不符合录用条件的"，但是该条款的意思并不是说只要公司认为不合适就可以直接辞退，这一条的适用必须遵循以下几点要求：首先，在员工入职时，公司必须提前明确告知相关岗位的录用条件；其次，录用条件必须合理、客观、具体、量化，便于考核；最后，公司必须在试用期内作出考核评价并告知员工，如果超出了试用期就不能再以不符合录用条件为由解除劳动合同了。如果公司未能满足上述要求，直接以员工不符合公司需求为由辞退，就是违法辞退，需要支付赔偿金。

【典型案例】

崔某与某公司劳动争议案[1]

基本案情

崔某于 2021 年 11 月 15 日入职某公司，岗位是会计，双方签订三年期限劳动合同，试用期为 2021 年 11 月 15 日至 2022 年 5 月 14 日。2022 年 4 月 27 日，某公司以崔某不符合录用条件为由与其解除劳动合同，《解除劳动合同通知书》载明：崔某无正当理由拒不服从公司的工作安排，劳动态度差，工作能力不能胜任本职工作，无法按时、保质、保量地完成所承担的各项工作任务等，因试用期内表现不合格，不符合本公司的录用条件，公司决定与你解除劳动关系。后崔某向某劳动仲裁委申请仲裁，请求裁决：某公司支付加班工资、代通知金、解除劳动合同经济补偿金等事项。该委裁决：支付崔某解除劳动合同经济补偿金，驳回崔某的其他诉讼请求。崔某不服，诉至法院。本案经一审、二审，均支持崔某要求支付加班工资、解除劳动合同赔偿金的诉讼请求。

裁判观点

一审法院认为，某公司与崔某解除劳动合同的理由为崔某无正当理由拒不服从公司的工作安排，劳动态度差，工作能力不能胜任本职工作，无法按时、保质、保量地完成所承担的各项工作任务等，因试用期内表现不合格，不符合本公司的录用条件，故解除劳动关系。某公司主张崔某不符合录用条件的证据为微信聊天记录，但从某公司提供的微信聊天记录看，内容均属正常工作沟通，不能证明某公司主张的崔某拒不服从工作安排、工作能力不能胜任等情况，且 2022 年 1 月 1 日之后某公司已经按照转正后的工资标准向崔某支付工资，一审法院对崔某主张的崔某已于 2022 年 1 月 1 日转正的意见予

---

[1]　案号：（2023）京 03 民终 20108 号。

以采信，故某公司以崔某试用期内表现不合格为由解除劳动关系，亦缺乏依据。综上，某公司与崔某解除劳动合同缺乏合理合法依据，属于违法解除劳动合同，崔某诉请某公司支付违法解除劳动合同的赔偿金，一审法院予以支持。

二审法院认为，从崔某提交的微信聊天记录来看，其于 2021 年 12 月 18 日应某公司要求提交转正申请，后某公司于 2022 年 1 月 1 日起开始按转正后的标准向崔某发放工资，可以认定某公司同意崔某提前转正。现某公司以崔某不符合试用期录用条件为由与崔某解除劳动关系，但未能就录用的具体条件予以合理说明，且崔某已于 2022 年 1 月 1 日转正，故一审法院认定某公司系违法解除并无不当，法院予以维持。

【关键法条】

《中华人民共和国劳动合同法》

第三十九条 劳动者有下列情形之一的，用人单位可以解除劳动合同：

（一）在试用期间被证明不符合录用条件的；

（二）严重违反用人单位的规章制度的；

（三）严重失职，营私舞弊，给用人单位造成重大损害的；

（四）劳动者同时与其他用人单位建立劳动关系，对完成本单位的工作任务造成严重影响，或者经用人单位提出，拒不改正的；

（五）因本法第二十六条第一款第一项规定的情形致使劳动合同无效的；

（六）被依法追究刑事责任的。

101 规章制度未告知员工，能作为解除劳动合同的依据吗？

【问题导引】

小王被公司告知因违反《员工手册》的规定被开除，但所谓《员工手册》小王根本没见过，公司也从来没跟小王强调过《员工手册》或公司其他规章制度的内容。那在公司没有将规章制度告知小王的情形下，公司能以小王违反公司规章制度为由解除劳动合同吗？

【律师解析】

答案是不可以。公司的规章制度要想对员工产生约束力，需要满足以下三个条件：（1）制度的内容必须合法；（2）对于涉及劳动者切身利益的规章制度需要经法定的民主程序制定并通过；（3）规章制度必须向员工公示或告知。如果不满足以上任一条件，公司的规章制度对员工就不产生任何约束力，公司依据这种规章制度通知员工解除劳动关系，就属于违法解除。

【典型案例】

李某与某公司劳动争议案[1]

基本案情

2021年11月8日，李某入职某公司，职位为临床实验项目管理经理，双方签订劳动合同。2022年8月18日，某公司出具《解除劳动关系通知书》载明："李女士，您在2022年1月至8月期间出现迟到次数多达11次、未按要求提交工作日志的情形，违反了行政管理中心下发的《某制药有限公司考勤管理制度》第十一条第二款、《某制药有限公司工作日志管理制度》第六条第三款和第七款之规定，经公司核查，确认属实。依据《劳动合同法》第三十九条第二款规定及公司《某制药有限公司考勤管理制度》第十一条第二款规定：自然月内累计迟到/早退合计3次以上，或全年合计达到5次及以上，视为严重违反公司规章制度的行为，公司可解除劳动合同且不予支付经济补偿金。经公司研究决定，自2022年8月18日16时起与您解除劳动关系。您在收到本通知书后，于2022年8月18日16时之前完成离职交接事项并离开公

---

[1] 案号：（2023）京02民终10456号。

司。"《解除劳动关系通知书》载有某公司的公章。2022年9月，李某向某劳动仲裁委申请仲裁，要求：某公司支付违法解除劳动关系赔偿金、8月工资以及6、7月绩效工资。该委裁决：某公司支付李某违法解除劳动关系经济赔偿金；驳回李某的其他仲裁请求。李某认可裁决结果，某公司不服，诉至法院。本案经一审、二审，均驳回某公司的诉讼请求。

裁判观点

一审法院认为，某公司主张李某违反了某公司行政管理中心下发的《某制药有限公司考勤管理制度》和《某制药有限公司工作日志管理制度》，依据《劳动合同法》和《某制药有限公司考勤管理制度》与李某解除劳动合同，但其提交的证据不足以证明已向李某公示或告知上述考勤管理制度，故某公司未对其解除行为的合法性予以充分举证，法院认定其为违法解除劳动合同，某公司应当支付李某违法解除劳动关系赔偿金。

二审法院认为，本案中，某公司以李某在2022年1月至8月期间累计迟到11次及未按要求提交工作日志，严重违反公司规章制度和劳动纪律为由，提出与李某解除劳动合同。但根据在案证据，并结合某公司主张的违纪期间、违纪事项及具体情节等综合考量，李某尚未达到严重违反规章制度和劳动纪律的程度，某公司直接提出与李某解除劳动合同，事实及法律依据不充分，属于违法解除，应当向李某支付违法解除劳动合同赔偿金。一审法院判决某公司予以支付且核算数额无误，本院予以确认。某公司上诉称李某签署的《员工工作交接单》已声明"双方再无其他劳动争议"，李某对此不予认可，鉴于签署工作交接单系为办理工作交接，双方并未就解除补偿达成一致，某公司未曾向李某"结清"解除劳动关系经济补偿金，故该工作交接单不足以阻却李某依法主张权利，故某公司关于其公司无须支付李某违法解除劳动合同赔偿金的上诉意见，依据不足，本院不予采纳。

【关键法条】

《中华人民共和国劳动合同法》

第三十九条　劳动者有下列情形之一的，用人单位可以解除劳动合同：

（一）在试用期间被证明不符合录用条件的；

（二）严重违反用人单位的规章制度的；

（三）严重失职，营私舞弊，给用人单位造成重大损害的；

（四）劳动者同时与其他用人单位建立劳动关系，对完成本单位的工作任务造成严重影响，或者经用人单位提出，拒不改正的；

（五）因本法第二十六条第一款第一项规定的情形致使劳动合同无效的；

（六）被依法追究刑事责任的。

102 公司单方辞退未说明原因、事后才告知是因违反公司规章制度，合法吗？

【问题导引】

某员工上班时突然收到公司邮件，要求其离职并为其开具了离职证明，但邮件中并未告知辞退原因。事后双方发生争议，该员工申请劳动仲裁、要求公司支付违法解除劳动合同赔偿金，但公司却称当时辞退的原因是员工严重违反了公司规章制度，并拿出了相关证据。这种情况下，员工还能主张经济赔偿金吗？

【律师解析】

答案是可以。最高人民法院曾于2022年发布了第180号指导性案例，确立了"人民法院在判断用人单位单方解除劳动合同行为的合法性时，应当以用人单位向劳动者发出的解除通知的内容为认定依据"的裁判规则。也就是说，法院在审理公司是否存在违法解除情形时，只会就解除通知上载明的辞退原因是否成立、是否构成合法解除事由进行审查；如果公司事后超出解除通知载明的依据及事由，另行提出员工在职期间存在其他严重违反公司规章制度的情形，并据此主张合法解除的，人民法院不予支持。同样，根据公平原则，很多法院认为员工在提出被迫离职时也需要明确提出符合法律规定的具体的解除理由，否则可能不支持主张经济补偿金。

孙某与某公司劳动争议案[1]

基本案情

2016年7月1日，孙某（乙方）与某公司（甲方）签订劳动合同，约定：劳动合同期限为自2016年7月1日起至2019年6月30日止；乙方工作地点为连云港，从事邮件收派与司机岗位工作；乙方严重违反甲方的劳动纪律、规章制度的，甲方可以立即解除本合同且不承担任何经济补偿；甲方依法制定并通过公示的各项规章制度，如《员工手册》《奖励与处罚管理规定》《员工考勤管理规定》等文件作为本合同的附件，与本合同具有同等效力。2017年9月12日、10月3日、10月16日，孙某先后存在工作时间未穿工作服、代他人刷考勤卡、在单位公共平台留言辱骂公司主管等违纪行为。事后，某公司依据《奖励与处罚管理规定》，对孙某上述违纪行为分别给予扣2分、扣10分、扣10分处罚，但具体扣分处罚时间难以认定。2017年10月17日，孙某被所在单位用人部门以未及时上交履职期间的营业款项为由安排停工。次日，孙某至所在单位刷卡考勤，显示刷卡信息无法录入。10月25日，某公司出具离职证明，载明孙某自2017年10月21日从某公司正式离职，已办理完毕手续，即日起与公司无任何劳动关系。10月30日，某公司又出具解除劳动合同通知书，载明孙某在未履行请假手续也未经任何领导批准情况下，自2017年10月20日起无故旷工3天以上，依据国家的相关法律法规及单位规章制度，经单位研究决定自2017年10月20日起与孙某解除劳动关系，限于2017年11月15日前办理相关手续，逾期未办理，后果自负。后孙某向某劳动仲裁委申请仲裁，该委于2018年4月作出决定书，认定该案已超过审理期限，终止审理。后孙某不服，诉至法院。本案经一审、二审。一审法院判决某公司支付孙某经济赔偿金18 989.46元。二审维持原判。

---

[1] 案号：（2019）苏07民终658号。

裁判观点

一审法院认为，用人单位单方解除劳动合同的行为是用人单位根据作出时的事实、证据和法律作出的，对其合法性的评价也应以该决定作出时的事实、证据和法律为标准。用人单位向劳动者送达的《解除劳动合同通知书》，是用人单位向劳动者作出解除劳动合同的意思表示，对用人单位具有法律约束力。《解除劳动合同通知书》明确载明解除劳动合同的依据及事由，其被诉请人民法院审查的，人民法院应以该决定作出时的事实、证据和法律为标准进行审查，不宜超出《解除劳动合同通知书》所载明的内容和范围。否则，将偏离劳资双方所争议的解除劳动合同行为的合法性审查内容，导致法院裁判与当事人诉讼请求以及争议焦点不一致。同时，也违背民事主体从事民事活动所应当秉持的诚实信用这一基本原则，造成劳资双方权益保障的失衡。本案中，孙某与某公司签订的劳动合同系双方真实意思表示，合法有效。劳动合同附件《奖励与处罚管理规定》作为用人单位的管理规章制度，不违反法律、行政法规的强制性规定，合法有效，对双方当事人均具有约束力。根据《奖励与处罚管理规定》的规定，员工连续旷工3天（含）以上的，公司有权对其处以第五类处罚责任，即解除合同、永不录用。本案中，某公司向孙某送达的《解除劳动关系通知书》明确载明解除劳动合同的事由为孙某无故旷工达3天以上，孙某诉请法院审查的内容也是某公司以其无故旷工达3天以上而解除劳动合同行为的合法性，故对某公司解除劳动合同的合法性审查也应以《解除劳动关系通知书》载明的内容为限，而不能超越该诉争范围；虽然某公司在庭审中另提出孙某在履职期间尚存在其他违纪行为，累计扣分达20分以上，视为严重违反用人单位规章制度，亦足以即时解除劳动合同，但相关扣分处罚时间何时作出不能确定，且上述行为并未载入其向孙某送达的《解除劳动合同通知书》的内容之中，故不能以此来判断某公司以其无故旷工达3天以上而解除劳动合同行为的合法性，故一审法院对某公司的该项辩称意见不予采信。

二审法院认为，某公司在劳动合同期限内单方向孙某出具《解除劳动合同通知书》是否违反《劳动合同法》的相关规定，应审查其据以解除的事实理由是否符合法律规定或劳动合同约定。某公司称孙某无故旷工3天以上，系违反公司规章制度的严重违纪行为，并提供考勤表为证。本院认为，因孙某在工作期间被安排停工，某公司之后是否通知孙某到公司报到、如何通知、通知时间等事实，某公司均没有提供证据加以证明，故孙某无故旷工3天以上的事实不清，某公司应对此承担举证不能的不利后果，其以孙某旷工违反公司规章制度为由解除劳动合同，缺少事实依据，违反《劳动合同法》的相关规定。某公司还称孙某在工作期间不及时上交营业款、未穿工作服、代他人刷考勤卡、在单位公共平台留言辱骂公司主管，也是严重违反公司规章制度，公司仍有权解除劳动合同。本院认为，根据在案证据及某公司的陈述，某公司在已知孙某存在上述行为的情况下，没有提出解除劳动合同，而是主动提出重新安排孙某从事其他工作，即使在向孙某出具《解除劳动合同通知书》时亦没有将上述行为作为解除劳动合同的理由，其在诉讼期间提出上述主张，一审法院不予审查并无不当，法院对某公司就该争议的上诉观点不予支持。《劳动合同法》第八十七条规定，用人单位违反本法规定解除或者终止劳动合同的，应当依照本法第四十七条规定的经济补偿标准的二倍向劳动者支付赔偿金。某公司违法解除与孙某的劳动合同，应根据上述法律规定向孙某支付相应的经济赔偿金。

【关键法条】

《中华人民共和国劳动合同法》

第四十八条　用人单位违反本法规定解除或者终止劳动合同，劳动者要求继续履行劳动合同的，用人单位应当继续履行；劳动者不要求继续履行劳动合同或者劳动合同已经不能继续履行的，用人单位应当依照本法第八十七条规定支付赔偿金。

103 离职证明上可以写员工被开除吗?

【问题导引】

有员工咨询说，之前跟公司提离职的时候闹得有点不愉快，公司故意在离职证明上写离职原因是员工严重违反公司规章制度，担心这份离职证明会影响之后找工作，公司开这种证明是违法的吗？能不能要求公司重新开？

【律师解析】

根据法律规定，用人单位出具的解除、终止劳动合同的证明，应当写明劳动合同期限，解除或者终止劳动合同的日期、工作岗位、在本单位的工作年限，并未包括解除劳动关系的原因或涉及劳动者能力、品行等情况的描述。如果公司在离职证明上随意增添其他内容，对劳动者再就业增加不利因素，劳动者可以要求公司重新为其开具符合相关法律规定的离职证明。

【典型案例】

马某与某公司劳动争议案[1]

基本案情

马某于 2007 年 6 月 15 日入职北京某人力资源服务公司，双方订立两次固定期限劳动合同，2011 年 7 月 15 日双方订立无固定期限劳动合同，合同期间马某被派遣至某公司工作。2013 年 4 月 3 日某公司与马某签订始期为 2013 年 5 月 1 日的无固定期限劳动合同，并确认马某的工作年限自 2007 年 6 月 15 日累计计算。2019 年 2 月 18 日，某公司向马某发出《解除劳动合同通知书》，解除理由系"未按时归还公司车辆，不当使用公司车辆等重大不当行为，严重违反公司《员工手册》及公司的相关规章制度"，双方劳动关系于当日解除，某公司向马某出具《离职证明》，其中写明解除劳动合同的理由是马某严重违反公司的规章制度。后马某以重新出具解除劳动合同证明等事项向某劳动仲裁委提起仲裁申请，该委裁决：某公司向马某重新出具解除劳动合同证明。某公司不服，诉至法院。本案经过一审、二审。一审法院判决：某公司于

---

〔1〕　案号：（2020）京 03 民终 13919 号。

判决生效之日起七日内向马某重新出具解除劳动合同的证明。二审维持原判。

裁判观点

一审法院认为，某公司已经出具的离职证明中载明的解除理由与一审法院认定的某公司与马某解除劳动关系的行为系违法解除不符，该公司应当重新向马某出具解除劳动合同的证明。

二审法院认为，关于重新出具解除劳动合同证明。根据《劳动合同法》第五十条第一款的规定，用人单位应当在解除劳动合同时出具解除劳动合同的证明；根据该法第八十九条的规定，用人单位未向劳动者出具该证明的，不仅可能会被劳动行政部门责令改正，给劳动者造成损失的，还应当赔偿损失。由上述规定可见，其一，在劳动合同解除时，用人单位及时依法向劳动者出具解除劳动合同证明，系法律苛以用人单位的后合同义务，而绝不是用人单位对于劳动者的"权力"，用人单位违反该义务，须承担相应的法律责任。其二，用人单位出具解除劳动合同证明，是向离职劳动者出具的，是为离职劳动者的利益而出具的，而非为劳动者将来的供职单位之利益出具的。法律之所以做这样的规定，概因解除劳动合同证明的主要功能，一是呈现劳动者之前的供职信息，方便劳动者再就业，二是供离职的劳动者办理失业登记之用。根据《失业保险条例》第十六条的规定，用人单位出具的终止或者解除劳动关系证明是进行失业登记的必备条件。为防范用人单位违背诚实信用原则，利用出具解除劳动合同证明的机会，变义务为"权力"——主要表现为制造劳动者再就业的障碍或者借以胁迫劳动者就未结清的债权债务作出让步——《劳动合同法实施条例》第二十四条专门对解除劳动合同证明的内容进一步作出明确限定："用人单位出具的解除、终止劳动合同的证明，应当写明劳动合同的期限、解除或终止劳动合同的日期、工作岗位、在本单位的工作年限。"显然，上述法定内容均属关于劳动合同履行的基本信息，具有客观性，不带有主观性，且易于证明、不容易起争议。本案中，某公司将马某严重违反规章制度等内容记载于解除劳动合同证明之上，但其出具的离职证明中载明的解除理由与本院认定不符，且某公司已经出具的解除劳动合同证明不符合法律和行政法规的规定，故其应当严格依照《劳动合同法》第五十条第一款以及《劳动合同法实施条例》第二十四条的规定，为马某重新出具解除劳动合同证明。

《中华人民共和国劳动合同法》

第五十条　用人单位应当在解除或者终止劳动合同时出具解除或者终止劳动合同的证明，并在十五日内为劳动者办理档案和社会保险关系转移手续。

劳动者应当按照双方约定，办理工作交接。用人单位依照本法有关规定应当向劳动者支付经济补偿的，在办结工作交接时支付。

用人单位对已经解除或者终止的劳动合同的文本，至少保存二年备查。

《中华人民共和国劳动合同法实施条例》

第二十四条　用人单位出具的解除、终止劳动合同的证明，应当写明劳动合同期限、解除或者终止劳动合同的日期、工作岗位、在本单位的工作年限。

104 经济补偿金及赔偿金如何计算？

【问题导引】

在谈到劳动争议问题的时候，经常会提到经济补偿金或赔偿金的概念，那经济补偿金、赔偿金究竟应该如何计算呢？

【律师解析】

根据法律规定，经济补偿金，也就是我们常说的 N，要按劳动者在本单位工作的年限计算，每满一年支付一个月工资。六个月以上不满一年的，按一年计算，也就是一个月工资计算；不满六个月的，按半个月工资计算。此处的月工资是指劳动者在劳动合同解除或者终止前十二个月的平均工资，包含奖金、津贴等货币性收入。而赔偿金，也就是我们常说的 2N，则是按照经济补偿金标准的 2 倍进行计算。

孟某与某公司劳动争议案[1]

基本案情

孟某于 2012 年 7 月 15 日入职某公司。孟某以邮件形式向某公司邮寄《解除劳动合同通知书》。该份《解除劳动合同通知书》内容为："本人孟某因某公司长期拖欠工资未发，造成生活困难，贵司存在过错，故本人出于无奈，被迫与贵司解除劳动关系。申请人孟某（手写字样）2023 年 6 月 13 日"。2023 年 6 月 13 日，孟某就经济补偿金等事项向某劳动仲裁委申请仲裁，该委裁决：某公司支付孟某解除劳动合同经济补偿金 73 560.67 元等事项。某公司不服，诉至法院，该案经过一审、二审。一审法院判决：某公司于本判决生效之日起十日内支付孟某解除劳动合同经济补偿金 67 991 元等事项。二审某公司未对经济补偿金事项提出上诉请求。

裁判观点

一审法院认为，关于解除劳动合同经济补偿金是否应予赔偿及计算标准。《劳动合同法》第三十八条规定："用人单位有下列情形之一的，劳动者可以解除劳动合同……（二）未及时足额支付劳动报酬的……"第四十六条规定："有下列情形之一的，用人单位应向劳动者支付经济补偿：（一）劳动者依照本法第三十八条规定解除劳动合同的……"本案中，现已查明某公司未支付2022 年 10 月 1 日起的工资，应当认定为确实未及时足额支付劳动报酬的情形，故根据上述法律规定，某公司应支付孟某解除劳动合同经济补偿金。《劳动合同法》第四十七条规定："经济补偿按劳动者在本单位工作的年限，每满一年支付一个月工资的标准向劳动者支付。六个月以上不满一年的，按一年计算；不满六个月的，向劳动者支付半个月工资的经济补偿……本条所称月

---

[1] 案号：（2024）京 01 民终 3598 号。

工资是指劳动者在劳动合同解除或者终止前十二个月的平均工资。"《劳动合同法实施条例》第二十七条规定："劳动合同法第四十七条规定的经济补偿的月工资按照劳动者应得工资计算，包括计时工资或者计件工资以及奖金、津贴和补贴等货币性收入……"根据上述法律规定，计算解除劳动合同经济补偿金应按劳动合同解除或者终止前 12 个月的应得工资计算平均值。

【关键法条】

《中华人民共和国劳动合同法》

第四十七条　经济补偿按劳动者在本单位工作的年限，每满一年支付一个月工资的标准向劳动者支付。六个月以上不满一年的，按一年计算；不满六个月的，向劳动者支付半个月工资的经济补偿。

劳动者月工资高于用人单位所在直辖市、设区的市级人民政府公布的本地区上年度职工月平均工资三倍的，向其支付经济补偿的标准按职工月平均工资三倍的数额支付，向其支付经济补偿的年限最高不超过十二年。

本条所称月工资是指劳动者在劳动合同解除或者终止前十二个月的平均工资。

《中华人民共和国劳动合同法实施条例》

第二十七条　劳动合同法第四十七条规定的经济补偿的月工资按照劳动者应得工资计算，包括计时工资或者计件工资以及奖金、津贴和补贴等货币性收入。劳动者在劳动合同解除或者终止前 12 个月的平均工资低于当地最低工资标准的，按照当地最低工资标准计算。劳动者工作不满 12 个月的，按照实际工作的月数计算平均工资。

105 经济补偿的计算是按照应得还是实得工资计算？

【问题导引】

有朋友咨询，最近在跟公司谈解除劳动合同的事情，但在协商过程中双方就经济补偿金的计算方式产生了争议。公司认为应该按其工资卡流水中的显示的前十二个月的平均实发工资来计算，但其自己认为按应发工资来计算才更合理。经济补偿金到底应该是按应得工资还是实得工资计算呢？

【律师解析】

关于这个问题，其实我国《劳动合同法实施条例》中有明确规定，劳动合同法中规定的经济补偿的月工资按照劳动者应得工资计算，包括计时工资或者计件工资以及奖金、津贴和补贴等货币性收入。也就是说，经济补偿的计算基数应当以工资条上记载的应发工资为准，包含税费、五险一金以及其他固定工资的组成部分。同时，如果经过计算发现劳动者前 12 个月的平均工资低于当地最低工资标准，那在计算经济补偿金时还要按照当地最低工资标准来计算。

【典型案例】

李某与某公司劳动争议案[1]

基本案情

李某于 2010 年 4 月 21 日入职某公司，担任项目总监。双方共签订三份劳动合同，最后一份劳动合同为 2016 年 7 月 1 日起的无固定期限劳动合同。李某实际出勤至 2020 年 8 月 3 日，2020 年 8 月 4 日至 2021 年 1 月 4 日休病假，2021 年 1 月 5 日至 2021 年 5 月 27 日休产假，之后依次休哺乳假、年假至 2021 年 7 月 8 日。李某于 2021 年 11 月 15 日向某公司发送解除劳动合同通知书，理由为某公司未依法为其缴纳社会保险，拖欠工资。某公司于 2021 年 11 月 16 日收到《解除劳动合同通知书》。李某曾就本案诉争事项申请劳动仲裁，该委裁决：确认原李某 2010 年 4 月 21 日至 2021 年 11 月 15 日期间存在劳动关系；某公司支付李某解除劳动合同经济补偿 165 517.2 元、2021 年 1 月 5 日

---

〔1〕 案号：（2023）京 03 民终 19866 号。

至 2021 年 5 月 27 日期间工资差额 37 977.01 元、2021 年 5 月 28 日至 2021 年 7 月 8 日期间工资差额 10 942.53 元、2020 年 1 月 1 日至 2020 年 12 月 31 日期间十三薪差额 3000 元，某公司向李某出具解除劳动合同证明，驳回李某其他仲裁请求。某公司不服，诉至法院，一审法院结合工资标准及李某应得十三薪计算李某离职前 12 个月平均工资为 12 979.73 元，经计算，某公司应支付李某解除劳动关系经济补偿 155 756.78 元。李某不服，上诉要求重新计算经济补偿。二审法院最终支持了李某的上诉请求，判决某公司支付李某解除劳动合同经济补偿 166 171.82 元。

裁判观点

一审法院认为，关于劳动关系解除，一审法院已认定某公司欠付工资，故李某以此为由解除劳动关系符合法律规定，某公司须支付李某解除劳动合同经济补偿。就具体金额，李某 2020 年 11 月至 2021 年 1 月 4 日为病假，工资标准 1760 元每月；2021 年 1 月 5 日至 2021 年 7 月 8 日依次为产假、哺乳假、年假，工资标准 20 000 元每月；2021 年 7 月 9 日后未再实际提供劳动，某公司以正常出勤标准核算了 7 月工资，此后以同期北京市最低工资标准 2320 元支付工资不违法律规定，一审法院结合上述期间工资标准及李某应得十三薪计算李某离职前 12 个月平均工资为 12 979.73 元，经计算，某公司应支付李某解除劳动关系经济补偿 155 756.78 元。

二审法院认为，关于具体金额，《劳动合同法实施条例》第二十七条规定："劳动合同法第四十七条规定的经济补偿的月工资按照劳动者应得工资计算……"劳动者每月应得工资与实得工资的主要差别在于各类扣款和费用，应得工资包括个人应当承担的社会保险金、税费等。对于社会保险金、税费，用人单位承担的仅是代缴义务，劳动者的纳税由税务机关负责，社会保险金缴纳由社会保险机构负责，审理中一般按照劳动者应得工资确定工资标准。故，在计算经济补偿金时，月工资标准应包括社保等个人承担部分的扣款金额。李某上诉请求具有法律依据，法院予以支持，一审法院计算经济补偿金金额有误，具体金额由法院依法核算。

【关键法条】

《中华人民共和国劳动合同法实施条例》

第二十七条　劳动合同法第四十七条规定的经济补偿的月工资按照劳动者应得工资计算，包括计时工资或者计件工资以及奖金、津贴和补贴等货币性收入。劳动者在劳动合同解除或者终止前 12 个月的平均工资低于当地最低工资标准的，按照当地最低工资标准计算。劳动者工作不满 12 个月的，按照实际工作的月数计算平均工资。

106 公司辞退未提前一个月通知，能否主张 N+1？

【问题导引】

了解劳动合同法的朋友们可能知道，法律中除了 N 和 2N 以外，还有一种 N+1 的概念，其中的 1，是指 1 个月的代通知金。也就是说，在某些情形下，公司必须提前 1 个月通知员工解除劳动合同，否则就需要支付 1 个月的代通知金。那 N+1 适用于哪些情形呢？

【律师解析】

我国法律明确规定，N+1 适用于三种情形：（1）劳动者患病或者非因工负伤，在规定的医疗期满后不能从事原工作，也不能从事由用人单位另行安排的工作的；（2）劳动者不能胜任工作，经过培训或者调整工作岗位，仍不能胜任工作的；（3）劳动合同订立时所依据的客观情况发生重大变化，致使劳动合同无法履行，经用人单位与劳动者协商，未能就变更劳动合同内容达成协议的。一般情况下，只有出现以上三种情形时才会有 N+1 的概念，但是部分地区也有关于劳动合同到期不续签需要提前三十天通知，否则需要支付代通知金的规定，这就需要看当地的具体规定了。

【典型案例】

边某与某公司、某公司分公司劳动争议案[1]

基本案情

2021 年 3 月 10 日，边某与某公司签订《劳动合同书》，约定：固定期限为 2021 年 3 月 10 日至 2024 年 3 月 9 日，工作内容见项目经理岗位说明书，每月工资为 13 000+2000 绩效或按甲方薪酬福利制度执行。履行过程中转与某公司分公司建立劳动关系。2022 年 5 月 11 日，某公司向边某发送《解除劳动合同通知书》载明解除事由：公司经营困难，资金链紧张，经济性裁员。后边某以支付违法解除经济赔偿金及一个月代通知金等事项向某劳动仲裁委提起仲裁，该委裁定不予受理。边某不服，诉至法院。本案经过一审、二审。一审法院判决：某公司、某公司分公司于判决生效后七日内支付边某违法解除合同赔偿金 66 588.75 元、代通知金 22 196.25 元等事项。二审改判：某公司、某公司分公司于本判决生效后七日内支付边某违法解除合同赔偿金 66 588.75 元等事项。

裁判观点

一审法院认为，本案中，某公司、某公司分公司主张与边某解除劳动关系属于经济性裁员，但未提供证据证明符合经济性裁员的条件、且经过法定程序，故对于某公司、某公司分公司的抗辩意见一审法院不予采信，某公司、某公司分公司应支付违法解除劳动合同赔偿金。边某在某公司、某公司分公司工作的年限应连续计算，从 2021 年 3 月 10 日至 2022 年 5 月 11 日计算补偿期限（2×1.5×月平均工资）。因某公司、某公司分公司未提前通知边某，故对于边某主张的一个月工资标准的代通知金，一审法院予以支持。

二审法院认为，关于违法解除劳动合同赔偿金，因用人单位作出的开除、

---

[1] 案号：（2023）京 03 民终 14407 号。

除名、辞退、解除劳动合同、减少劳动报酬、计算劳动者工作年限等决定而发生的劳动争议，用人单位负举证责任。本案中，某公司与某公司分公司以经济性裁员为由解除劳动合同，但未就此提供充分证据予以证明，本院不予采信。一审法院认定某公司与某公司分公司系违法解除劳动合同并无不当，核算的违法解除劳动合同赔偿金数额正确，本院予以确认。关于代通知金的问题。用人单位根据《劳动合同法》第四十条的规定与劳动者合法解除劳动合同时，可以额外支付劳动者一个月工资作为替代通知的一种方式。本案中，鉴于某公司、某公司分公司解除劳动合同构成违法解除，边某已依据《劳动合同法》第四十八条规定请求公司支付违法解除劳动合同赔偿金，边某在此基础上要求某公司、某公司分公司支付代通知金，于法无据，法院对此不予支持。一审法院判决某公司、某公司分公司支付边某代通知金有误，法院予以纠正。

【关键法条】

《中华人民共和国劳动合同法》

第四十条 有下列情形之一的，用人单位提前三十日以书面形式通知劳动者本人或者额外支付劳动者一个月工资后，可以解除劳动合同：

（一）劳动者患病或者非因工负伤，在规定的医疗期满后不能从事原工作，也不能从事由用人单位另行安排的工作的；

（二）劳动者不能胜任工作，经过培训或者调整工作岗位，仍不能胜任工作的；

（三）劳动合同订立时所依据的客观情况发生重大变化，致使劳动合同无法履行，经用人单位与劳动者协商，未能就变更劳动合同内容达成协议的。

107 协商解除合同能否要求公司支付经济补偿?

【问题导引】

劳动合同还没到期，公司就派人跟我协商解除劳动合同，因为本来就有离职的打算，就同意了，这种情况下还能要经济补偿吗?

【律师解析】

根据法律规定，如果是劳动者先提出离职跟用人单位协商一致的，用人单位无须支付经济补偿。但如果是用人单位先提出解除劳动合同并与劳动者协商一致的，用人单位是需要支付经济补偿的。在这种情况下，如果是公司先提出了解除、员工想要争取经济补偿的话，在具体操作过程中还要注意离职时公司要求签署的相关文件内容。实践中，一般情况下公司会让员工签署离职申请、交接表等文件，如果相关文件中的离职原因写的是"个人原因"或其他类似表述，在发生争议时很有可能就会被认定为是员工主动离职，不会支持经济补偿的，所以千万要注意。

【典型案例】

路某与某公司劳动争议案[1]

基本案情

路某于 2021 年 8 月 9 日入职某公司，岗位为商务主管，双方签订期限自 2021 年 8 月 9 日至 2024 年 8 月 8 日的《劳动合同》。2022 年 12 月 29 日，某公司（甲方）与路某（乙方）签订《离职协议》，其中约定："一、甲乙双方协商一致同意于 2022 年 12 月 30 日解除劳动合同，双方的劳动权利义务自

---

[1] 案号:（2024）京 01 民终 1004 号。

2022 年 12 月 30 日终止。……五、甲方一次性向乙方支付补偿金共计税前人民币 44 561 元；六、乙方应当按照甲方要求在 5 日内办理离职交接手续；离职交接手续包括但不限于：工作资料交接，文件交接，商务资料交接，电子文件资料交接，办公设备交接等（其中办公电脑中的个人文件进行清除，办公文件保留）；甲方将在乙方办理完毕离职交接手续后于 2023 年 1 月 15 日前向乙方支付协商解除劳动合同经济补偿金……"路某于 2022 年 12 月 30 日从某公司离职。后路某以要求某公司支付解除劳动合同经济补偿金为由向某劳动仲裁委提出仲裁申请。该委裁决：某公司支付路某解除劳动合同经济补偿金 44 561 元。某公司不服，起诉到法院。该案经一审、二审。一审法院判决某公司于本判决生效之日起十日内按照《离职协议》第五条约定支付路某补偿金 44 561 元。二审维持原判。

裁判观点

一审法院认为，某公司与路某签订了《离职协议》，该协议是双方真实意思表示，对双方具有约束力，双方均应按照协议书约定履行义务。《离职协议》约定：某公司应在劳动者办理完毕离职交接手续后于 2023 年 1 月 15 日前支付补偿金，现某公司以路某未办理完毕离职交接手续为由，不同意支付协议约定的补偿金，但其并未提交证据证明曾在合理期限内要求路某办理工作交接且路某未予配合，未就要求路某交接资料的具体内容作出说明，亦未就上述资料仍由路某持有提举证据。故某公司以此为由拒绝支付协议约定的补偿金，缺乏依据，该院对其诉讼请求不予支持。综上，某公司应按照《离职协议》第五条约定支付路某补偿金 44 561 元。

二审法院认为，案涉《离职协议》系双方真实意思表示，对双方具有约束力，双方均应按照协议约定履行各自义务。该协议第六条约定，路某应当按照某公司要求在 5 日内办理离职交接手续，某公司将在路某办理完毕离职交接手续后于 2023 年 1 月 15 日前向路某支付协商解除劳动合同经济补偿金。现某公司以路某并未完成离职工作交接为由，主张无须向路某支付经济补偿金，经查，依据路某提交的加盖有某公司公章、路某本人签字的《离职证明》记载，路某已完成离职交接工作，双方无经济、业务纠纷，某公司对此虽然解释为仅系便于路某后续寻找工作，路某实际并未完成交接，但是某公司从一审至二审阶段一直均无法明确要求路某进行交接材料的具体内容，结合某公司亦未提交证据证明其在合理期限内要求路某办理工作交接、路某仍旧持有相关交接材料，以及路某存在拒绝工作交接并给其工作进程造成损失的情形，本院对某公司所持上述主张不予采纳。一审判决认定某公司应当按照《离职协议》的约定向路某支付解除劳动合同经济补偿金，并无不当，法院予以确认。

【关键法条】

《中华人民共和国劳动合同法》

第三十六条　用人单位与劳动者协商一致，可以解除劳动合同。

第四十六条　有下列情形之一的，用人单位应当向劳动者支付经济补偿：

（一）劳动者依照本法第三十八条规定解除劳动合同的；

（二）用人单位依照本法第三十六条规定向劳动者提出解除劳动合同并与劳动者协商一致解除劳动合同的；

（三）用人单位依照本法第四十条规定解除劳动合同的；

（四）用人单位依照本法第四十一条第一款规定解除劳动合同的；

（五）除用人单位维持或者提高劳动合同约定条件续订劳动合同，劳动者不同意续订的情形外，依照本法第四十四条第一项规定终止固定期限劳动合同的；

（六）依照本法第四十四条第四项、第五项规定终止劳动合同的；

（七）法律、行政法规规定的其他情形。

108 约定员工在职期间工资中包含了离职后的竞业限制补偿，是否有效？

【问题导引】

竞业限制协议约定，员工在职期间的工资中包含了离职后的竞业限制补偿金，这种约定是否有效？当员工离职后，公司是否还需要支付竞业限制补偿？

【律师解析】

首先，竞业限制补偿从根本上来说属于用人单位对劳动者离职后再就业限制的补偿，而员工的工资是基于劳动者在工作过程中的付出而获得的劳动对价，两者在性质、目的上均有所不同。根据法律规定，竞业限制补偿应在劳动合同解除或终止后，由用人单位按月支付给劳动者。所以在竞业限制协议中约定员工在职期间的工资中包含了离职后的竞业限制补偿金，原则上是无效的，如果员工离职后履行了竞业限制协议义务，仍然可以向公司主张竞业限制补偿金。但如果公司在员工在职期间发放的竞业限制补偿能够跟工资严格区分开来的话，也有部分法院会认可这种发放形式。

【典型案例】

郭某与某公司劳动争议案 [1]

基本案情

2017 年 8 月 18 日，郭某与某公司签订了期限为 2017 年 8 月 18 日至 2020 年 8 月 31 日的劳动合同，约定：郭某担任集团客户服务部门总经理岗位，执行不定时工作制，试用期内工资为每月 12000 元，其中基本工资为 8400 元、竞业禁止费 3600 元，试用期结束后，每月工资标准为 15 000 元，其中基本工资 10 500 元、竞业禁止费 4500 元。第四十八条约定，郭某须严格遵守竞业禁止约定及相关法律法规规定，保证在职期间或与某公司解除或终止劳动关系之日两年内不得有约定的竞业禁止行为（具体情形略）；如郭某违反本条约定，须无条件全额返还某公司已支付的竞业禁止费并向某公司支付违约金 20 万-100 万元。2018 年 12 月 14 日，某公司对郭某作出《解除劳动合同通知书》，写明："因不可抗力原因，公司经营发生重大变化，公司将部分岗位合

---

〔1〕 案号：（2022）京 03 民终 14702 号。

并至某资信公司，同时公司为你安排同岗位工作（工作内容保持不变），但你拒不接受。根据《劳动合同法》相关规定，经研究，公司决定从 2019 年 1 月 13 日起与你解除劳动关系。请你于 2019 年 1 月 14 日前到公司人力资源部办理离职手续。"后双方因劳动关系解除赔偿金、工资差额、年终奖、加班费、未休年休假工资等事项发生劳动争议，郭某申请劳动仲裁。某劳动仲裁委出具《不予受理通知书》，郭某不服、诉至法院。2021 年 4 月 21 日，法院终审判决认定郭某与某公司签订的劳动合同合法有效，其中，郭某离职前 12 个月平均工资法院认定为 25 000 元。庭审中，郭某称其被某公司违法解除劳动关系后，履行了竞业限制义务。后 2021 年 5 月 25 日，郭某就支付竞业限制补偿金向某劳动仲裁委申请仲裁。仲裁裁决不予受理，郭某不服，诉至法院。本案经过一审、二审。一审法院判决某公司于判决生效之日起七日内支付郭某 2019 年 1 月 14 日至 2021 年 1 月 13 日的竞业限制补偿 180 000 元。二审维持原判。

裁判观点

一审法院认为，关于某公司在劳动合同期限内向郭某发放的工资是否包含了劳动关系解除后的竞业限制补偿金，法院认为，虽然双方在《劳动合同书》中约定的月工资包含 30% 的竞业禁止费，但并未约定该费用是劳动关系解除后的竞业限制补偿，相反，双方还约定郭某在职期间也应履行竞业限制义务。而且，在双方之间此前就拖欠工资、经济赔偿金和未休年休假工资的劳动争议案件中，某公司亦未提出平时发放的工资包含郭某离职后的竞业禁止补偿金、该费用不应计入经济赔偿金和未休年休假工资的计算基数的抗辩意见，法院生效判决亦认定郭某离职前 12 个月的平均工资包含某公司平时按月固定发放的所谓竞业禁止费。故法院认为，某公司应对其劳动合同约定不明承担对其不利解释的后果，郭某在职期间发放的工资不应理解为包含双方劳动关系解除后的竞业限制补偿，应认定双方并未约定劳动关系解除后竞业限制补偿及标准。现郭某主张按照离职前 12 个月平均工资的 30% 计算竞业限制补偿，符合上述司法解释的规定，应予支持。法院生效判决已经认定郭某离职前 12 个月平均工资为 25 000 元。经核算，郭某主张支付两年的竞业限制补偿 180 000 万元，于法有据，法院予以支持。

二审法院认为，某公司上诉主张在合同期限内发放了竞业限制补偿金，但是双方未明确约定 30%的竞业禁止补偿金是劳动关系解除后的竞业限制补偿，且生效判决已经认定郭某离职前的月平均工资，故一审法院认定某公司应承担约定不明的不利后果，应认定双方并未约定劳动关系解除后竞业限制补偿及标准，并无不当，法院予以确认。一审法院核算的竞业限制补偿数额并无不当，法院予以确认。

【关键法条】

《最高人民法院关于审理劳动争议案件适用法律问题的解释（一）》

第三十六条　当事人在劳动合同或者保密协议中约定了竞业限制，但未约定解除或者终止劳动合同后给予劳动者经济补偿，劳动者履行了竞业限制义务，要求用人单位按照劳动者在劳动合同解除或者终止前十二个月平均工资的 30%按月支付经济补偿的，人民法院应予支持。

前款规定的月平均工资的 30%低于劳动合同履行地最低工资标准的，按照劳动合同履行地最低工资标准支付。

109 未约定经济补偿，竞业限制协议还有效吗？

【问题导引】

竞业限制补偿协议中约定员工在离职后需要履行竞业限制，但并未约定经济补偿，这种竞业限制协议是有效的吗？员工是否还需要根据协议约定履行竞业限制义务呢？

【律师解析】

根据相关规定，用人单位与劳动者约定竞业限制条款的，应当一并约定经济补偿，但是未约定经济补偿的，并不必然导致竞业限制条款无效，只要竞业限制条款的内容是双方的真实意思表示，相关约定就是有效的，员工就要按照约定履行竞业限制义务。员工履行了竞业限制义务后，可以依法要求公司按照其离职前 12 个月平均工资的 30% 按月支付经济补偿金，如果月平均工资的 30% 低于当地最低工资标准，那经济补偿金就按照当地最低工资标准支付。

【典型案例】

张某与某公司劳动争议案[1]

基本案情

张某于 2011 年 11 月 9 日入职某公司，月工资为 11 500 元，张某于 2012 年 2 月 21 日从某公司离职。双方签订有保密协议书（甲方为某公司，乙方为张某），其中保密协议书第十五条约定："乙方同意并遵守有关竞业限制的规定和约定，即乙方承诺在甲乙双方劳动合同终止或者解除后二年内，未经甲方书面同意，不到任何与甲方构成竞争的企业、商业机构或者组织担任有关职务……"另，该协议未约定竞业限制补偿金的总额。张某主张其离职后于 2012 年 4 月入职了某环保工程公司。后张某以要求某公司支付竞业限制补偿金为由向某劳动仲裁委申请仲裁，该委裁决：某公司支付张某 2012 年 2 月 22 日至 2014 年 4 月 8 日的竞业限制补偿金 5353.45 元。双方均不服，诉至法院。一审法院判决某公司自判决生效之日起十日内支付张某竞业限制补偿金 483 00 元。二审维持原判。

裁判观点

一审法院认为，发生劳动争议，当事人对自己提出的主张，有责任提供证据。本案中，双方所签订的保密协议显示双方约定了竞业限制义务，张某主张其遵守了相应的竞业限制义务，某公司虽主张张某所入职的某环保工程公司与其存在竞争关系，但其未能就此提交充分证据，法院对其主张不予采信。另法院于 2013 年 3 月作出的判决中显示某公司已于该次诉讼中通知了张某无须履行

---

[1] 案号：（2015）三中民终字第 03980 号。

竞业限制义务，且张某亦表达了其不能遵守竞业限制义务的主张，故双方自2013年3月起已解除了竞业限制义务，法院对张某所主张的2013年3月之后的竞业限制补偿金不予支持。另，张某要求支付2012年2月至2013年3月的竞业限制补偿金，于法有据，现因双方未约定竞业限制补偿金的数额，依据法律规定，某公司应支付竞业限制补偿金48 300元（11 500元/个月×30%×14个月）。

二审法院认为，《最高人民法院关于审理劳动争议案件适用法律若干问题的解释（四）》第六条第一款规定，当事人在劳动合同或者保密协议中约定了竞业限制，但未约定解除或者终止劳动合同后给予劳动者经济补偿，劳动者履行了竞业限制义务，要求用人单位按照劳动者在劳动合同解除或者终止前12个月平均工资的30%按月支付经济补偿的，人民法院应予支持。本案中，双方在保密协议中虽未约定解除或者终止劳动合同后给予劳动者竞业限制的经济补偿，但不影响竞业限制条款的效力，某公司上诉称因未约定竞业限制的经济补偿故该竞业限制条款无效，缺乏法律依据，法院不予采信。

【关键法条】

《最高人民法院关于审理劳动争议案件适用法律问题的解释（一）》

第三十六条　当事人在劳动合同或者保密协议中约定了竞业限制，但未约定解除或者终止劳动合同后给予劳动者经济补偿，劳动者履行了竞业限制义务，要求用人单位按照劳动者在劳动合同解除或者终止前十二个月平均工资的30%按月支付经济补偿的，人民法院应予支持。

前款规定的月平均工资的30%低于劳动合同履行地最低工资标准的，按照劳动合同履行地最低工资标准支付。

110 公司不按约定支付竞业限制经济补偿怎么办？

【问题导引】

离职前跟公司签订了一年的竞业限制协议，也一直在履行竞业限制义务，但是公司已经好几个月没支付过经济补偿了，该怎么办呢？

【律师解析】

　　竞业限制协议作为双方的真实意思表示，对双方均具有约束力，双方均应严格履行各自义务。如果公司没有按照协议约定及时支付经济补偿，员工就可以采取向劳动监察大队投诉或者提起劳动仲裁等方式要求公司支付。如果因为公司的原因导致三个月未支付经济补偿，员工还可以主张解除竞业限制约定、不再履行竞业限制义务，当然在这种情况下，对于离职后至竞业限制协议解除前的这段时间内，员工仍可以向公司主张竞业限制补偿金。

【典型案例】

马某与某公司劳动争议案[1]

基本案情

　　马某于 2020 年 12 月 22 日入职某公司，担任软件测试经理，负责对某公司小程序、App 软件前端进行测试工作。双方签订了期限自 2020 年 12 月 22 日至 2023 年 12 月 21 日的劳动合同。2021 年 1 月 7 日，双方签订《竞业限制协议书》，其中第三条 3.1 约定：负有竞业限制义务的员工，不论在任何情况下与公司终止或者解除劳动关系，在竞业限制期间内，员工应严格遵守本协议有关竞业限制的规定，公司则向员工支付竞业限制补偿金。3.2 约定：竞业限制补偿金为员工离职前 12 个月月平均工资的 30%，个人所得税由公司代扣代缴。2021 年 5 月 18 日，某公司以马某工作中存在重大过失为由向马某出具《解除劳动合同通知书》，与其解除劳动关系。2021 年 6 月 18 日，马某就支付竞业限制补偿金等事项向某劳动仲裁委申请仲裁，该委裁决：某公司于裁决书生效之日起七日内一次性支付马某 2021 年 5 月 19 日至 2021 年 6 月 18 日期

---

　　〔1〕　案号：（2022）京 01 民终 3251 号。

间竞业限制补偿金 7060.34 元等事项。某公司不服，向法院起诉，本案经过一审、二审。一审法院确认了仲裁委此项仲裁结果。二审维持原判。

裁判观点

一审法院认为，关于竞业限制补偿金。根据《劳动合同法》第二十三条，双方签订的《竞业限制协议书》第三条的规定能够体现某公司与马某就其竞业禁止义务进行了约定。某公司虽主张其公司与马某约定先支付竞业限制补偿金、再履行竞业限制义务，但马某不予认可，其公司未能提交证据予以证明，且竞业限制义务对于劳动者而言是一种不作为义务，是对劳动者自主择业权的有条件限制，劳动者在竞业限制期间内，未到双方约定不得去的单位任职，就属于对竞业限制义务的履行，用人单位就应按约定支付劳动者竞业限制补偿金。结合双方于 2021 年 5 月 18 日解除劳动关系，马某于 2021 年 6 月 18 日申请仲裁，故某公司应支付马某 2021 年 5 月 19 日至 2021 年 6 月 18 日期间竞业限制补偿金 7060.34 元。

二审法院认为，关于竞业限制补偿金。某公司与马某签订的《竞业限制协议书》中明确约定马某应严格遵守竞业限制的规定，同时某公司应当按照员工离职前 12 个月月平均工资的 30% 支付马某相应竞业限制补偿金。结合马某的工作时间及工资标准，一审法院判决某公司支付马某 2021 年 5 月 19 日至 2021 年 6 月 18 日期间竞业限制补偿金 7060.34 元正确，法院予以确认。

【关键法条】

《中华人民共和国劳动合同法》

第二十三条　用人单位与劳动者可以在劳动合同中约定保守用人单位的商业秘密和与知识产权相关的保密事项。

对负有保密义务的劳动者，用人单位可以在劳动合同或者保密协议中与劳动者约定竞业限制条款，并约定在解除或者终止劳动合同后，在竞业限制期限内按月给予劳动者经济补偿。劳动者违反竞业限制约定，应当按照约定向用人单位支付违约金。

111 计算经济补偿要剔除产假期间的生育津贴吗？

【问题导引】

上文提到，在计算经济补偿金时要按照劳动者在解除或者终止劳动合同前十二个月的平均应发工资来计算。有的女性朋友在跟公司谈离职经济补偿的时候就遇到了这样的问题，离职前十二个月正好因为生育休过产假，此时在计算经济补偿金时是否要剔除产假期间生育津贴呢？

【律师解析】

关于这个问题，不同地区的法院有不同的观点。像北京、天津、广东等地区，一般认为生育津贴是参保女职工按国家规定在享受产假期间应获得的工资性补偿，在性质上属于女职工产假期间的工资，应当计入经济补偿金的计算基数来计算离职前十二个月的平均工资。但上海、浙江、江苏等地也有不同观点，认为生育津贴是由社保机构支付的保险待遇，其性质不属于劳动报酬，或者认为正常提供劳动期间的工资标准更能够反映职工的真实工作报酬，所以在计算经济补偿金时需要剔除离职前十二个月所包含的产假月份及相应的生育津贴、计算剩余月份的平均工资。

【典型案例】

张某与某公司劳动争议案[1]

基本案情

张某与某公司签订书面劳动合同，期限自 2012 年 12 月 4 日起至 2015 年 12 月 3 日止。2015 年 11 月 30 日，张某收到了某公司发放的《劳动合同顺延

---

〔1〕　案号：（2017）京 02 民特 168 号。

确认通知书》，告知因其处于哺乳期内，决定将双方劳动合同期限顺延至 2016 年 4 月 21 日。张某签收了该份通知书，表示同意顺延劳动合同。2016 年 3 月 22 日，某公司向张某发放了《劳动合同终止通知书》，告知双方劳动合同于 2016 年 4 月 21 日终止，并向其支付人民币 29 705.7 元的经济补偿。双方对计算终止劳动合同经济补偿金的基数存在分歧。某公司主张终止劳动合同经济补偿金计算基数应为 8487.34 元，包括三个部分：一是 2015 年 3 月至 2016 年 2 月期间张某每月应发工资数额，其中产假期间工资按每月 8156 元计算；二是春节补助金 8156 元；三是每月通信费补助 300 元。张某不同意该经济补偿金基数，主张终止劳动合同前月平均工资数额应为 10 811.44 元，其中产假期间的工资应按生育津贴计算。2017 年 5 月 18 日，某劳动仲裁委裁决：某公司一次性支付张某终止劳动合同经济补偿金差额 8134.34 元。某公司不服，诉至法院，法院认为应当将生育津贴计算在经济补偿计算基数之内。

裁判观点

法院认为，《社会保险法》第五十六条规定，生育津贴按照职工所在用人单位上年度职工月平均工资计发。因女性职工在生育期间无法正常工作，但依据法律规定其依然享有在此期间获得工资性收入的权利，法律同时明确了女性职工在生育期间获取上述收入的计算标准。《北京市工资支付规定》第二十三条以及《北京市企业职工生育保险规定》第十五条第二款亦明确规定，生育津贴即为女性职工在产假期间的工资。依据上述相关规定，某劳动仲裁委认定张某终止劳动合同前 12 个月的平均工资为 10 811.44 元以及终止劳动合同的经济补偿金应为 37 840.04 元，均无不当，法院对此予以确认。

【关键法条】

《中华人民共和国社会保险法》

第五十六条　职工有下列情形之一的，可以按照国家规定享受生育津贴：

（一）女职工生育享受产假；

（二）享受计划生育手术休假；

（三）法律、法规规定的其他情形。

生育津贴按照职工所在用人单位上年度职工月平均工资计发。

《女职工劳动保护特别规定》

第八条　女职工产假期间的生育津贴，对已经参加生育保险的，按照用人单位上年度职工月平均工资的标准由生育保险基金支付；对未参加生育保险的，按照女职工产假前工资的标准由用人单位支付。

女职工生育或者流产的医疗费用，按照生育保险规定的项目和标准，对已经参加生育保险的，由生育保险基金支付；对未参加生育保险的，由用人单位支付。

112 劳动关系存续期间，公司要求变更用工性质，转为劳务派遣岗位，是否合法？

【问题导引】

实践中，部分企业出于降本增效、缓解经济压力的需要，有时候会通过将直接用工转为第三方劳务派遣用工的方式变相裁员，要求公司里部分岗位或者部分员工全部改签劳务派遣协议，转为劳务派遣员工，企业的这种做法合法吗？员工可以拒绝吗？

【律师解析】

肯定是不合法的。劳动关系存续期间，公司变更用工性质，要求员工签订劳务派遣协议，实际上就是跟员工解除劳动关系，让员工与新的用人单位签订劳动合同。如果公司没有跟员工协商一致，并且员工也没有劳动合同法中公司可以单方解除劳动合同的事由，那公司要求员工解除劳动合同、再与劳务派遣公司签订合同就属于违法解除，员工有权拒绝。如果公司以此为由辞退员工，就需要支付赔偿金。

【典型案例】

韩某与某公司劳动争议案[1]

基本案情

某公司与韩某签订了期限自 2007 年 3 月 21 日至 2008 年 3 月 21 日的《劳动合同书》，后签订了期限自 2008 年 1 月 1 日至 2008 年 12 月 31 日的《项目聘用合同书》，此后进行若干次续签，最后一次签订了 2018 年 1 月 1 日至 2020 年 12 月 31 日的《项目聘用合同书》。2020 年 11 月 30 日，某公司人事处向韩某出具《人才派遣入职通知单存根》及《人员派遣入职通知单》，内容载明为"兹有韩某同志，我单位同意以人才派遣形式继续用工，请各部门根据我院有关规定办理相关手续""备注：……2. 项目聘用期间工资采用上发制，人才派遣后根据派遣公司相关规定，工资采用下发制"等。韩某拒绝转为劳务派遣用工。2020 年 11 月 30 日，某公司人事处向韩某作出《聘用合同期满不再续签通知书》，载明"本单位与你签订的《聘用合同书》将于 2020 年 12 月 31 日期满。经研究决定，期满后不再与你续签聘用合同，终止聘用合同日期为 2020 年 12 月 31 日。现提前 30 日通知，请你接到此通知后，按规定及时到人事处等有关部门办理交接手续"。后韩某以要求某公司支付违法终止劳动合同赔偿金、未休年假工资、延时加班费、休息日加班费、年终奖为由，向某劳动仲裁委提出申请，该委裁决某公司支付韩某违法终止劳动合同赔偿金 308 956.76 元等事项。某公司不服裁决结果，诉至法院。本案经一审、二审，均未支持某公司不支付违法终止劳动合同赔偿金的诉讼请求。

裁判观点

一审法院认为，韩某已与某公司连续订立了两次以上的固定期限聘用合同，聘用合同于 2020 年 12 月 31 日到期前，某公司未提出与韩某续签聘用合

---

[1] 案号：（2023）京 01 民终 2024 号。

同，而是提出须韩某与劳务派遣公司签订劳务派遣合同，韩某有权拒绝，在韩某拒绝的情况下，某公司直接作出终止聘用合同的决定。因某公司未提举充分有效证据证明韩某存在《劳动合同法》第三十九条和第四十条第一项、第二项规定的情形，某公司作出终止聘用合同决定属于违法终止劳动关系，应向韩某支付违法终止劳动关系赔偿金 308 956.76 元。

二审法院认为，韩某已与某公司连续订立了两次以上的固定期限聘用合同。聘用合同到期后，某公司要求韩某签订劳务派遣合同，韩某有权拒绝。故某公司仅以韩某拒绝与劳务派遣公司签订劳务派遣合同为由作出终止聘用合同的决定属于违法终止劳动关系，应向韩某支付违法终止劳动关系赔偿金 308 956.76 元。

【关键法条】

《中华人民共和国劳动合同法》

第八十七条　用人单位违反本法规定解除或者终止劳动合同的，应当依照本法第四十七条规定的经济补偿标准的二倍向劳动者支付赔偿金。

113 劳务派遣过程中用工单位什么情况下可以退回劳动者？

【问题导引】

有朋友咨询，说跟劳务派遣公司签署劳动合同之后就被派遣到某用工单位工作，现在用工单位突然以不适合该岗位工作为由通知要将其退回劳务派遣公司，这是合法的吗？用工单位可以随意退回劳务派遣员工吗？

【律师解析】

当然不行。我国法律对于用工单位可以将劳动者退回劳务派遣公司的情形是有明确规定的，包括：（1）被派遣劳动者有《劳动合同法》第三十九条和

第四十条第一项、第二项规定的严重过错或者不胜任工作等情形的；（2）用工单位有《劳动合同法》第四十条第三项、第四十一条规定的客观情况发生重大变化、经济性裁员或者被依法宣告破产、吊销营业执照、责令关闭、撤销、决定提前解散或者经营期限届满不再继续经营的；（3）劳务派遣协议期满终止的。用工单位一般只有在以上这些情形下，才能把劳动者退回劳务派遣单位，否则就是违法的。

【典型案例】

董某与某劳务公司、某医院劳动争议案[1]

基本案情

董某于 2015 年 7 月 17 日入职某医院，担任司机。2018 年 7 月 1 日，某医院与某劳务公司签订《劳务派遣协议》。2018 年 7 月 17 日，董某与某劳务公司建立劳动关系，被派遣至某医院继续工作。董某与某劳务公司签订了《劳动合同书》。《劳动合同书》第三十条规定：本合同的附件如下并本人收悉：（1）甲方规章制度。（2）用工单位规章制度。（3）用工单位岗位劳动定额质量标准。2020 年 2 月 12 日，检验科医生需要将标本运送到某疾控中心，值班司机董某拒绝运送。某医院决定不再任用董某，将董某退回某劳务公司。2020 年 2 月 18 日，某劳务公司向董某发送了解除劳动合同通知，以董某严重违反劳动纪律和用人单位规章制度为由与其解除劳动合同。2020 年 2 月 25 日，董某以要求某劳务公司支付经济补偿金，某医院承担连带责任等事由向某劳动仲裁委提出仲裁，该委驳回董某仲裁请求。董某不服，诉至法院。本案经过一审、二审。一审法院判决：驳回董某诉讼请求。二审维持原判。

裁判观点

一审、二审法院均认为，某医院安排董某开车送检验科医生将新冠病毒

---

〔1〕 案号：（2022）京 01 民终 4684 号。

疑似标本运送至北京市昌平区疾控中心，董某以无任何防护措施、只有口罩而拒绝。《北京市新型冠状病毒感染的肺炎医务人员防护指南》中关于转运司机的防护建议是佩戴医用外科口罩。综上，董某拒绝工作安排，缺乏合理依据。董某在《检讨》中承认未履行好工作职责，没有服从工作安排，给医院造成了不良影响。某劳务公司提交《人力资源管理制度》中规定，疫情期间公然拒绝执行工作指令的，属于严重违反规章制度。董某称其没有见过《人力资源管理制度》，但其与某劳务公司签订的劳动合同中载明附件包括用人单位和用工单位规章制度并本人收悉。且董某作为司机，其行为也违反了劳动纪律和职业道德，现某医院将董某退回某劳务公司后，某劳务公司以董某严重违反规章制度、严重违反劳动纪律为由解除双方劳动合同，符合法律规定，故对于董某要求支付解除劳动合同的补偿金和未提前三十天通知解除劳动合同代通知金的诉讼请求，不予支持。

【关键法条】

《中华人民共和国劳动合同法》

第三十九条　劳动者有下列情形之一的，用人单位可以解除劳动合同：

（一）在试用期间被证明不符合录用条件的；

（二）严重违反用人单位的规章制度的；

（三）严重失职，营私舞弊，给用人单位造成重大损害的；

（四）劳动者同时与其他用人单位建立劳动关系，对完成本单位的工作任务造成严重影响，或者经用人单位提出，拒不改正的；

（五）因本法第二十六条第一款第一项规定的情形致使劳动合同无效的；

（六）被依法追究刑事责任的。

第六十五条　被派遣劳动者可以依照本法第三十六条、第三十八条的规定与劳务派遣单位解除劳动合同。

被派遣劳动者有本法第三十九条和第四十条第一项、第二项规定情形的，用工单位可以将劳动者退回劳务派遣单位，劳务派遣单位依照本法有关规定，可以与劳动者解除劳动合同。

114 劳务派遣用工单位依法将劳动者退回用人单位后，用人单位能否以此为理由辞退员工？

【问题导引】

上文提及了用工单位可以将劳动者退回劳务派遣单位的几种情形，那在劳动者被依法退回后，劳务派遣单位可以直接以此为由解除劳动合同吗？

【律师解析】

关于这个问题需要看劳动者被退回的具体原因。首先，如果劳动者被退回的原因是存在《劳动合同法》第三十九条规定的试用期不符合录用条件、严重违反公司规章制度、营私舞弊给公司造成重大损失等严重过错情形，此时劳务派遣单位可以直接解除劳动合同且无须支付任何经济补偿。其次，如果劳动者被退回的原因是存在《劳动合同法》第四十条第一项、第二项规定的患病或医疗期满不能从事原工作也不能从事单位新安排的工作，或者不胜任工作且经培训或调岗后仍不胜任工作的，此时劳务派遣单位需要提前一个月通知或者支付一个月代通知金方可解除劳动合同，同时需要支付经济补偿金。最后，如果劳动者被退回的原因是用工单位客观情况发生重大变化、破产、关闭等或者劳务派遣协议期满终止，此时如果劳动合同期限仍未届满，劳务派遣单位是不能随意解除劳动合同的。

【典型案例】

刘某与某公司、某劳务公司劳动争议案[1]

基本案情

2015 年 5 月 14 日，刘某与某劳务公司签订《劳动合同书》，约定：某劳

---

〔1〕 案号：（2020）京 02 民终 4035 号。

务公司派遣刘某工作的用工单位名称为某公司，担任司机岗位工作。后双方续订劳动合同至 2019 年 5 月 31 日。刘某实际工作至 2018 年 4 月 23 日，当日，某公司作出《劝退通知书》，以刘某多次出现迟到、工作时间不在岗位、不遵守纪律等不良行为，并于 2018 年 3 月 9 日、3 月 30 日、4 月 19 日无故旷工半天，严重违反了公司规章制度，并造成恶劣影响为由，对刘某予以劝退。某劳务公司于当日作出《解除劳动合同通知书》，以刘某在派遣单位工作中多次出现迟到、旷工、工作时间不在岗、不遵守纪律，甚至饮酒上班的现象，严重违反用工单位规章制度被退回为由，依据劳动合同法、劳动合同的相关规定和用工单位的处理决定，与其解除劳动合同。后刘某以支付违法解除劳动合同赔偿金等事项向某劳动仲裁委申请仲裁。该委裁决：某公司支付刘某违法解除劳动合同赔偿金，某劳务公司承担连带赔偿责任。某公司、某劳务公司不服，诉至法院。本案经过一审、二审。一审法院判决：某公司无须支付违法解除劳动合同赔偿金，某劳务公司无须承担连带赔偿责任。二审维持原判。

裁判观点

一审法院认为，本案中，某公司以刘某严重违反规章制度为由将刘某退回，为此某劳务公司与刘某解除劳动合同。故应由某公司及某劳务公司就解除的合法性承担举证责任。某公司就对刘某的退工行为提交了司勤人员签到表、《通知》、《检查》、谈话记录，可以证明刘某确实存在旷工、脱岗、未按规定停放车辆等情形，且在 2018 年 4 月写《检查》后其作为司勤人员仍然因饮酒旷工，其任职司机，应属情节严重。刘某称其均非旷工，未提交相关证据，故法院对其所述不予采信。某公司就其退工行为的制度依据提交了《管理细则》，《管理细则》上均有刘某本人签字，且遵守劳动纪律，按时上下班、定点停放车辆等是司勤人员的基本工作要求，刘某在某公司工作多年，对某公司对司勤人员的工作规范是明知的。现其违反《管理细则》的相关规定，某公司有权按照《管理细则》规定，对其进行处罚。故某公司将其退回某劳务公司，某劳务公司与刘某解除劳动关系，不属于违法解除，无须支付刘某违法解除劳动合同赔偿金。

二审法院认为，关于某劳务公司与刘某解除劳动关系是否属于违法解除，某公司主张因刘某存在《退回劳务派遣通知书》中的行为将其退回某劳务公司，并提交 2018 年 4 月 9 日《检查》、2018 年 4 月 20 日谈话记录、某公司《管理细则》等证据，欲证明其将刘某退回某劳务公司是合法的，某劳务公司与刘某之间不存在违法解除劳动合同的情形。对此，法院认为，根据刘某与某劳务公司签订的《劳动合同书》第二十二条规定，"甲乙双方约定本合同增加以下内容：……6. 乙方有下列情况之一被用工单位退回的，甲方依据劳动合同法第三十九条的相关规定，可以解除乙方的劳动合同：……（2）严重违反或累计两次过失，违反甲方及用工单位的劳动安全规程、劳动纪律、服务管理规范等规章制度的"，刘某应当遵守用工单位及与其岗位职责相匹配的劳动纪律、劳动安全规程等。根据 2018 年 4 月 20 日谈话记录，刘某曾于 2018 年 4 月 19 日旷工半天，原因是前一天喝酒超过一斤。刘某的工作岗位为司机，其应明知作为职业司机，前一天的大量饮酒会严重增加其第二天工作的职业风险，导致出现交通事故的概率大幅增加，故刘某的饮酒行为已严重违反了其作为司机的基本岗位职责，违反了基本的职业准则。且结合刘某于 2018 年 4 月 9 日书写的《检查》中涉及 3 月 9 日、3 月 30 日的无故旷工行为及未按规定停放车辆等行为，某公司综合刘某的工作表现将其退回某劳务公司，某劳务公司与刘某解除劳动关系，不属于违法解除，一审法院判决某劳务公司、某公司无须支付刘某违法解除劳动合同赔偿金，并无不当。

【关键法条】

《中华人民共和国劳动合同法》

第六十五条　被派遣劳动者可以依照本法第三十六条、第三十八条的规定与劳务派遣单位解除劳动合同。

被派遣劳动者有本法第三十九条和第四十条第一项、第二项规定情形的，用工单位可以将劳动者退回劳务派遣单位，劳务派遣单位依照本法有关规定，可以与劳动者解除劳动合同。

115 劳务派遣用工单位违法退回，可以主张哪些赔偿？

【问题导引】

某员工系劳务派遣员工，在劳务派遣期间被用工单位无正当理由违法退回，劳务派遣单位随即通知其解除劳动合同。该种情况下，员工可以向谁主张赔偿，以及主张哪些赔偿呢？

【律师解析】

现实中，很多劳务派遣是派遣单位根据用工单位的岗位需要，才招聘员工派遣上岗工作的，派遣岗位的单位和岗位一般比较固定，这就导致用工单位在退回劳动者后，劳动者很难再有新的岗位重新派遣，此时很多派遣单位由于考虑用工成本的问题，会选择与劳动者解除劳动合同。在用工单位无法定理由退回员工的情况下，派遣单位解除劳动合同的行为毫无疑问属于违法解除，应向员工支付赔偿金。此时，由于派遣单位解除劳动合同是因用工单位违法退回导致，用工单位对劳动关系解除也是存在过错的，此时用工单位需要对违法解除的后果向员工承担连带赔偿责任。所以此时在申请劳动仲裁时可以将派遣单位和用工单位一并作为被申请人、要求其连带支付违法解除赔偿金。

【典型案例】

盛某与北京某房地产公司、北京某人力公司劳动争议案[1]

基本案情

2021 年 4 月 28 日，盛某入职北京某人力公司，双方签订 2021 年 4 月 28 日至 2023 年 4 月 27 日的劳动合同。入职当日，北京某人力公司将盛某派遣至

---

[1]　案号：（2023）京 02 民终 16286 号。

北京某房地产公司工作。2022 年 8 月 3 日，北京某房地产公司以严重违纪为由向盛某发出《解除劳动合同通知书》。2022 年 8 月 5 日，盛某以北京某房地产公司及北京某人力公司为被申请人向某劳动仲裁委申请仲裁，该委裁决：北京某人力公司支付盛某违法解除劳动合同赔偿金 66 000 元，北京某房地产公司承担连带责任等事项。北京某房地产公司不服该裁决，诉至法院。本案经过一审、二审。一审法院确认了仲裁裁决结果。二审维持原判。

裁判观点

一审法院认为，关于北京某房地产公司无须支付盛某违法解除劳动合同赔偿金 66 000 元的诉讼请求一节，主张劳动合同或聘用合同（劳动关系或人事关系）变更、解除、终止、撤销的一方当事人，对引起劳动合同或聘用合同（劳动关系或人事关系）变动的事实承担举证责任。故北京某人力公司作为用人单位应就解除的事实承担举证责任。诉讼中，北京某房地产公司及北京某人力公司均未能就其所述盛某因存在违反劳动法的情形被退回并被解除劳动合同提交证据，应承担举证不力的后果，故北京某人力公司与盛某解除劳动关系的行为缺乏事实及法律依据。北京某人力公司应依法支付盛某违法解除劳动关系赔偿金，北京某房地产公司应对此承担连带责任。

二审法院认为，关于北京某房地产公司是否应承担连带赔偿责任，用工单位给被派遣劳动者造成损害的，劳务派遣单位与用工单位承担连带赔偿责任。根据查明的事实，盛某由北京某人力公司派遣至北京某房地产公司工作，其间工资由北京某房地产公司支付给北京某人力公司，再由北京某人力公司支付给盛某，但两公司均未足额支付盛某 2022 年 7 月工资及 2022 年 1 月至 2022 年 7 月期间的绩效工资，后因北京某房地产公司发出解除通知，导致盛某与北京某人力公司解除劳动关系。现一审判决认定北京某人力公司作为用人单位应支付盛某上述工资款项及违法解除劳动合同赔偿金，北京某人力公司并未就此提出上诉，北京某房地产公司作为用工单位亦未能举证证明其公司未予支付工资或绩效工资具有合法正当依据以及其公司向盛某发出解除通知的处理符合《劳务派遣暂行规定》第十二条规定中可将劳动者退回的情形，故可以认定其公司的上述有关行为对盛某造成相应损害。依据《劳动合同法》第九十二条之规定，一审法院认定北京某房地产公司与北京某人力公司承担连带赔偿责任，并无不当。

《中华人民共和国劳动合同法》

第九十二条　违反本法规定，未经许可，擅自经营劳务派遣业务的，由劳动行政部门责令停止违法行为，没收违法所得，并处违法所得一倍以上五倍以下的罚款；没有违法所得的，可以处五万元以下的罚款。

劳务派遣单位、用工单位违反本法有关劳务派遣规定的，由劳动行政部门责令限期改正；逾期不改正的，以每人五千元以上一万元以下的标准处以罚款，对劳务派遣单位，吊销其劳务派遣业务经营许可证。用工单位给被派遣劳动者造成损害的，劳务派遣单位与用工单位承担连带赔偿责任。

116 关联公司混同用工，如何判断劳动关系及责任承担主体？

【问题导引】

某员工入职 A 公司，入职后公司却要求该员工跟其关联公司 B 公司签订劳动合同，并由 B 公司为其缴纳社保、发放工资，实际工作过程中，该员工同时为 A 公司和 B 公司提供劳动。后该员工因公司拖欠工资等问题产生纠纷，此时该员工究竟跟哪个公司构成劳动关系、应该向哪个公司主张责任呢？

【律师解析】

实践中，对于劳动者为多个关联公司交叉轮换提供劳动、接受不同关联公司劳动管理的情形，一般称为混同用工。首先，在判断混同用工中的劳动关系主体时，司法实践一般遵循以下原则认定：对于已经签订劳动合同的，一般按劳动合同签订主体确认劳动关系；未签订劳动合同的，法院会综合考虑根据用工管理行为、工作时间、工作内容、工资报酬发放、社会保险缴纳等因素来确认劳动关系主体。其次，混同用工中如果涉及拖欠工资、违法解除等问题，劳动者可以同时要求多家用工主体承担连带责任。实务中，如果大家遇到类似问题，建议可以将有关联的公司一并作为被申请人，申请劳动仲裁。

【典型案例】

顾某与某公司 1、某公司 2 劳动争议案[1]

基本案情

2016 年 2 月 29 日，顾某与某公司 1 签订期限自 2016 年 2 月 29 日至 2017 年 2 月 28 日的劳动合同书；2017 年 3 月 1 日，顾某与某公司 2 签订期限自 2017 年 3 月 1 日至 2020 年 2 月 28 日的劳动合同书。某公司 1 及某公司 2 共同主张二公司有共同的股东，实际负责人均为张某，某公司 2 是某公司 1 的代理商和合作伙伴。2019 年 1 月 28 日，顾某以某公司 1 为被申请人向某劳动仲裁委提起仲裁：（1）要求确认与某公司 1 自 2017 年 5 月 10 日至 2019 年 1 月 28 日期间存在劳动关系；（2）请求判令某公司 1 支付 2017 年 12 月 1 日至 2018 年 12 月 31 日期间销售提成 176 703 元等事项。该委裁决驳回顾某全部仲裁请求。顾某不服，诉至法院。本案经过一审、二审、再审。一审法院判决：（1）某公司 1 于判决生效之日起七日内向顾某支付 2017 年 12 月 1 日至 2018 年 12 月 31 日期间销售提成 148 686 元；（2）驳回顾某的其他诉讼请求。二审、再审维持原判。

裁判观点

一审法院认为，当事人对自己提出的诉讼请求所依据的事实或者反驳对方诉讼请求所依据的事实有责任提供证据加以证明。没有证据或者证据不足以证明当事人的事实主张的，由负有举证责任的当事人承担不利后果。各方当事人对顾某与某公司 2 签订期限自 2017 年 3 月 1 日至 2020 年 2 月 28 日的劳动合同

---

[1] 案号：（2020）京民申 834 号。

书不持异议，法院对此予以确认。顾某虽然主张自 2017 年 5 月 1 日起其再次为某公司 1 提供劳动，与某公司 1 存在劳动关系，然而其对此并未充分举证。且某公司 2 与某公司 1 存在股东同一、主要负责人同一的情形，从各方当事人提交的证据来看，顾某同时为两个公司提供劳动。因有关联关系的用人单位交叉轮换使用劳动者的，根据现有证据难以查明劳动者实际工作状况的，参照以下原则处理：订立劳动合同的，按劳动合同确认劳动关系。故顾某要求确认其与某公司 1 自 2017 年 5 月 10 日至 2019 年 1 月 28 日期间存在劳动关系的诉讼请求，缺乏依据，法院难以支持。因在有关联关系的用人单位交叉轮换使用劳动者，工作内容交叉重叠的情况下，对劳动者涉及给付内容的主张，可根据劳动者的主张，由一家用人单位承担责任，或由多家用人单位承担连带责任。故顾某要求某公司 1 支付 2017 年 12 月 1 日至 2018 年 12 月 31 日期间销售提成 148 686 元，法院予以支持，超出部分，缺乏依据，法院难以支持。

二审法院认为，关于顾某与某公司 1 自 2017 年 5 月 10 日至 2019 年 1 月 28 日期间是否存在劳动关系。顾某主张其与某公司 1 于上述期间存在劳动关系；某公司 1 和某公司 2 主张上述期间顾某系与某公司 2 存在劳动关系。经查，某公司 1 和某公司 2 的实际负责人均为张某，两公司存在关联关系；在实际用工过程中，两公司存在交叉轮换使用顾某的情况；2017 年 3 月 1 日，顾某与某公司 2 签订期限为 2017 年 3 月 1 日至 2020 年 2 月 28 日的劳动合同。顾某主张其于 2017 年 5 月 1 日从某公司 2 调回某公司 1 工作，并一直为某公司 1 工作，但是在顾某已与某公司 2 签订有劳动合同的情况下，其并未能提供充分且有力的证据证明前述主张。据此，一审法院综合考虑在案证据情况判决驳回顾某关于确认其与某公司 1 于 2017 年 5 月 10 日至 2019 年 1 月 28 日期间存在劳动关系的诉求并无不当，法院予以维持。顾某上诉坚持认为其系与某公司 1 存在劳动关系，事实依据不足，法院不予支持。

再审法院认为，合法的劳动关系受法律保护。本案中，根据查明的事实和证据，某公司 1 和某公司 2 的实际负责人均为张某，两公司存在关联关系，在实际用工过程中存在交叉轮换使用顾某的情况。鉴于顾某与某公司 2 签订了期限自 2017 年 3 月 1 日至 2020 年 2 月 28 日的劳动合同，故一审、二审法院对顾某要求确认其与某公司 1 自 2017 年 5 月 10 日至 2019 年 1 月 28 日期间存在劳动关系的诉讼请求不予认定和支持，处理正确。关于销售提成一节，根据相关规定，因在有关联关系的用人单位交叉轮换使用劳动者，工作内容交叉重叠的情况下，对劳动者涉及给付内容的主张，可根据劳动者的主张，由一家用人单位承担责任，或由多家用人单位承担连带责任。现顾某要求某公司1支付2017年12月1日至2018年12月31日期间销售提成148 686元，一审、二审法院予以支持，符合法律规定。

【关键法条】

《北京市高级人民法院、北京市劳动人事争议仲裁委员会关于审理劳动争议案件解答（一）》

38. 有关联关系的用人单位交叉轮换使用劳动者，根据现有证据难以查明劳动者实际工作状况的，如何处理？

有关联关系的用人单位交叉轮换使用劳动者的，根据现有证据难以查明劳动者实际工作状况的，参照以下原则处理：（1）订立劳动合同的，按劳动合同确认劳动关系；（2）未订立劳动合同的，可以根据审判需要将有关联关系的用人单位列为当事人，以有关联关系的用人单位发放工资、缴纳社会保险、工作地点、工作内容，作为判断存在劳动关系的因素；（3）在有关联关系的用人单位交叉轮换使用劳动者，工作内容交叉重叠的情况下，对劳动者涉及给付内容的主张，可根据劳动者的主张，由一家用人单位承担责任，或由多家用人单位依法律规定或者当事人约定承担连带责任。

117 被用工单位安排与不同派遣公司轮流签订劳动合同，工作年限如何计算？

【问题导引】

小王在A公司工作期间，先后被公司安排与B、C劳务派遣公司签订劳务派遣合同，在中途换签劳动合同时从未向小王支付过经济补偿金，现双方拟解除劳动合同，在计算经济补偿金时，小王的工作年限应该怎么计算？

【律师解析】

　　根据法律规定，劳动者非因本人原因从原用人单位被安排到新用人单位工作的，原用人单位未支付经济补偿的，工作年限累计计算。一般用人单位只要符合下列情形之一的，法院就会认定属于"劳动者非因本人原因从原用人单位被安排到新用人单位工作"的情形：（1）劳动者仍在原工作场所、工作岗位工作，劳动合同主体由原用人单位变更为新用人单位；（2）用人单位以组织委派或任命形式对劳动者进行工作调动；（3）因用人单位合并、分立等原因导致劳动者工作调动；（4）用人单位及其关联企业与劳动者轮流订立劳动合同；（5）其他合理情形。在以上几种情况下，劳动者在计算支付经济补偿或赔偿金的工作年限时，可以要求把在原单位及新单位的工作年限合并计算。

【典型案例】

李某与某科技公司、某派遣公司劳动争议案[1]

基本案情

　　2014 年 8 月 23 日李某入职某科技公司，2019 年 4 月 21 日李某入职某派遣公司，被派遣至某科技公司工作；其与某派遣公司签订了期限为 2019 年 4 月 21 日至 2021 年 4 月 20 日的劳动合同，其中约定月工资标准为 2120 元。关于劳动关系终止时间：某派遣公司主张 2020 年 6 月 19 日因李某于 2020 年 6 月 18 日、19 日连续旷工口头与其解除劳动合同，某科技公司主张李某系自愿从其公司离职，某派遣公司及某科技公司均不认可李某在某科技公司的工作年限应计入某派遣公司的工龄。李某主张 2020 年 7 月 6 日其向某派遣公司及某科技公司邮寄送达《解除劳动合同通知书》，解除理由为拖欠加班费和工资，其解除劳动合同经济补偿金应自入职某科技公司时起算。后李某以要求某派遣

――――――――――

〔1〕　案号：（2023）京 01 民终 10301 号。

公司、某科技公司支付解除劳动合同经济补偿金等事由向某劳动仲裁委提出仲裁，该委裁决：某派遣公司支付李某解除劳动合同经济补偿金 42 000 元，某科技公司承担连带责任。某派遣公司与某科技公司均不服，诉至法院，本案经过一审、二审。一审判决确认了仲裁裁决结果。二审维持原判。

裁判观点

一审法院认为，关于劳动合同解除情况，某派遣公司作为用人单位一方未就其公司主张的解除事实进行举证，法院对其公司之主张不予采信。现李某已将解除劳动合同通知书向某派遣公司及某科技公司送达，法院对李某主张的解除事实予以采信。如前所述，某派遣公司及某科技公司确存在未及时足额支付李某劳动报酬之情形，李某要求某派遣公司支付经济补偿金并无不当。关于李某的工作年限，本案证据显示，李某劳动关系由某科技公司转入某派遣公司的原因为转派遣合同，并非李某本人原因所致，故法院对李某所持工作年限应自入职某科技公司之时起算之主张予以采信。某派遣公司应支付李某解除劳动合同经济补偿金 42 000 元，某科技公司对此承担连带责任。

二审法院认为，《最高人民法院关于审理劳动争议案件适用法律若干问题的解释（四）》第五条第一款规定："劳动者非因本人原因从原用人单位被安排到新用人单位工作，原用人单位未支付经济补偿，劳动者依照劳动合同法第三十八条规定与新用人单位解除劳动合同，或者新用人单位向劳动者提出解除、终止劳动合同，在计算支付经济补偿或赔偿金的工作年限时，劳动者请求把在原用人单位的工作年限合并计算为新用人单位工作年限的，人民法院应予支持。"本案证据显示，李某劳动关系由某科技公司转入某派遣公司的原因为转派遣合同，并非李某本人原因所致，故本院对李某主张经济补偿金的工作年限合并计算予以支持。一审法院认定某派遣公司应支付李某解除劳动合同经济补偿金 42 000 元，某科技公司对此承担连带责任，并无不当，法院予以确认。

【关键法条】

《最高人民法院关于审理劳动争议案件适用法律问题的解释（一）》

第四十六条 劳动者非因本人原因从原用人单位被安排到新用人单位工

作，原用人单位未支付经济补偿，劳动者依据劳动合同法第三十八条规定与新用人单位解除劳动合同，或者新用人单位向劳动者提出解除、终止劳动合同，在计算支付经济补偿或赔偿金的工作年限时，劳动者请求把在原用人单位的工作年限合并计算为新用人单位工作年限的，人民法院应予支持。

用人单位符合下列情形之一的，应当认定属于"劳动者非因本人原因从原用人单位被安排到新用人单位工作"：

（一）劳动者仍在原工作场所、工作岗位工作，劳动合同主体由原用人单位变更为新用人单位；

（二）用人单位以组织委派或任命形式对劳动者进行工作调动；

（三）因用人单位合并、分立等原因导致劳动者工作调动；

（四）用人单位及其关联企业与劳动者轮流订立劳动合同；

（五）其他合理情形。

118 签了解除劳动合同协议，还能不能申请劳动仲裁？

【问题导引】

员工离职时与单位签了解除劳动合同协议，协议中明确了离职结算款项、并约定本协议签署后双方再无任何其他劳动争议、任何一方不得再以任何方式主张任何权利。事后员工发现公司还有部分加班费没发，还能就加班费申请劳动仲裁吗？

【律师解析】

这种情况大家就要注意了，一般而言，劳动者跟用人单位就解除或终止劳动合同达成的协议，只要不存在欺诈、胁迫、趁人之危或重大误解、显失公平情形，且不违反法律、行政法规的强制性规定的，应当认定是有效的，双方均应严格遵守协议约定、诚实守信。在该种情况下，如果解除协议中明确约定了双方今后不再向对方主张任何劳动法权利或追究任何劳动法责任的弃权条款，那对于劳动者事后提起的相关主张，法院一般不予支持。所以提醒大家，在跟公司签订相关解除协议时，应注意仔细核对协议约定的费用计算方式以及其他相应条款，保护好自己的权益。

【典型案例】

田某与某公司劳动争议案[1]

基本案情

2019 年 9 月 16 日，田某与某公司建立劳动关系。2021 年 1 月 11 日，田某与某公司解除劳动关系。当日，某公司向田某出具《劳动合同解除通知书》，以田某"不能胜任工作"为由提出解除劳动关系。此后，某公司向田某出具《离职证明》，记载："兹证明我公司员工田某任职于技术部门，算法工程师岗位，于 2019 年 09 月 16 日至 2021 年 01 月 11 日在我公司任职。并于 2021 年 01 月 11 日，因个人原因与我公司解除劳动合同关系，双方不存在任何劳动纠纷及经济纠纷。特此证明！"落款"员工确认签字"处有田某签名，另有某公司加盖公章。就签名一节，田某主张仅为确认其收到《离职证明》。后田某以要求某公司支付加班工资、违法解除劳动关系赔偿金等事项向某劳动仲裁委申请仲裁。该委驳回田某的仲裁请求。田某不服，诉至法院。本案经过一审、二审。一审法院判决：驳回田某的全部诉讼请求。二审维持原判。

裁判观点

一审法院认为，本案中，根据田某、某公司自认，可证实双方最终签署《离职证明》。《离职证明》明确载明田某、某公司双方"不存在任何劳动纠纷及经济纠纷"，且田某在"员工确认签字"处签名。田某在本案劳动争议仲裁及诉讼阶段，就其因何在《离职证明》上签名的说法不一，但均未举证证明。结合上述情况，田某提出本案诉请无事实依据，法院不予支持。

---

[1] 案号：（2023）京 03 民终 5152 号。

二审法院认为，当事人对自己提出的诉讼请求所依据的事实或者反驳对方诉讼请求所依据的事实，应当提供证据加以证明，当事人未能提供证据或者证据不足以证明其事实主张的，由负有举证证明责任的当事人承担不利后果。本案中，田某上诉主张某公司应向其支付违法解除劳动关系赔偿金、加班工资、绩效奖金、未休年休假工资等，但根据《离职证明》所记载，田某系"因个人原因与我公司解除劳动合同关系，双方不存在任何劳动纠纷及经济纠纷"，且该《离职证明》已经由某公司盖章、田某在"员工确认签字"处签字确认，相关内容亦不违反法律、行政法规的强制性规定，该《离职证明》对双方具有法律约束力。田某在仲裁阶段主张系受胁迫签署该《离职证明》，在诉讼阶段又称该签字仅系确认签收《离职证明》，其主张存在矛盾之处而且均未举证证明，其所述仅为签收行为与《离职证明》中所载的"员工确认签字"的字面意思亦不一致，故法院对其主张均无法采信。一审法院综合在案证据及双方当事人陈述驳回田某的诉讼请求并无不当，法院予以维持。

【关键法条】

《最高人民法院关于审理劳动争议案件适用法律问题的解释（一）》

第三十五条　劳动者与用人单位就解除或者终止劳动合同办理相关手续、支付工资报酬、加班费、经济补偿或者赔偿金等达成的协议，不违反法律、行政法规的强制性规定，且不存在欺诈、胁迫或者乘人之危情形的，应当认定有效。

前款协议存在重大误解或者显失公平情形，当事人请求撤销的，人民法院应予支持。

119 劳动仲裁的时效如何计算？

【问题导引】

从上家公司离职已经两年了，拖欠的工资还没发，现在去申请劳动仲裁还能得到支持吗？

【律师解析】

关于这个问题需要判断此时申请仲裁有没有超过仲裁时效。根据法律规定，劳动者申请劳动仲裁，要在法律规定的时效内提出，超过法定时效期间申请仲裁虽然不影响仲裁机构受理，但是一旦对方以超过仲裁时效为由进行答辩，劳动者的请求就无法得到仲裁支持了。我国劳动争议的法定仲裁时效为一年，从知道或者应当知道自己权利被侵害之日起计算。如果是因单位拖欠劳动报酬发生争议的，在劳动关系存续期间，劳动者主张劳动报酬不受仲裁时效的限制；但是，如果劳动关系已经终止的，劳动者应当自劳动关系终止之日起一年内申请仲裁。不过这个一年的期间也不是一成不变的，如果劳动者就拖欠工资问题在离职后一年内向单位催要过，或者向有关部门请求过权利救济，或者单位同意支付，仲裁时效就会中断，从中断之日起重新计算一年。建议大家在跟单位发生争议之后要及时主张权利，防止因超出仲裁时效而丧失司法救济的途径。

【典型案例】

王某与某公司劳动争议案[1]

基本案情

王某与某公司签订有自 2016 年 3 月 1 日起至 2018 年 2 月 28 日止的劳动合同，劳动合同终止后双方未续签。2023 年 4 月 6 日，王某以支付劳动合同期间的工资及差旅费为由向某劳动仲裁委申请仲裁，该委裁决不予受理。王某不服，诉至法院。本案经过一审、二审。一审法院判决驳回王某诉讼请求，二审维持原判。

---

[1] 案号：（2024）京 03 民终 5906 号。

裁判观点

一审法院认为，当事人对自己提出的主张，有责任提供证据。无法与原件、原物核对的复制件、复制品，不能单独作为认定案件事实的根据。劳动争议申请仲裁的时效期间为一年。仲裁时效期间从当事人知道或者应当知道其权利被侵害之日起计算。劳动关系存续期间因拖欠劳动报酬发生争议的，劳动者申请仲裁不受本条第一款规定的仲裁时效期间的限制；但是，劳动关系终止的，应当自劳动关系终止之日起一年内提出。本案中，王某与某公司自2016年3月1日起至2018年2月28日期间存在劳动关系，故王某应自劳动关系终止之日起一年内提出主张，但王某到仲裁委申请仲裁的时间为2023年4月6日，结合王某陈述的向某公司主张权利的情况，王某的请求已超过法律规定的时效。王某在本案中提交的《回函》为无法与原件核对的复印件，一审法院不予采信，王某亦未提交证据证明本案存在时效中止或中断的其他情形，王某应承担超过法律规定时效的不利后果。故对于王某在本案中主张的拖欠工资及差旅费的诉讼请求，均已超过仲裁时效，一审法院不予支持。

二审法院认为，发生劳动争议，当事人对自己提出的主张，有责任提供证据。劳动争议申请仲裁的时效期间为一年，仲裁时效期间从当事人知道或者应当知道其权利被侵害之日起计算。劳动关系存续期间因拖欠劳动报酬发生争议的，劳动者申请仲裁不受本条第一款规定的仲裁时效期间的限制；但是，劳动关系终止的，应当自劳动关系终止之日起一年内提出。本案中，王某与某公司自2016年3月1日起至2018年2月28日期间存在劳动关系，王某上诉主张某公司向其支付在职期间拖欠的工资及差旅费。对此法院认为，王某应自劳动关系终止之日即2018年2月28日起一年内提出主张，但其申请仲裁的时间为2023年4月6日，王某于一审中提交的《回函》系无法与原件核对的复印件，且其未提交其他有效证据证明本案存在时效中止或中断情形，一审法院认定王某于本案中的诉讼请求已超过仲裁时效并无不当，法院予以维持；对于王某的上诉请求，法院不予支持。

《中华人民共和国劳动争议调解仲裁法》

第二十七条　劳动争议申请仲裁的时效期间为一年。仲裁时效期间从当事人知道或者应当知道其权利被侵害之日起计算。

前款规定的仲裁时效，因当事人一方向对方当事人主张权利，或者向有关部门请求权利救济，或者对方当事人同意履行义务而中断。从中断时起，仲裁时效期间重新计算。

因不可抗力或者有其他正当理由，当事人不能在本条第一款规定的仲裁时效期间申请仲裁的，仲裁时效中止。从中止时效的原因消除之日起，仲裁时效期间继续计算。

劳动关系存续期间因拖欠劳动报酬发生争议的，劳动者申请仲裁不受本条第一款规定的仲裁时效期间的限制；但是，劳动关系终止的，应当自劳动关系终止之日起一年内提出。

120 能不能不经过劳动仲裁直接起诉公司？

【问题导引】

公司拖欠工资两个月了，想要拿回工资，觉得仲裁有点麻烦，能不能直接去法院起诉？

【律师解析】

这个一般是不可以的。根据法律规定，劳动争议发生后，当事人可以向本单位劳动争议调解委员会申请调解，调解不成的，可以向劳动争议仲裁委员会申请仲裁；当然，也可以不经调解直接申请仲裁。对仲裁裁决不服的，可以向人民法院提起诉讼。也就是说，对于劳动争议，一般必须经过劳动仲裁前置程序，才能向法院提起诉讼，否则法院是不会受理的。当然也有特殊情况，比如单位拖欠工资后给打了欠条，员工以工资欠条为证据直接提起诉讼，诉讼请求不涉及劳动关系其他争议的，法院也可以按照普通民事纠纷受理。

【典型案例】

谢某与某公司等劳动争议案[1]

基本案情

2018 年 12 月 22 日，某公司（承包人）与某建设公司（发包人）签订《北京市房屋建筑和市政基础设施工程劳务分包合同》。某公司承包某一期安置房项目 A 地块工程施工作业，工程地点位于某区某镇某村地区。2019 年 6 月，谭某找到谢某，要求其为某公司上述工地提供木工劳务。2019 年 6 月 16 日，谢某与某公司签订《劳动合同书》，约定：谢某的工作内容为木工，工作地点为某一期安置房。2019 年 12 月 4 日，谢某签署工资发放表，同日，签署《工资已结清承诺书》。后谢某向一审法院提起诉讼：（1）要求谭某、某公司、某建设公司支付劳务费 5325 元；（2）要求谭某、某公司、某建设公司承担诉讼费。双方确认，在提起本案诉讼之前未申请劳动仲裁。一审法院裁定：驳回谢某的起诉。二审维持原判。

裁判观点

一审法院认为，发生劳动争议，当事人不愿协商、协商不成或者达成和解协议后不履行的，可以向调解组织申请调解；不愿调解、调解不成或者达成调解协议后不履行的，可以向劳动争议仲裁委员会申请仲裁；对仲裁裁决不服的，本法另有规定的除外，可以向人民法院提起诉讼。谢某虽以劳务合同纠纷为由提起本案诉讼，但经该院审查，本案系谢某与某公司间履行劳动

---

〔1〕 案号：（2021）京 01 民终 5729 号。

关系项下的权利义务关系产生的纠纷，应当先由劳动争议仲裁委员会进行处理。综上，该院依照《劳动争议调解仲裁法》第五条，《民事诉讼法》第一百一十九条第四款、第一百五十四条第一款第三项之规定，裁定：驳回谢某的起诉。

二审法院认为，各方争议的焦点问题是：谢某与某公司、谭某、某建设公司之间所形成的是劳务还是劳动关系。对此法院认为，首先，谢某与某公司签订了书面的《劳动合同书》，该合同中明确约定了劳动者与单位各自的权利义务，双方之间对建立劳动关系达成一致意见，形成了管理与被管理的关系；其次，谢某系经谭某介绍入职某公司工作，谢某在某一期工作期间的工资及最后的工资结算均由某公司向其发放，其间谭某曾向谢某发放部分生活费，应视为谭某是代表某公司的职务行为，据此，一审法院认定谢某与某公司之间形成劳动关系并无不当。因劳动争议应先行向劳动仲裁委员会的申请仲裁，对仲裁裁决不服，当事人方可向法院提起诉讼，鉴于本案并未经仲裁庭仲裁的前置程序，故一审法院据此驳回谢某的起诉并无不当，谢某关于本案性质应为劳务关系，一审法院对此认定有误的上诉理由不能成立，法院不予支持。

【关键法条】

《中华人民共和国劳动争议调解仲裁法》

第五条 发生劳动争议，当事人不愿协商、协商不成或者达成和解协议后不履行的，可以向调解组织申请调解；不愿调解、调解不成或者达成调解协议后不履行的，可以向劳动争议仲裁委员会申请仲裁；对仲裁裁决不服的，除本法另有规定的外，可以向人民法院提起诉讼。